Español práctico para negocios

The Scribner Spanish Series

GENERAL EDITOR, CARLOS A. SOLÉ
The University of Texas at Austin

Español práctico para negocios

Nicholas F. Sallese St. John's University

Julia Ortiz Griffin City University of New York

PRENTICE HALL, Englewood Cliffs, New Jersey 07632

Library of Congress Cataloging-in-Publication Data

Sallese, Nicholas Francis.
  Español práctico para negocios.

  (The Scribner Spanish series)
  English and Spanish.
  1. Spanish language—Business Spanish. I. Ortiz
Griffin, Julia. II. Title. III. Series.
PC4120.C6S25 1988   808'.066651061   86-12783

Illustrations: page 190 Monthly Review Press.

Photo Credits: page 27 © The Walt Disney Company;
page 161 New York Public Library Picture Collection;
page 185 New York Public Library Picture Collection.

Permissions: Grateful acknowledgment is given for the permission to use the following copyrighted
material: pages 54–5 Editorial Nueva Sociedad;   pages 96–7 Ediciones Zeta, S.A.;   pages 173–4
Editorial Losada, S.A.;   page 203—left *El Diario La Prensa;*   pages 211–12 *El Diario La Prensa;*   page 263
Iberia Airlines of Spain;   page 262 Cophresí Travel;   page 264 Eastern Airlines (Example of EAL Latin
American scope of service ad. Primarily used in business publications.).

© 1988 by Prentice-Hall, Inc.
A Paramount Communications Company
Englewood Cliffs, New Jersey 07632

Printed in the United States of America
10 9 8 7 6 5 4 3 2 1

ISBN   0-13-033853-2

Prentice-Hall International (UK) Limited, *London*
Prentice-Hall of Australia Pty. Limited, *Sydney*
Prentice-Hall Canada Inc., *Toronto*
Prentice-Hall Hispanoamericana, S.A., *Mexico*
Prentice-Hall of India Private Limited, *New Delhi*
Prentice-Hall of Japan, Inc., *Tokyo*
Simon & Schuster Asia Pte. Ltd., *Singapore*
Editora Prentice-Hall do Brasil, Ltda., *Rio de Janeiro*

Prefacio

Preface

Español práctico para negocios is intended for use at the intermediate level of Spanish instruction by students who have acquired a basic knowledge of Spanish and are ready to study language in context. The context emphasized is commercial, not literary, so that students will have the satisfaction of developing their language skills in a way that has obvious utility for their future careers. Even the exercises and grammar reviews included to help brush up their elementary Spanish reinforce the sense of the usefulness in practical business dealings.

Español práctico para negocios is divided into 13 chapters, each dealing with an essential phase of business activity. The topics include banking, real estate, insurance, wholesale and retail, factory and warehouse, stock market, farming, import-export, and business travel. Each chapter is divided into sections: a reading or dialog, business phrases, terminology, grammar review within a business context, advertisements, letters, free-expression exercises, and vocabulary. Thus, through a variety of means, students acquire tools, information, and practical approaches for dealing with important areas of business at the same time that they are strengthening their Spanish language skills. Numerous and varied exercises throughout the book help students master the material and prepare them to use Spanish correctly and creatively in everyday business situations.

Each section of each chapter focuses on a specific task. The reading or dialog that opens every chapter enhances the students' language comprehension while the useful phrases aim at oral communication. Letters and advertisements promote skills in written communication. Terminology aids in understanding the content of business communications. Free-expression exercises encourage independent thinking. Because the sections within the chapters are self-contained units, the instructor can change the order of materials or omit a section without compromising the efficiency of the text. Some instructors, for example, may wish to begin a lesson with the grammar review and vocabulary before taking up the reading or dialog. If students are not prepared to deal with the terminology, this material may be deferred until later in the course.

The authors have attempted in many ways to make sure that students using this book to study Spanish will enjoy the experience as well as acquire practical skills. A light tone is maintained in the exercises and examples. Illustrations, advertisements, and model letters, while imparting serious information, provide many amusing insights. The business terms and the cultural notes on the Spanish-speaking lands and peoples should deepen the students' understanding of business in its broader context.

Language proficiency results in part from practice with the language in meaningful contexts. Nearly everyone eventually becomes involved in commercial transactions, as a consumer and as a producer or employee. **Español práctico para negocios**, while likely to give business majors a specific edge at the start of their business careers, is designed to help students with different career objectives as well, by increasing their real proficiency with Spanish. Spanish that is practical for business use is also practical for use in other areas of life.

Acknowledgments

We wish to thank our teaching colleagues for their many helpful suggestions, and Carlos A. Solé of the University of Texas, Austin, for his patient encouragement. Above all, we wish to acknowledge the indispensable help of the hundreds of students who have, over the years, reminded us that the most essential element in a successful business activity is the satisfied consumer. We have tried to keep the comments, criticisms, and needs of those students in mind as we prepared a textbook that they would find practical both in the classroom and later in their careers.

N.F.S.
J.O.G.

Contenido

Contents

Contenido   xi

Español práctico para negocios ⸻⸻⸻⸻⸻

Vocablos y datos útiles

Useful terms and facts

I. Letreros *(Signs)*
Letreros comunes en el mundo de los negocios

A. En la oficina, la fábrica *(factory)*, la tienda *(store)*, el banco, el correo *(post office)*, el hotel, etc.

DAMAS	SEÑORAS	CABALLEROS	HOMBRES
1	2	3	4

FAVOR DE NO FUMAR	ENTRADA	SALIDA
5	6	7

ESPERE SU TURNO	CERRADO	ABIERTO de 1:00 a 5:00
8	9	10

1 = 2	Ladies	7	Exit
3 = 4	Gentlemen	8	Wait your turn
5	No smoking, please	9	Closed
6	Entrance	10	Open from 1:00 to 5:00

1

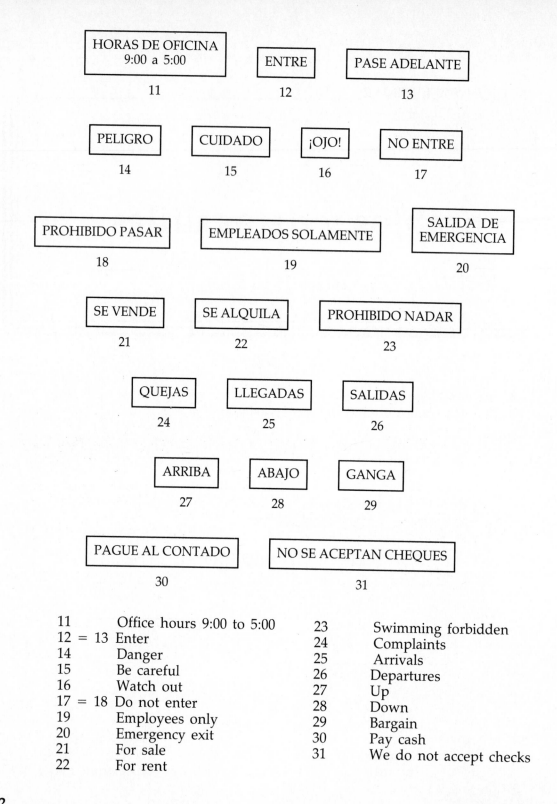

HORAS DE OFICINA 9:00 a 5:00	
11	
ENTRE	
12	
PASE ADELANTE	
13	

PELIGRO
14

CUIDADO
15

¡OJO!
16

NO ENTRE
17

PROHIBIDO PASAR
18

EMPLEADOS SOLAMENTE
19

SALIDA DE EMERGENCIA
20

SE VENDE
21

SE ALQUILA
22

PROHIBIDO NADAR
23

QUEJAS
24

LLEGADAS
25

SALIDAS
26

ARRIBA
27

ABAJO
28

GANGA
29

PAGUE AL CONTADO
30

NO SE ACEPTAN CHEQUES
31

11	Office hours 9:00 to 5:00	23	Swimming forbidden
12 = 13	Enter	24	Complaints
14	Danger	25	Arrivals
15	Be careful	26	Departures
16	Watch out	27	Up
17 = 18	Do not enter	28	Down
19	Employees only	29	Bargain
20	Emergency exit	30	Pay cash
21	For sale	31	We do not accept checks
22	For rent		

SE ACEPTAN TARJETAS DE CRÉDITO	NO SE FÍA HOY	PAGUE AQUÍ
32	33	34

ECHE SU BASURA AQUÍ	CIERRE LA PUERTA	APAGUE LA LUZ
35	36	37

VOLVERÉ PRONTO	SALÍ A ALMORZAR
38	39

NO SE ACEPTAN NIÑOS NI ANIMALES	CUIDE SU CARTERA
40	41

NO PISE EL CÉSPED	NO TOQUE LAS FLORES	CAJA
42	43	44

EN CASO DE FUEGO NO USE LOS ASCENSORES, USE LAS ESCALERAS	POR FAVOR CONSERVE ENERGÍA APAGUE LAS LUCES Y EL AIRE ACONDICIONADO CUANDO SALGA GRACIAS
45	46

32	Credit cards welcome	41	Watch your wallet
33	We do not give credit today	42	Do not walk on the grass
34	Pay here	43	Do not touch the flowers
35	Throw your trash here	44	Cashier
36	Close the door	45	In case of fire, do not use the elevators. Use the stairs.
37	Turn off the light		
38	I will be back soon	46	Please save energy. Turn off the lights and air conditioner when you leave. Thank you.
39	Out to lunch		
40	No children or pets		

B. En la calle (*street*) y en la carretera (*road, highway*).

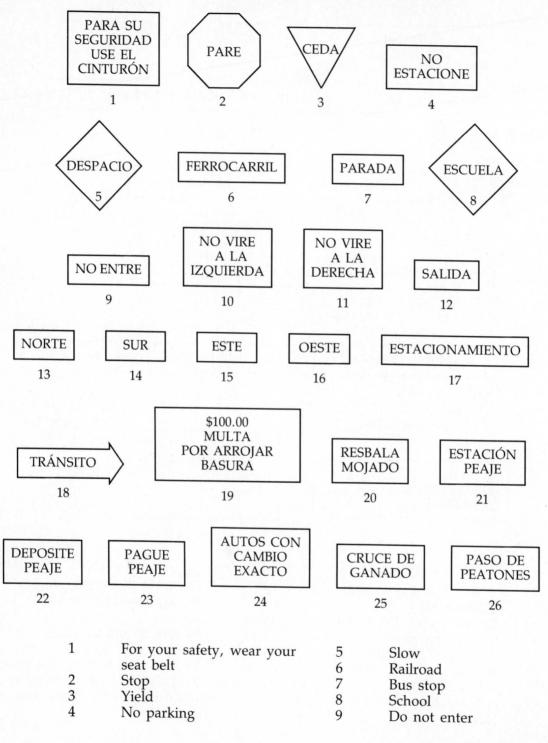

PARA SU SEGURIDAD USE EL CINTURÓN	PARE	CEDA	NO ESTACIONE
1	2	3	4

DESPACIO	FERROCARRIL	PARADA	ESCUELA
5	6	7	8

NO ENTRE	NO VIRE A LA IZQUIERDA	NO VIRE A LA DERECHA	SALIDA
9	10	11	12

NORTE	SUR	ESTE	OESTE	ESTACIONAMIENTO
13	14	15	16	17

TRÁNSITO	$100.00 MULTA POR ARROJAR BASURA	RESBALA MOJADO	ESTACIÓN PEAJE
18	19	20	21

DEPOSITE PEAJE	PAGUE PEAJE	AUTOS CON CAMBIO EXACTO	CRUCE DE GANADO	PASO DE PEATONES
22	23	24	25	26

1	For your safety, wear your seat belt	5	Slow
2	Stop	6	Railroad
3	Yield	7	Bus stop
4	No parking	8	School
		9	Do not enter

10	No left turn	18	Traffic	
11	No right turn	19	$100 fine for littering	
12	Exit	20	Slippery when wet	
13	North	21	Toll booth	
14	South	22 = 23	Pay toll	
15	East	24	Cars with exact change	
16	West	25	Cattle crossing	
17	Parking	26	Pedestrian crossing	

II. Puntuación *(Punctuation)*

punto (.)	*period*
punto final	*period, end of sentence*
punto y aparte	*period, new paragraph*
punto y seguido	*period, same paragraph*
coma (,)	*comma*
punto y coma (;)	*semicolon*
dos puntos (:)	*colon*
puntos suspensivos (. . .)	*ellipsis*
puntos interrogativos, signos	*question marks*
de interrogación (¿ ?)	
principio de interrogación (¿)	*initial question mark*
fin de interrogación (?)	*final question mark*
puntos de admiración, signos	*exclamation points*
de admiración (¡ !)	
principio de admiración (¡)	*initial exclamation point*
fin de admiración (!)	*final exclamation point*
comillas (« »)	*quotation marks*
paréntesis ( ) ( )	*parentheses*
raya (–)	*dash*
guión (-)	*hyphen*
diéresis (¨)	*diaeresis*

III. Saludos y despedidas *(Greetings and goodbyes)*

Hola	*Hello*
Buenos días	*Good morning*
Buenas tardes	*Good afternoon*
Buenas noches	*Good evening or Good night*
¿Qué tal?	*How are you?*
¿Cómo está?	
Adiós	*Goodbye*
Hasta luego	*See you later*
Hasta pronto	*See you soon*

Vocablos y datos útiles

IV. Frases de cortesía (*Polite phrases*)

Por favor	*Please*
Gracias	*Thank you*
De nada	
No hay de qué	*You're welcome*
Mucho gusto	
Es un placer	*Pleased to meet you*
Igualmente	
El gusto es mío	*Same here*
¿En qué puedo servirle?	*What can I do for you?*
Con (el) permiso	*Excuse me (when you want to get by)*
Perdón	
Perdóneme	*Excuse me (when you bump into someone)*

V. Palabras y expresiones interrogativas (*Question words and interrogative expressions*)

¿Dónde? *Where?*	¿Dónde está . . . ?	*Where is . . . ?*	
	¿Dónde están . . . ?	*Where are . . . ?*	
¿Quién? *Who?*	¿Quién es . . . ?	*Who is . . . ?*	
¿Quiénes?	¿Quiénes son . . . ?	*Who are . . . ?*	
¿Qué? *What?*	¿Qué es esto?	*What is this?*	
	¿Qué quiere decir esto?	*What does this mean?*	
¿Cuándo? *When?*	¿Cuándo sale el avión?	*When does the plane leave?*	
	¿Cuándo llega el autobús?	*When does the bus arrive?*	
¿Cuánto? *How much?*	¿Cuánto cuesta este libro?	*How much is this book?*	
¿Cuántos? *How many?*	¿Cuántos cuartos tiene?	*How many rooms does it have?*	
¿Cuántas?	¿Cuántas maletas tiene?	*How many suitcases do you have?*	
¿Por qué? *Why?*	¿Por qué está triste?	*Why are you sad?*	
	¿Por qué vende el coche?	*Why are you selling your car?*	
¿Hay? *Is there?*	¿Hay papel en la gaveta?	*Is there paper in the drawer?*	
Are there?	¿Hay obreros en la fábrica todavía?	*Are there still workers in the factory?*	

VI. El calendario (*The calendar*)

A. Los días de la semana (*Days of the week*)

lunes	*Monday*
martes	*Tuesday*
miércoles	*Wednesday*
jueves	*Thursday*
viernes	*Friday*
sábado	*Saturday*
domingo	*Sunday*

B. Los meses del año (*Months of the year*)

enero	*January*
febrero	*February*
marzo	*March*
abril	*April*
mayo	*May*
junio	*June*
julio	*July*
agosto	*August*
septiembre	*September*
octubre	*October*
noviembre	*November*
diciembre	*December*

C. Las estaciones (*Seasons*)

invierno	*winter*
primavera	*spring*
verano	*summer*
otoño	*autumn*

VII. Expresiones de tiempo (*Time expressions*)

hoy	*today*
ayer	*yesterday*
mañana	*tomorrow*
anoche	*last night*
esta noche	*tonight*
ahora	*now*
después	*later*
todos los días	*every day*
el mes que viene (el mes próximo)	*next month*
la semana pasada	*last week*
la semana que viene	*next week*
el año pasado	*last year*
el año que viene	*next year*

VIII. Números (*Numbers*)

1	uno
2	dos
3	tres
4	cuatro
5	cinco
6	seis
7	siete
8	ocho
9	nueve
10	diez
11	once
12	doce
13	trece
14	catorce
15	quince
16	diez y seis, dieciséis
17	diez y siete, diecisiete
18	diez y ocho, dieciocho
19	diez y nueve, diecinueve
20	veinte
21	veintiuno(a) (veintiún)
22	veintidós
23	veintitrés
. . .	
30	treinta
31	treinta y uno (una, un)
. . .	
40	cuarenta
41	cuarenta y uno (una, un)
. . .	
50	cincuenta
. . .	
60	sesenta
. . .	
70	setenta
. . .	
80	ochenta
. . .	
90	noventa
. . .	
100	cien
101	ciento uno(a) (ciento un)
. . .	
200	doscientos(as)
. . .	

300	trescientos(as)
. . .	
400	cuatrocientos(as)
. . .	
500	quinientos(as)
. . .	
600	seiscientos(as)
. . .	
700	setecientos(as)
. . .	
800	ochocientos(as)
. . .	
900	novecientos(as)
. . .	
1,000	mil
2,000	dos mil
100,000	cien mil
1,000,000	un millón
1,000,000,000	mil millones

In Spanish, **un billón** is a million **millones**. To express 1,000,000,000, **mil millones** is used.

IX. **Hispanoamérica y España: Capitales y habitantes** (*Spanish America and Spain: Capitals and inhabitants*)

País	Capital	Habitante del país
Argentina	Buenos Aires	argentino(a)
Bolivia	La Paz	boliviano(a)
Colombia	Bogotá	colombiano(a)
Costa Rica	San José	costarricense
Cuba	La Habana	cubano(a)
Chile	Santiago	chileno(a)
Ecuador	Quito	ecuatoriano(a)
El Salvador	San Salvador	salvadoreño(a)
España	Madrid	español(a)
Guatemala	Ciudad de Guatemala	guatemalteco(a)
Honduras	Tegucigalpa	hondureño(a)
México*	México, D.F.	mexicano(a)
Nicaragua	Managua	nicaragüense
Panamá	Ciudad de Panamá	panameño(a)
Paraguay	Asunción	paraguayo(a)
Perú	Lima	peruano(a)

*Most Mexicans and other New-World speakers of Spanish write **México**, **Ciudad de México**, **mexicano(a)**. Most Spaniards write these words with a **j** instead of an **x**, to reflect the words' pronunciation. **México, D.F.** means **México, Distrito Federal**.

País	Capital	Habitante del país
Puerto Rico	San Juan	puertorriqueño(a)
República Dominicana	Santo Domingo	dominicano(a)
Uruguay	Montevideo	uruguayo(a)
Venezuela	Caracas	venezolano(a)

X. **Productos principales de los países hispanoamericanos** (*Principal products of the Spanish-American countries*)

el algodón	*cotton*
el azúcar	*sugar*
el café	*coffee*
la carne	*meat*
el caucho	*rubber*
los cereales	*cereals*
el coco	*coconut*
el cuero	*leather*
el chicle	*chicle (gum)*
el chocolate	*chocolate*
la fruta	*fruit*
el ganado	*cattle*
la lana	*wool*
la madera	*wood (lumber)*
el mate (la hierba mate)	*tea of the Pampa regions*
las nueces	*nuts*
el papel	*paper*
las pieles	*skins and furs*
los plátanos	*bananas, plantains*
el ron	*rum*
el tabaco	*tobacco*
el trigo	*wheat*

Metales y otros productos (*Metals and other products*)

el estaño	*tin*
los minerales	*minerals*
el oro	*gold*
las gemas (piedras preciosas)	*gems*
el hierro	*iron*
el cobre	*copper*
la plata	*silver*
el plomo	*lead*
el arsénico	*arsenic*
el petróleo	*petroleum*
el antimonio	*antimony*
las esmeraldas	*emeralds*

XI. Otros países (*Other countries*)

País	Capital	Habitante del país
Alemania	Berlín (Bonn)	alemán(-ana)
Austria	Viena	austriaco(a)
Bélgica	Bruselas	belga
Brasil	Brasilia	brasileño(a)
Canadá	Ottawa	canadiense
Corea	Seúl	coreano(a)
Checoslovaquia	Praga	checoslovaco(a)
China	Pekín (Bejín)	chino(a)
Dinamarca	Copenhagen	danés(-esa)
Egipto	Cairo	egipcio(a)
Estados Unidos de Norteamérica	Washington, D.C.	norteamericano(a)
Francia	París	francés(-esa)
Grecia	Atenas	griego(a)
Haití	Puerto Príncipe	haitiano(a)
Holanda	Amsterdam	holandés(-esa)
Hungría	Budapest	húngaro(a)
India	Nueva Delhi	indio(a)
Inglaterra	Londres	inglés(-esa)
Irlanda	Dublín	irlandés(-esa)
Israel	Tel Aviv	israelita
Italia	Roma	italiano(a)
Japón	Tokío	japonés(-esa)
Noruega	Oslo	noruego(a)
Polonia	Varsovia	polaco(a)
Portugal	Lisboa	portugués(-esa)
Rumania	Bucarest	rumano(a)
Rusia	Moscú	ruso(a)
Suiza	Berna	suizo(a)
Turquía	Ankara	turco(a)
Vietnam	Hanoi	vietnamés(-esa) (vietnamita)
Yugoeslavia	Belgrado	yugoeslavo(a)

XII. Cognados comerciales básicos (*Basic business cognates*)

la oficina	*office*
el secretario, la secretaria	*secretary*
el banco	*bank*
el interés	*interest*
el número	*number*
el contrato	*contract*
el documento	*document*

el papel	*paper*
el pasaporte	*passport*
la televisión	*television*
el (la) radio	*radio*
la computadora	*computer*
el satélite	*satellite*
la comunicación	*communication*
la importación	*import*
la exportación	*export*
el hotel	*hotel*
el hospital	*hospital*
el restaurante	*restaurant*
el coctel	*cocktail*
la inflación	*inflation*
el cheque	*check*
la lotería	*lottery*
el animal	*animal*
la agricultura	*agriculture*
el auto, automóvil	*auto, automobile*
la agencia	*agency*
la reservación	*reservation*
el itinerario	*itinerary*
la aerolínea	*airline*
la cuota	*quota*
el monopolio	*monopoly*
el puerto	*port*
la industria	*industry*
las manufacturas	*manufactured goods*
el consumidor	*consumer*
el teléfono	*telephone*
el micrófono	*microphone*
el cable	*cable*
el tractor	*tractor*
el rancho	*ranch*
el volumen	*volume*
los dividendos	*dividends*
el artículo	*article*
el producto	*product*
el material	*material*
la garantía	*guarantee, warranty*
el cupón	*coupon*
la compañía	*company*
la experiencia	*experience*
el examen	*exam (examination)*
el accidente	*accident*
el (la) capital	*capital*

la comisión	*commission*
la renta	*rent*
el colateral	*collateral*
el salario	*salary*
las fracciones	*fractions*
la distribución	*distribution*
la información	*information*
la póliza	*policy*
el beneficiario	*beneficiary*
la familia	*family*
el condominio	*condominium*
el apartamento	*apartment*
la propiedad	*property*
el por ciento	*percent*
el decimal	*decimal*

Nota cultural (*Cultural note*)

Spanish-American pronunciation

Many colonists in America were **andaluces**, which may account for the prevalence in Spanish America of pronunciation that closely resembles the Andalusian model. Both Spanish Americans and Andalusians usually pronounce **cita** (appointment or date) as "seeta" rather than "theeta"; and **cien** (one hundred) as "see-en" rather than "thee-en." Some native speakers from both geographical areas tend either to omit the letter **s** at the end of the syllable or pronounce it like an *h* sound in English (*h* is not pronounced in Spanish at all).

"loh libroh" instead of **los libros**
"loh ehtudioh" instead of **los estudios**

Still another instance of parallel pronunciation is the frequent dropping of the letter **d**. For example, "colorao" instead of "colorado" (red), "verdá" instead of "verdad" (truth), and "na" instead of "nada" (nothing).

Ejercicios (*Exercises*)

I. Sign Shop. Supply the Spanish wording for the sign painters.

NO SMOKING, PLEASE

EMERGENCY EXIT

DO NOT SMOKE

LADIES

GENTLEMEN

DANGER

EMERGENCY EXIT

CLOSED

FOR SALE

ARRIVALS

DEPARTURES

SALE

UP

DOWN

TURN OFF THE LIGHTS

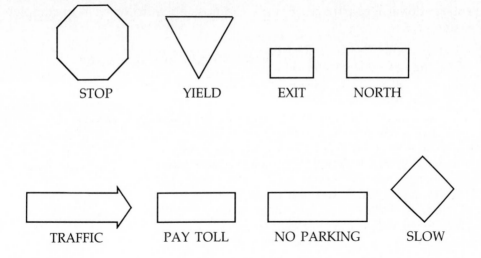

STOP YIELD EXIT NORTH

TRAFFIC PAY TOLL NO PARKING SLOW

II. The data base. Say the phrases or write them, spelling out the number words. Be sure to use **de** in 9 and 10.

1. 3 semanas
2. 18 días
3. 8 horas de oficina
4. 10 empleados
5. 19 artículos
6. 25 minutos
7. 50 autos
8. 100 centavos
9. 1,000,000 de dólares
10. 2,000,000 de pesos

III. A chance meeting. Complete the conversation.

Sr. Pérez: . . .
Sr. García: . . . Igualmente.
Sr. Pérez: . . .
Sr. García: . . . Estoy muy bien.
Sr. Pérez: . . . Gracias.
Sr. García: . . .

IV. International Department. Supply the missing word or term to complete the sentences.

1. La capital de Costa Rica es . . . .
2. Santiago es la capital de . . . .
3. Un ciudadano de Nicaragua es un . . . .
4. Asunción es la capital del . . . .
5. La capital de Ecuador es . . . .
6. Un ciudadano de Panamá es un . . . .
7. Lima es la capital del . . . .
8. La capital de Uruguay es . . . .
9. San Juan es la capital de . . . .
10. La capital de la República Dominicana es . . . .
11. Un ciudadano de Guatemala es un . . . .
12. Un ciudadano de Venezuela es un . . . .
13. La capital de El Salvador es . . . .
14. La capital de Honduras es . . . .
15. Managua es la capital de . . . .

1

La agencia de empleos

The employment agency

Lectura *(Reading)*

El desempleo

El desempleo es un problema muy grave hoy día. Entre sus causas se encuentran el aumento de la población y el desarrollo de la tecnología. A medida que ésta avanza y produce **maquinaria** capaz de hacer el trabajo humano, el desempleo aumenta.

machinery

El desempleo existe tanto en países industrializados como en países **en vías de desarrollo**. En los países industrializados el desempleo es causado por una tecnología avanzada, por la conglomeración de personas en los centros industriales o por **reveses** económicos de diversa **índole**. En los países en vías de desarrollo las causas del desempleo son el aumento en la población o la falta de industria para crear empleos.

developing

setbacks
kind, nature

En los Estados Unidos, cuando una persona pierde el empleo puede obtener beneficios de desempleo, que es como un seguro que le provee al desempleado y a su familia los medios de subsistencia necesarios durante un tiempo limitado. Estos beneficios varían en cada estado.

Por lo general, mientras la persona recibe beneficios de desempleo, busca otro trabajo. En los anuncios

Usually

clasificados de los periódicos la persona que busca empleo puede encontrar el anuncio de un puesto o trabajo adecuado y de paga razonable. Muchas veces estos anuncios lo dirigen hacia alguna agencia de empleos. Las agencias de empleos se dedican a poner en contacto a personas desempleadas con trabajos **disponibles**, recibiendo remuneración por el servicio *available* **prestado**. En las grandes ciudades hay muchas agencias *rendered* de empleos que diariamente **rinden** sus servicios a *render* cientos de personas que buscan trabajo, resultando al mismo tiempo en un negocio muy lucrativo.

Ejercicios _____

I. ¿Cierto o falso? *(True or false?)* Listen carefully to each statement. Then respond **cierto** or **falso** depending on whether it is true or false. Correct the false statements.

1. El desempleo no es un problema muy grave hoy día.
2. El desarrollo de la tecnología es una causa del desempleo en ciertos países.
3. A medida que avanza la tecnología, el desempleo disminuye.
4. A medida que avanza la tecnología, el desempleo puede aumentar.
5. El desempleo existe solamente en los países en vías de desarrollo.
6. En los Estados Unidos, cuando una persona pierde el empleo puede obtener beneficios de desempleo.
7. La persona que recibe beneficios de desempleo generalmente busca otro empleo.
8. La agencia de empleos se dedica a poner al desempleado en contacto con el trabajo (o empleo) adecuado.
9. Las agencias de empleos no reciben dinero por sus servicios. Prestan servicios gratuitamente.
10. En las grandes ciudades las agencias de empleos rinden sus servicios a millones de personas todos los días.

II. Preguntas *(Questions).* Answer the following questions.

1. ¿Cuáles son algunas causas del desempleo?
2. ¿Qué sucede cuando avanza la tecnología?
3. ¿Dónde existe el desempleo?
4. ¿Qué hace la persona mientras recibe beneficios de desempleo?
5. ¿Qué servicio presta la agencia de empleos?

III. En español, por favor (*In Spanish, please*). Give the Spanish equivalent of the following sentences.

1. Unemployment is a serious problem nowadays.
2. Unemployment benefits vary from state to state.
3. Unemployment can be caused by advanced technology.
4. When machinery is capable of doing humans' work, unemployment increases.
5. Employment agencies bring unemployed people in contact with available jobs.

Terminología comercial (*Business terminology*) _____

1. **Beneficios de desempleo**   Dinero o servicios recibidos cuando no hay trabajo.
2. **Comisión**   Dinero que se paga a la agencia de empleos por el servicio prestado.
3. **Deducciones (del salario)**   Dinero que el jefe retiene (descuenta) del sueldo.
4. **Expediente**   Autobiografía profesional o conjunto de datos autobiográficos que muestran la experiencia y cualidades de la persona que busca empleo.
5. **Impuestos (o contribuciones)**   Dinero que se paga al gobierno según el sueldo.
6. **Pensión (jubilación)**   Dinero que recibe el empleado después de dejar de trabajar.
7. **Referencias**   Las cartas de recomendación.
8. **Retiro (o jubilación)**   Acto de cesar el empleo (el trabajo) a causa de edad o años de servicio, recibiendo una pensión.
9. **Sueldo (salario, jornal)**   Recompensa recibida por el trabajo.
10. **Sueldo bruto**   Dinero que el empleado recibe sin deducciones.
11. **Sueldo neto**   Dinero que el empleado recibe después de las deducciones.
12. **Tarjeta de seguro social**   Carnet de identidad del sistema de seguro social.

Ejercicios _____

I. ¿Cierto o falso? Listen carefully to each statement. Then respond **cierto** or **falso** depending on whether it is true or false. Correct the false statements.

1. El sueldo es la recompensa que recibe el trabajador después de que deja de trabajar.
2. El expediente es una autobiografía profesional.

La agencia de empleos

3. Una comisión es el dinero que el empleado paga a la empresa donde trabaja por darle el empleo.
4. Sueldo bruto y sueldo neto son la misma cosa.
5. Impuestos o contribuciones se pagan al gobierno voluntariamente.

II. Para escoger. Finish each statement with an appropriate phrase.

1. Una carta que expresa las cualidades de un empleado es una carta de . . . .
   a) recomendación
   b) jubilación
   c) crédito
2. El sueldo neto es el sueldo . . . .
   a) sin deducciones
   b) con deducciones
   c) extra
3. La comisión se paga al . . . .
   a) jefe del empleado
   b) trabajador
   c) jefe de la agencia
4. El seguro social es . . . .
   a) una planilla
   b) una solicitud
   c) un beneficio para el trabajador
5. El expediente de un empleado contiene . . . .
   a) sus datos autobiográficos
   b) sus cuentas
   c) los recibos de su sueldo

Frases y expresiones *(Phrases and expressions)* _____

1. Buscar empleo (o puesto).
   To seek employment (or a position).
2. Leer los avisos o anuncios clasificados.
   To read the want ads.
3. Escribir un expediente.
   To write a biographical sketch or resumé.
4. Telefonear (llamar por teléfono) para una cita (para una entrevista).
   To phone for an appointment (for an interview).
5. Necesitar referencias.
   To need references.
6. Solicitar una carta de recomendación.
   To request a letter of recommendation.
7. Cobrar el 50 por ciento.
   To charge 50 percent.

8. Preguntar cuál es el sueldo.
   To ask about the salary.
9. Firmar el contrato (la solicitud de empleo) en seguida.
   To sign the contract (the job application) right away.
10. Pagar la comisión de la agencia de empleos.
    To pay the employment agency's commission.
11. Trabajar a menudo horas extra.
    To work overtime often.
12. Aumentar el sueldo (las ganancias, los beneficios).
    To increase the salary (the earnings, the benefits).
13. Ser miembro del sindicato (o de la unión).
    To be a member of the union.
14. Entrevistar a un(a) empleado(a).
    To interview an employee.
15. Mejorar las condiciones del trabajo.
    To improve the working conditions.
16. Enseñar (o mostrar) la tarjeta de seguro social.
    To show your social security card.
17. Recibir beneficios de desempleo.
    To collect (or receive) unemployment insurance.
18. Llenar un formulario.
    To fill out a form.
19. Esperar encontrar un trabajo (puesto).
    To hope to find a job (position).
20. Tratar de obtener un ascenso (aumento).
    To try to get a promotion (raise).

Ejercicios

I. **Sinónimos.** Find the word or expression in Column B that corresponds to the meaning of each word in Column A.

A	B
1. encontrar	a) sueldo (salario)
2. desempleado	b) empleo (trabajo)
3. país	c) apropiado
4. índole	d) diario
5. clasificados	e) anuncios
6. periódico	f) sin trabajo
7. adecuado	g) nación
8. puesto	h) clase
9. paga	i) hallar
10. aumento	j) acrecentamiento

II. Para escoger. Choose the appropriate phrase to complete the following statements.

1. Es difícil encontrar . . . . (un desempleo/un buen trabajo)
2. Pedro recibe . . . . (beneficios de desempleo/un sindicato)
3. Yo . . . los anuncios clasificados todos los días. (firmo/leo)
4. El desempleado necesita . . . . (llenar el formulario/cobrar el 50%)
5. La unión . . . de los trabajadores. (mejora las condiciones/escribe los expedientes)
6. La unión trata de . . . . (ser miembro del sindicato/mejorar las condiciones de los trabajadores)
7. Los empleados necesitan más dinero, por eso . . . . (pagan la comisión/ trabajan horas extra)
8. Cuando Ud. obtiene un empleo, Ud. debe . . . . (entrevistar al empleado/pagar la comisión a la agencia de empleos)
9. La vida es muy cara hoy día, por eso esperamos obtener . . . (referencias/ un aumento de sueldo) a menudo.
10. Antes de firmar el contrato debemos . . . . (preguntar el sueldo/obtener un ascenso)

III. En español, por favor

1. Pedro García looks (is looking) for a job.
2. He needs references and a social security card.
3. First (**Primero**) he writes a resumé and then (**después**), calls the office for an appointment.
4. He and his brother request several (**varias**) letters of recommendation.
5. Every day I read the want ads in the newspaper because I need a job right away.
6. The employment agency charges 10 percent commission on one year's salary for a professional position.
7. In order to (**Para**) receive unemployment benefits, you must (**debe**) fill out the forms.
8. In order to improve the working conditions of all workers, you must join the union.
9. You must show him your social security card and several letters of recommendation.
10. You should (**debe**) phone his secretary for an appointment.
11. Many employees work overtime and that's why (**por eso**) there aren't jobs available for everyone.
12. It's important (**Es importante**) to ask about the salary before (**antes de** + infinitive) signing a contract.

Repaso de gramática (*Grammar review*) _____

Subject pronouns

Singular			Plural	
1 **yo**	*I*		1 **nosotros(as)**	*we*
2 **tú**	*you*		2	
3 **usted (Ud.)**	*you*		3 **ustedes (Uds.)**	*you*
él, ella	*he, she*		**ellos(as)**	*they*

Notes: **Nosotras** and **ellas** are used when everyone referred to is female. Use **nosotros** and **ellos** to refer to groups that are all male or mixed. For the several Spanish pronouns meaning *you*, see the **Nota cultural** in this chapter.

The present tense of regular verbs

A. **-ar** verbs—**trabajar**

1 Yo **trabajo** en una mina.

2 Tú **trabajas** en una oficina.
3 Ud. (él, ella) **trabaja** en una fábrica.

B. **-er** verbs—**vender**
1 Yo **vendo** ropa de mujer.
2 Tú **vendes** café.
3 Ud. (él, ella) **vende** azúcar.

C. **-ir** verbs—**escribir**
1 Yo **escribo** una carta.

2 Tú **escribes** un contrato.
3 Ud. (él, ella) **escribe** los informes.

1 Nosotros(as) **trabajamos** en el hotel.
2
3 Uds. (ellos, ellas) **trabajan** en la Finca «Dolores».

1 Nosotros(as) **vendemos** frutas.
2
3 Uds. (ellos, ellas) **venden** juguetes.

1 Nosotros(as) **escribimos** el documento.
2
3 Uds. (ellos,ellas) **escriben** las oraciones.

The irregular verb *ser* (*to be*)

1 Yo **soy** hispano(a).
2 Tú **eres** norteamericano(a).
3 Ud. (él, ella) **es** comerciante.

1 Nosotros(as) **somos** ciudadanos(as).
2
3 Uds. (ellos, ellas) **son** estudiantes.

A. When we describe persons, places, or things, we often implicitly compare them to *others* in the same class. *Rosa is hardworking* really means (*compared to others*). In Spanish, use a form of **ser** to make such statements.

¿Cómo es Rosa?
Rosa es trabajadora, inteligente
  y agradable.

What's Rosa like?
Rosa is hardworking, intelligent,
  and pleasant.

B. Use a form of **ser** when you mention the usual size, color, shape, relationships, origins, or profession of someone or something.

El libro es	verde.
	rojo.
	nuevo.
La oficina es	pequeña.
	grande.
	espaciosa (*spacious*).
La jefa es	alta.
	simpática.
	justa.
Nosotros somos	cubanos.
	estudiantes.
	amigos de Emilio.
Jaime es	abogado (*lawyer*).
	zapatero (*shoemaker*).
	mexicano.

C. The verb **ser** is also used in telling time.

Es la una en punto (y media, y diez).
Son las tres y cuarto (menos cuarto, menos diez).

Verb distinction: *buscar, mirar*

Buscar means *to look for*. **Mirar** means *to look at*. No preposition follows either verb.

Busco empleo en el supermercado.
Miro los productos congelados en el mercado.

If the direct object is a person, personal **a** intervenes.

Busco a la jefa.

Verb with infinitive

When you use a two-verb construction, conjugate only the first. The second remains in the infinitive form (**-ar, -er, -ir**).

Yo **hablo** con el jefe.	BUT	Yo **deseo hablar** con el jefe.
		I wish to speak to the boss.
Él **habla** con la jefa.	BUT	Él **debe hablar** con la jefa.
		He should speak with the boss.
Nosotras **hablamos** con la jefa.	BUT	Nosotras **tratamos de hablar** con la jefa.
		We try to speak with the boss.
Ellos **hablan** con el jefe.	BUT	Ellos **esperan hablar** con el jefe.
		They hope to speak with the boss.

Ejercicios

I. Pronombres. Supply a correct subject pronoun. In most cases, more than one subject pronoun is possible.

1. . . . hablo con ellos mientras . . . firma los documentos.
2. . . . trabajamos en una farmacia.
3. . . . buscan trabajo.
4. . . . no trabajan porque no hay empleos para todos.
5. ¿Recibe . . . beneficios de desempleo?

II. Formas verbales. Complete each sentence with either the correct present-tense form or the infinitive of the verb in parentheses.

1. (abrir)   Los empleados . . . las puertas de la fábrica.
2. (estudiar)   El desempleado . . . de noche para obtener un buen puesto.
3. (buscar)   El muchacho . . . un empleo parcial (*part-time*).
4. (trabajar)   Yo no deseo . . . en una oficina.
5. (trabajar)   Nosotros . . . en una oficina.
6. (ser)   Los empleados de la agencia de empleos . . . muy serviciales.
7. (llamar)   La señora Pérez . . . por teléfono a la agencia de empleos todos los días.
8. (leer)   Yo siempre . . . los anuncios clasificados.
9. (leer)   Pedro no necesita . . . los anuncios clasificados.
10. (llenar)   Ella . . . la solicitud de empleo antes de firmarla.
11. (firmar)   La muchacha no debe . . . la solicitud de empleo antes de leerla.
12. (ser)   Ya es tarde; . . . las cuatro y veinte.
13. (ser)   Yo no deseo . . . actor.
14. (ser)   Mi amigo . . . carpintero.
15. (ser)   Nosotros no . . . venezolanos.

III. Para conversar. What present tense form for each verb fits in the sentence?

1. (buscar, necesitar, desear)
   Pedro García . . . empleo.
2. (trabajar, ganar, gastar)
   Los empleados . . . mucho.
3. (aumentar, subir)
   El sueldo de los empleados . . . cuando el negocio prospera.
4. (subir, bajar, aumentar)
   El desempleo y el crimen . . . constantemente en los países industrializados.
5. (anunciar empleos en los periódicos, recibir remuneración por sus servicios, prestar servicios a desempleados)
   Las agencias de empleos . . . .

IV. Preguntas

1. ¿Qué hora es?
2. ¿Es la una? ¿Son las dos ya?
3. ¿Busca Ud. empleo?
4. ¿Trabaja Ud.? ¿Dónde trabaja?
5. ¿Recibe Ud. beneficios de desempleo?
6. ¿Lee Ud. los anuncios clasificados del periódico todos los días?
7. ¿Escribe Ud. anuncios clasificados?
8. ¿Llama por teléfono a menudo a sus amigos cuando trabaja?
9. ¿Necesita Ud. trabajar?
10. ¿Cuánto cobra la agencia de empleos por obtener un puesto?

V. En español, por favor

1. I receive (I'm receiving) unemployment benefits because I don't work (I'm not working).
2. He wants (**desear**) to obtain a good job with a good salary.
3. The employment agency receives many calls every day.
4. The employees answer the telephone calls and the correspondence.
5. I want to study, but I need to work.
6. Why are you looking at the want ads? Are you looking for a job?
7. I'm looking for a better job.

Nota cultural _____

Tú and usted

For everyday business dealings in Spanish, plan to use **usted** as the normal subject pronoun meaning *you*. The **tú** form, which also means *you*, is usually reserved for family and close friends, and avoided in a formal setting—in fact, in some parts of Spanish America, it is considered disrespectful. (Occasionally, especially in Mexico, a businessperson may suggest that you address each other as **tú**—congratulations! Your counterpart wants to foster your friendship.)

When you address two or more persons, use **ustedes**. In Spanish America, use this pronoun for both formal and familiar address. In Spain, **usted** is formal; **vosotros(as)** is used to address two or more persons with familiar forms.

Keep in mind that different verb forms correspond to each of these subject pronouns!

DISNEYMUNDO
NECESITA
100 EMPLEADOS
PARA SU MUNDO
FANTÁSTICO

GRAN OPORTUNIDAD
PARA ESTUDIANTES
UNIVERSITARIOS
con conocimientos
de IDIOMAS.
**Deben gustarles los niños
y estar dispuestos a vivir
en un parque de recreo.**

SOLICITE HOY

Llame a **305–555–1234**
o escriba a

Jorge Molinos
Director de Personal
Disneymundo
Apartado 517
Orlando, Florida
32830

©The Walt Disney Company

conocimiento(s) *knowledge*	**parque de recreo** *amusement park*
idioma *language*	**Solicitar** *Apply*
estar dispuesto a *to be willing to*	

zapatero *shoemaker*

aeromozo, asistente de vuelo *flight attendant*
desenvolverse con soltura *to be at ease*

Agencia de publicidad necesita

SECRETARIA BILINGÜE

SE EXIGE

Hablar y escribir español e inglés muy bien

Mecanografía y taquigrafía

Conocimientos generales de oficina

Amabilidad y cortesía

Buenas recomendaciones

OFRECEMOS

Buen salario

Un mes de vacaciones

Mande expediente a: Apartado 604, Oficina de Correos, México D.F.

COSTURERAS

Con mucha experiencia en ropa fina

Con exp. en duplicar vestidos de diseñadores

Llame al 212-223-2324

costurera   *seamstress*

JOYERÍA

Necesito personas con exp. que sepan tejer y soldar cadenas y pulseras.

También necesito joyero que sepa hacer argollas sólidas y huecas. **H. PEREZ**, La Victoria 373, El Paso, Texas. **Tel. 312-2256**

joyero   *jeweler*   argolla   *hoop*
cadena   *chain*   hueco   *hollow*
pulsera   *bracelet*

Ejercicios

I. Preguntas

1. ¿Qué cualidades necesita tener una persona para obtener el puesto de aeromozo?
2. ¿Qué debe saber la secretaria bilingüe?
3. ¿Qué ventajas le ofrecen a la secretaria bilingüe?
4. ¿Qué conocimientos debe poseer el joyero?
5. ¿Qué experiencia debe tener la costurera?
6. ¿Qué le exigen al administrador?
7. ¿Le parece bien lo que le ofrecen al administrador? Explique por qué.
8. ¿Qué información necesaria falta en el anuncio que solicita un administrador?
9. ¿Qué opina Ud. sobre el anuncio que solicita costureras?
10. ¿Qué información debe aparecer en un buen anuncio clasificado?

II. Composición *(Composition)*

1. Escriba Ud. una carta al jefe de personal de Disneymundo solicitando el empleo anunciado.
2. ¿Cuál de los anuncios prefiere Ud.? Escriba una carta solicitando el puesto que éste anuncia.
3. Escriba Ud. un anuncio original (señalando lo que exige y lo que ofrece la compañía).

San Mateo, 76
Balboa, Panamá 1004

6 de marzo de 1988

Gerente de Ventas
Almacenes La Elegancia
Avenida Colón, 56
Balboa, Panamá 1423

Estimado señor:

En respuesta a su anuncio del día 3 de marzo que apareció en El Imparcial, solicito el puesto de dependiente en sus almacenes. Adjunto le envío mi expediente y unas cartas de recomendación.

Le agradezco su atención a esta carta y quedo de Ud.,

Atentamente,

Carlos J. Nieves

Carlos J. Nieves

ALMACENES LA ELEGANCIA

Avenida Colón, 56
Balboa, Panamá 1423
Tel. 444-4822

10 de marzo de 1988

Sr. Carlos J. Nieves
San Mateo, 76
Balboa, Panamá 1004

Estimado señor Nieves:

Le agradecemos su solicitud de empleo en nuestro departamento de ventas. Como su expediente nos revela su mucha experiencia y las cartas de recomendación atestiguan a su entusiasmo, vitalidad y lealtad, estamos muy interesados en conocerle personalmente. Las entrevistas se realizan el miércoles 17 de marzo y el viernes 20 de marzo de tres a cinco de la tarde.

Aunque hemos tenido muchos solicitantes, tenemos varios puestos disponibles, y una persona con sus credenciales tiene una excelente oportunidad de obtener un puesto con nosotros.

Esperamos verle pronto.

Atentamente,

Fausto Martínez Viera
Vicepresidente de Ventas

realizarse   *to be carried out, to be undertaken*

Ejercicios

I. Preguntas

1. ¿Se escribe la fecha lo mismo en español que en inglés? Explique.
2. El saludo que se emplea en las cartas es «Estimado señor». ¿Cómo se diferencia del saludo que Ud. usa en inglés?
3. ¿Cómo sabe Carlos Nieves que hay puestos disponibles en los almacenes La Elegancia?
4. ¿Qué características exhibe la carta del señor Nieves?
5. ¿Qué se debe incluir en la carta de solicitud de empleo?
6. Según nos informa el señor Martínez Viera, ¿qué cualidades son deseables en los empleados de una empresa?
7. ¿Qué información importante le da en su carta el señor Martínez a su posible empleado?

II. Composición

1. Use la carta de Carlos Nieves como modelo y solicite Ud. por carta un puesto como

   a) cajero(a) en un supermercado
   b) bibliotecario(a)

2. Escriba Ud. una carta contestando una carta de solicitud de empleo.

Expresión libre *(Free expression)*

I. Continúe Ud., por favor.
Use each of the phrases as a point of departure, creating as many sentences as you can about the topic.

MODELO   El empleado busca . . .
          Sample responses (different completions will occur to each person):
          El empleado busca trabajo.
          El empleado busca una agencia de empleos.

1. Uno de los grandes problemas de hoy día es . . .
2. Todo empleado desea . . .
3. El desempleo puede existir . . .
4. En los Estados Unidos el desempleado . . .
5. En los anuncios clasificados . . .
6. Necesitamos las agencias de empleos porque . . .
7. En el expediente debe aparecer . . .

II. Situaciones *(Situations)*

1. Ud. trabaja en una agencia de empleos y entrevista a personas que desean empleos. ¿Qué preguntas le debe hacer Ud. a un muchacho o a una muchacha que desea un empleo parcial?
2. Ud. necesita empleo. ¿Qué documentos necesita Ud. cuando solicita empleo?
3. Ud. tiene que escoger entre varias ofertas de empleo. ¿Qué ventajas debe tener un buen empleo?

III. Composición oral y escrita *(Oral and written composition)*

1. Explique Ud. el dibujo, contestando las preguntas siguientes:
   a. ¿Quién es cada una de las personas que hacen cola *(on line)*?
   b. ¿Qué empleo desea cada una de estas personas?
   c. ¿Por qué desea un empleo Santa Claus?
2. Escriba Ud. un diálogo corto entre el agente y una de las personas que busca empleo.

Vocabulario básico

la agencia de empleos	*employment agency*
el aprendizaje	*apprenticeship*
el ascenso	*promotion*
los beneficios de empleo	*fringe benefits*
la carrera	*career*
la cita	*appointment*
el clasificado, el anuncio	*want ad*
el desempleado (la desempleada)	*unemployed person*
el director (la directora) de personal	*personnel director*
el dueño (la dueña), el jefe (la jefa) el patrón (la patrona)	*boss*
el empleo por horas (el empleo parcial)	*part-time job*
la entrevista	*interview*
el expediente	*resumé*
los impuestos o las contribuciones sobre ingresos	*income tax*
el número del seguro social	*social security number*
el obrero (la obrera); el empleado (la empleada)	*worker; employee*
los pagos a la unión	*union dues*
la profesión; el puesto; el trabajo o empleo	*profession; position; job or employment*
la recompensa	*fee, reward*
la referencia	*reference*
el salario, el sueldo	*salary*
el sindicato	*union (labor union)*
la solicitud de empleo	*job application*
el sueldo bruto o completo (sin deducciones)	*gross pay*
el sueldo neto	*net pay*

2

La oficina

The office

Diálogo *(Dialog)* _____

¿Se están mudando?

SRA. GARCÍA: ¡Ay! **¡Qué pena!**	*What a pity!*
SRTA. PÉREZ: **¿Qué pasa?**	*What's going on?*
SRA. GARCÍA: Los ocupantes de la oficina de en frente, J. Martín e* Hijos, **se están mudando**.	*are moving*
SRTA. PÉREZ: **¡Qué lástima!** ¿Dónde podemos comprar ahora muebles, maquinillas, archivos, sillas, escritorios, estantes de libros, cajas de papeles y lápices?	*What a pity!*
(Luego)	*(Later)*
SRA. GARCÍA: Señor Martín, ¡qué gusto verle por aquí! Ya veo que se está mudando. ¿A quién le compramos los efectos de oficina?	
SR. MARTÍN: **¿Qué?** ¿Quién se muda?	*What?*
SRA. GARCÍA: **Hace un rato** vi a unos hombres poniendo toda su **mercancía** en un **camión**.	*A while ago* / *merchandise truck*
SR. MARTÍN: **¿Cómo? ¿Qué dice Ud.?**	*What? What are you saying?*
SRA. GARCÍA: Vi un camión llevarse toda su mercancía. ¿Adónde se muda?	
SR. MARTÍN: Yo no me estoy mudando. ¡Me han robado! ¡Me lo han robado todo! **¡Socorro!** ¡POLICÍA!	*Help!*

*Replace **y** (meaning *and*) with **e** before words beginning with **i** or **hi**.

Ejercicios

I. ¿Cierto o falso? Listen carefully to each statement. Then respond **cierto** or **falso** according to the dialog. Correct the false statements.

1. Martín e Hijos se están mudando.
2. Martín e Hijos venden automóviles.
3. Los hombres se llevan la mercancía en su camión.
4. Los papeles, los lápices y los bolígrafos son efectos de oficina.
5. La señora García compra frutas en la tienda de J. Martín e Hijos.

II. Preguntas

1. ¿Quiénes son J. Martín e Hijos? ¿Qué venden?
2. ¿Qué ve la señora García?
3. ¿Por qué cree la señora García que J. Martín e Hijos se están mudando? ¿Por qué siente pena (o lástima)?
4. ¿Se están mudando el señor Martín e Hijos? ¿Qué pasa?
5. ¿Por qué llama a la policía el señor Martín?

III. ¡Siga Ud.! Complete the following sentences.

1. J. Martín e Hijos venden . . . .
2. La señorita Pérez compra . . . .
3. Unos hombres se llevan . . . .
4. Los papeles y los lápices son . . . .
5. El señor Martín . . . .

Terminología comercial

1. **Archivador(a)**   La persona que guarda los papeles (cartas, documentos, informes, etc.) en orden alfabético.
2. **Ascenso**   Subida de puesto en el trabajo con aumento de sueldo.
3. **Contador(a)**   Empleado(a) que examina la contabilidad oficial o que lleva las cuentas. También se llama **contable** o **tenedor(a) de libros** o **contralor(a)**.
4. **Convención**   Reunión de empleados para discutir problemas relacionados con el trabajo.
5. **Correspondencia**   Comunicación por medio de cartas.
6. **Dictado**   Lo dicho para que una persona lo escriba.
7. **Libro mayor**   Cuaderno que muestra el estado de una industria (muestra los débitos y los créditos o el debe y el haber).
8. **Minuta**   Extracto o borrador de un escrito. Resumen escrito de lo sucedido en una reunión (llamado también **actas**).
9. **Oficinista**   Empleado(a) de oficina.
10. **Taquigrafía**   Habilidad de escribir con signos lo dictado.

Ejercicios

I. Falso. All the following sentences are false. Read each sentence aloud and correct the statement.

1. El oficinista es el que limpia la oficina.
2. Las minutas y las actas son cosas distintas.
3. Un ascenso es una caja grande que nos lleva de un piso *(floor)* a otro.
4. El contador es el empleado que guarda los papeles en orden alfabético.
5. Un dictado es un tirano latinoamericano.

II. Para escoger. Finish each statement with the appropriate phrase.

1. Usar taquigrafía es escribir . . . .
   a) a máquina
   b) con signos
   c) con lápiz
2. El libro mayor muestra . . . .
   a) los nombres de los empleados
   b) los días de fiesta
   c) el haber y el deber
3. Correspondencia quiere decir . . . .
   a) comunicación por escrito o por medio de cartas
   b) comunicación por teléfono
   c) toda clase de comunicación
4. El tenedor de libros es un . . . .
   a) utensilio para comer
   b) contable
   c) archivador
5. En una convención los empleados . . . .
   a) discuten problemas comerciales
   b) hablan de otros empleados
   c) discuten asuntos *(matters)* de interés general

Frases y expresiones

1. Abrir, leer y contestar las cartas.
   To open, read, and answer letters.
2. Archivar las tarjetas o fichas.
   To file the cards.
3. Asistir a una conferencia (o reunión) de negocios.
   To attend a business conference (meeting).
4. Arreglar (o componer) la computadora.
   To fix the computer.

5. Contestar (o responder a) la correspondencia.
   To answer correspondence.
6. Dictar una carta.
   To dictate a letter.
7. Echar (o botar) los papeles en el cesto.
   To throw papers in the wastepaper basket.
8. Enviar (o mandar) telegramas (cablegramas).
   To send telegrams (cablegrams).
9. Escribir a máquina (maquinilla) los informes.
   To type the reports.
10. Guardar los papeles en el archivo.
    To keep papers in the file cabinet.
11. Hacer entrevistas (entrevistar) y hacer decisiones.
    To give interviews and make decisions.
12. Poner las tarjetas en orden alfabético.
    To put cards in alphabetical order.
13. Poner sellos (estampillas) en los sobres.
    To put stamps on envelopes.
14. Presillar (engrapar) los papeles.
    To staple the papers.
15. Hacer fotocopias de los papeles.
    To photocopy the papers.
16. Preferir un mes de vacaciones.
    To prefer one month's vacation.
17. Tener que trabajar tiempo extra.
    To have to work overtime.
18. Tomar un descanso para el café.
    To take a coffee break.
19. Supervisar el trabajo.
    To supervise the work.
20. Querer hablar con los clientes.
    To want to speak to the customers.

Ejercicios

I. Sinónimos. Find the word in Column B that corresponds to the meaning of each word in Column A.

A	B
1. mandar	a) responder
2. máquina de escribir	b) estampillas
3. contestar	c) cartas
4. correspondencia	d) maquinilla
5. sellos	e) enviar

II. En la oficina. Choose the most logical way to complete these sentences.

1. Por la mañana, lo primero es . . . .
   a) abrir, leer y contestar la correspondencia
   b) tomar un mes de vacaciones
   c) trabajar tiempo extra
2. Necesitamos más personal. Hay que . . . .
   a) tomar un descanso para el café
   b) echar los papeles en el cesto
   c) entrevistar a algunos candidatos
3. La jefa no puede hablar con Ud. ahora. Tiene que . . . a las once.
   a) poner sellos en los sobres
   b) tomar dictado
   c) asistir a una conferencia
4. Necesitamos una copia del documento para cada persona. Por favor, ¿puede . . . ?
   a) poner las tarjetas en orden alfabético
   b) hacer veinticinco fotocopias
   c) guardar los papeles en el archivo

III. Para conversar. What present tense form for each verb fits in the sentence?

1. (abrir, leer, contestar)
   Los empleados . . . la correspondencia.
2. (dictar, enviar, guardar)
   El jefe . . . la carta.
3. (archivar, mandar, escribir a máquina)
   La secretaria . . . los informes.
4. (arreglar, componer, traer)
   El mecánico . . . la computadora.
5. (botar los papeles, trabajar tiempo extra, asistir a la conferencia)
   Los empleados . . . .

IV. En español, por favor

1. The boss dictates several letters each day.
2. Who attends the business meetings?
3. He should send the telegram as soon as possible (**cuanto antes**).
4. They must keep the reports in the file cabinet.
5. He opens, reads, and answers her correspondence, but she makes the important decisions.
6. He has to keep the important papers in the file cabinet and throw out the rest.
7. Sometimes (**a veces**) she calls them on the telephone and other times she sends a telegram.

8. It isn't easy **(No es fácil)** to take dictation and to type.
9. And it isn't easy to fix this computer either **(tampoco)**.
10. You should put the cards in alphabetical order.
11. Many employees work overtime, and that's the reason there are no jobs available.
12. You have to staple the papers and put stamps on the envelopes.

Repaso de gramática

The irregular verb *estar* *(to be)*

1 Yo **estoy** aquí.	1 Nosotros(as) **estamos** en Toluca.
2 Tú **estás** bien.	2
3 Ud. (él, ella) **está** feliz, ¿no?	3 Uds. (ellos, ellas) **están** felices, ¿no?

A. Use **estar** to refer to location.

La jefa está
{
aquí.
en la oficina.
en la reunión.
en casa.
}

The boss is
{
here.
in the office.
in the meeting.
at home.
}

B. Use **estar** with adverbs and adjectives to refer to states of mind or being.

La empleada está
{
bien.
mal.
regular.
cansada.
ocupada.
dormida.
deprimida.
feliz.
contenta.

muerta.
lista.
dispuesta a
  trabajar.
}

The employee is
{
well.
feeling poorly.
feeling OK.
tired.
busy.
asleep.
depressed.
happy.
content,
  happy.
dead.
ready.
willing to
  work.
}

C. Use **estar** to ask the status or location of people or things.

¿Cómo está Ud.?	*How are you?*
¿Cómo están los negocios?	*How's business?*
¿Dónde está la oficina del presidente?	*Where's the president's office?*
¿Está ocupado el señor Ramírez?	*Is Mr. Ramírez busy?*

D. Use a form of **estar** plus a present participle to make the present progressive. (The point of using the present progressive rather than the simple present is to emphasize that an action is going on at the present moment—compare English *I am writing, she is using the computer right now, they are programming*.) Here is how to form the present participle of any regular verb.

1. For **-ar** verbs, remove **-ar** from the infinitive and add **-ando**.

	Stem	
emplear	**emple + ando =**	empleando

2. For **-er** and **-ir** verbs, remove the infinitive ending and add **-iendo.***

	Stem	
vender	**vend**	vendiendo
	+ iendo =	
escribir	**escrib**	escribiendo

Estoy hablando con un cliente ahora.
Tú estás trabajando en una fábrica, ¿verdad?
¿A quién está esperando Ud.?
Él está vendiendo frutas en el mercado.
Ella está preparando una solicitud para la agencia de empleos.
Estamos entrevistando para el puesto nuevo.
¿Están leyendo Uds. los anuncios con cuidado?
Ellas están comprando una computadora para la oficina.
Ellos están tomando café con el jefe.

Stem-changing and irregular verbs: present tense

A. Some verbs change the **e** in their stem, or root, to **ie** in predictable patterns. The most common ones are:

cerrar	**preferir**	**querer**	**pensar**
to close	*to prefer*	*to want*	*to think*
cierro	prefiero	quiero	pienso
cierras	prefieres	quieres	piensas
cierra	prefiere	quiere	piensa
cerramos	preferimos	queremos	pensamos
cierran	prefieren	quieren	piensan

---

*If the stem ends in a vowel, add **-yendo** instead of **-iendo**:
leer   **le + yendo =**   leyendo
construir   **constru + yendo =** construyendo
Exception: **reír, riendo.**

sentir	perder
to feel	*to lose*
siento	pierdo
sientes	pierdes
siente	pierde
sentimos	perdemos
sienten	pierden

Pensar *(to think, to believe)* used with another verb means *to plan to* or *to intend to* do the action expressed in the second verb.

El empleado piensa cobrar el cheque en el banco.	*The employee plans to cash the check at the bank.*
Pensamos asistir a la conferencia.	*We plan to attend the meeting.*

B. Other verbs change the **o** in their stem to **ue** in the same pattern. The most common ones are:

contar	volver	poder	mover
to count	*to return*	*to be able*	*to move*
cuento	vuelvo	puedo	muevo
cuentas	vuelves	puedes	mueves
cuenta	vuelve	puede	mueve
contamos	volvemos	podemos	movemos
cuentan	vuelven	pueden	mueven

Poder is always used with another verb.

El mecánico no puede arreglar la computadora.	*The mechanic cannot fix the computer.*
Los empleados no pueden venir al trabajo a tiempo.	*The employees can't come to work on time.*

Devolver *(to give back)* and **envolver** *(to wrap)* are conjugated in the same pattern as **volver**.

El jefe vuelve a su oficina a las 3:00.	*The boss returns to his office at 3:00 o'clock.*
La secretaria devuelve la carta porque no es para su jefe.	*The secretary returns the letter because it isn't for her boss.*
El muchacho envuelve la mercancía para mandarla por correo.	*The boy wraps the merchandise in order to mail it.*

Volver + **a** + infinitive of another verb means *to do* the action of the infinitive *again*.

El empleado vuelve a leer la carta.	*The employee reads the letter again.*

C. Some verbs include the letter **g** in the **yo** form of the verb. They may have other irregularities as well. The most common ones are:

tener	**venir**	**decir**
to have	*to come*	*to say, to tell*
tengo	vengo	digo
tienes	vienes	dices
tiene	viene	dice
tenemos	venimos	decimos
tienen	vienen	dicen

hacer	**traer**	**poner**
to do, to make	*to bring*	*to put, to place*
hago	traigo	pongo
haces	traes	pones
hace	trae	pone
hacemos	traemos	ponemos
hacen	traen	ponen

Tener means *to have*:

José tiene un puesto muy bueno.	*José has a very good job.*
La compañía tiene muchos empleados.	*The company has many employees.*

Tener also appears in many idioms.

tener hambre	*to be hungry*
tener sed	*to be thirsty*
tener calor	*to be warm*
tener frío	*to be cold*
tener prisa	*to be in a hurry*
tener suerte	*to be lucky*
tener cuidado	*to be careful*
tener miedo	*to be afraid*
tener sueño	*to be sleepy*

El mensajero tiene prisa.	*The messenger is in a hurry.*
Yo no tengo suerte para los negocios.	*I'm not lucky in business.*

Use **tener que** plus another verb to mean *to have to.*

Tengo que trabajar.	*I have to work.*
Ud. tiene que leer el informe.	*You have to read the report.*

Other verbs conjugated like **tener** are:

mantener	*to maintain, to support*
obtener	*to obtain*
contener	*to contain*
retener	*to retain*

El señor Ríos mantiene a sus cinco hijos.	*Mr. Ríos supports his five children.*
Los empleados obtienen ascensos.	*The employees obtain promotions.*

Ejercicios

I. Formas de estar. Supply the correct present-tense form of **estar**.

1. Los empleados . . . ocupados.
2. El jefe . . . dormido.
3. Yo . . . muy bien, gracias.
4. Mi oficina . . . en el último piso.
5. ¿Dónde . . . los clientes?
6. La secretaria . . . cansada.
7. Nosotros . . . contentos.

II. Formas verbales. Complete each sentence with the correct present-tense form of the verb in parentheses.

1. (poner)   El archivista . . . los documentos en el archivo.
2. (decir)   Yo siempre . . . la verdad. ¿Y tú?
3. (tener)   Ellos . . . que hacer el trabajo.
4. (cerrar)   El conserje . . . la oficina.
5. (volver)   Los empleados . . . a la oficina después de la reunión.
6. (poder)   Ellos no . . . hacer el trabajo.
7. (querer)   La secretaria no . . . escribir a máquina la carta para el jefe.
8. (poner)   Por lo general, yo . . . los anuncios en el tablón.
9. (devolver)   El supervisor . . . la mercancía defectuosa.
10. (envolver)   La señorita Gómez . . . los regalos (*gifts*).
11. (tener)   Este empleado . . . mucho cuidado.
12. (componer)   El mecánico . . . la computadora cuando se rompe.
13. (hacer)   Yo . . . el trabajo cuando él está ausente.
14. (obtener)   Los empleados que trabajan mucho . . . recompensas.
15. (venir)   Yo siempre . . . temprano al trabajo.

III. Preguntas

1. ¿Quién está trabajando tiempo extra?
2. ¿Quién está escribiendo la carta?
3. ¿Están Uds. esperando al jefe o están leyendo los informes?
4. ¿Desea Ud. obtener un buen puesto?
5. ¿Puede Ud. escribir a máquina rápidamente? ¿Cuántas palabras escribe por minuto?
6. ¿Prefiere Ud. hacer la contabilidad o escribir la correspondencia?
7. ¿Tiene Ud. tiempo ahora para tomar dictado?
8. ¿Quiere Ud. trabajar en la otra oficina o prefiere estar aquí?

IV. En español, por favor

1. The boss is here, but he's tired.
2. We're working late today.
3. The secretary is taking dictation. She isn't typing the letters.
4. The employees are reading the reports.
5. Mr. García is busy. He's in a hurry because the meeting is about to begin (**está para empezar**).
6. They're waiting for the boss. Where's his secretary?
7. Miss Rodríguez is tired because she works hard.
8. Do you plan to return early?
9. He prefers to keep the papers in the file cabinet.
10. The secretary doesn't want to call the customers.
11. The mechanic can't fix the computer.
12. I don't want to type or take dictation; I prefer to make decisions.
13. He intends to read the reports soon, but right now he's talking with a customer.
14. Do you want to wrap the packages or do you prefer to put stamps on the envelopes?
15. He has to bring the reports to the meeting tomorrow.

Nota cultural

Propriety

La formalidad is a term used by Spanish-speaking people when referring to specific customs and mores relating to an individual's dress or deportment.

In most parts of Latin America, a business suit is as important as it is in the United States, though it is not necessarily a "grey flannel" suit. Business dress in the Caribbean countries, however, often makes a rational concession to the tropical climate by permitting male office workers to wear an embroidered shirt, called **yucateca** or **guayabera**, which replaces the jacket. Women usually wear a dress or skirt and blouse.

La formalidad also includes courtesy procedures such as the rapidly disappearing chaperone system, in which a **dueña** or **chaperona** always accompanies the young couple on a date.

La formalidad is also visible in the presentation of appropriate gifts for baptisms, weddings, anniversaries, and so forth. It also includes "dos and dont's" of table manners as well as formulas of respect for elders. Every occasion has a proper "form" to be observed, whether it be a wedding reception or a wake.

Latin American life is dictated by the traditional notion of "what is proper." Today, however, **la formalidad** is losing its hold on the younger generation under the influence of movies and television that reflect a more casual lifestyle.

Anuncios

al por mayor   *wholesale*
al por menor   *retail*
estante de libros   *bookcase*
silla   *chair*

A B C
MAQUINILLAS

Calle 8 1447 N.O.
Tel. 224-1735

Confíe el arreglo de su máquina de escribir o calculadora a nuestros expertos mecánicos, con más de 25 años de experiencia.

VENTAS   ALQUILER

SERVICIO

MANTENIMIENTO

Mantenga su máquina en perfectas condiciones contratando un servicio trimestral a bajo costo.

Ponemos la Ñ y los acentos

ESTIMADOS GRATIS

Nuestro trabajo tiene la

GARANTÍA **A B C**

COMPUTADORAS BEST
LAS MEJORES

AHORA PEQUEÑOS NEGOCIOS COMO EL SUYO PUEDEN TENER COMPUTADORAS

* por sólo $52.00 a la semana *

PARA HACER SU CONTABILIDAD, INVENTARIO Y PRESUPUESTO

LLAME AHORA MISMO AL TELÉFONO (212) 589-3523

presupuesto *budget*

Ejercicio

Preguntas

1. ¿Qué servicio básico ofrece la casa ABC?
2. ¿Tiene mucha experiencia la compañía ABC?
3. Si Ud. compra su máquina de escribir en ABC, ¿qué letras y signos añade la casa para beneficio del cliente hispano?
4. ¿Por qué es conveniente obtener el servicio de mantenimiento?
5. ¿Por qué es buena idea ser cliente de ABC?
6. ¿Qué muebles y efectos de oficina vende El Jefe?
7. ¿Vende El Jefe al por mayor o al por menor?
8. ¿Qué hace una computadora Best?
9. ¿Toma dictado la computadora Best?
10. ¿Descansa la computadora?
11. El anuncio dice: «Ahora los pequeños negocios pueden tener computadoras». ¿Es cierto? ¿Es razonable el precio?
12. Mencione Ud. los productos que se venden en la tienda El Jefe.
13. Añada Ud. otros muebles que se venden en otras tiendas de muebles y que no ofrecen en el anuncio.

García y Compañía

Las Mercedes, 99
Nuevo Laredo, México 88000

15 de agosto de 1988

Señor Carlos J. Miranda
Oficina de Reclamos

Estimado señor Miranda:

Tengo el gusto de comunicarle que a partir del día primero de septiembre Ud. será jefe de división y su sueldo será aumentado a $400.00 semanales.

Lo felicito por su tan merecido ascenso y quedo de Ud. muy atentamente,

Salvador Fuentes

Salvador R. Fuentes
Gerente

Pinturas ARCO

El Capitán 73
Cartagena, Colombia

3 de octubre de 1988

Señorita Luisa Vargas Osorio
Oficina de Cobros

Estimada señorita Vargas:

Siento tener que responder negativamente a su solicitud. Nuestra compañía necesita sus servicios con mucha urgencia en estos meses y sentimos no poder concederle los dos meses de vacaciones que Ud. desea. Aprovecho la ocasión para recordarle que durante el año Ud. ha estado ausente en diez ocasiones y ya tuvo una semana de vacaciones.

Atentamente,

Juana A. Méndez
Gerente

Ejercicios

I. Preguntas

1. ¿Qué nombre y dirección aparecen a la izquierda de la carta (encima del saludo)?
2. ¿Quién es el remitente? ¿Quién es el destinatario en ambas *(both)* cartas?
3. ¿Cuál es el propósito de la carta del señor Fuentes?
4. ¿Qué quiere decir: «Siento tener que responder negativamente a su solicitud»?
5. ¿Qué diferencia hay entre la carta de la señora Méndez y la del señor Fuentes?

II. Composición

1. Según la carta, haga Ud. una evaluación del trabajo de la señorita Vargas.
2. Usando la carta de Juana Méndez como modelo, responda Ud. negativamente a una solicitud de vacaciones.
3. Usando la carta de Salvador Fuentes como modelo, felicite Ud. a su empleado por su buen servicio a la compañía y por su merecido aumento de sueldo y ascenso.

Expresión libre

I. Continúe Ud., por favor. Use each of the phrases as a point of departure, creating as many sentences as you can about the topic.

MODELO   Los clientes compran . . .
Sample response (different completions will occur to each person):
Los clientes compran muebles para la oficina.
Los clientes compran computadoras.

1. Los empleados desean . . .
2. El jefe no tiene . . .
3. La secretaria está . . .
4. El contable tiene que . . .
5. El señor García guarda . . .

II. Situaciones

1. Ud. es jefe de una compañía. Es nueva. No hay muebles. Usted está ahora en una tienda de muebles de oficina. ¿Qué muebles compra Ud. para sus oficinas?
2. Ud. trabaja de gerente en una oficina. ¿A qué empleados no les aumenta Ud. el sueldo? ¿A qué empleados les da Ud. vacaciones? Mencione otros beneficios que Ud. les da a sus empleados.
3. Ud. puede trabajar en una oficina con más de 100 empleados o solo(a) en una oficina con su jefe. Describa las ventajas y desventajas de ambas situaciones.

III. Composición oral y escrita

1. Escriba Ud. una carta pidiendo un aumento de sueldo. Mencione sus aptitudes y describa las tareas que Ud. hace en la oficina.
2. En su opinión, ¿cuál puede ser la causa de desacuerdo *(disagreement)* en una oficina?

Vocabulario básico _____

el abrecartas	*letter opener*
el almacén	*stock room; warehouse*
el archivo	*file cabinet*
el bolígrafo y el lápiz	*pen and pencil*
la butaca (el sofá) de cuero	*leather armchair (sofa)*
la calculadora	*calculator*
el caset	*cassette*
el cesto de los papeles	*wastepaper basket*
la cinta para la máquina de escribir	*typewriter ribbon*
la computadora	*computer*
el cuaderno de taquigrafía	*stenographer's pad*
el cuarto de correos	*mail room*
el escritorio y la silla	*desk and chair*
la fuente de agua	*water fountain (cooler)*
el gomígrafo	*rubber stamp*
la grapadora y las grapas	*stapler and staples*
la guía telefónica	*telephone directory*
la lámpara de escritorio	*desk lamp*
el libro de citas	*appointment book*
el libro mayor	*ledger*
las llaves de la oficina	*office keys*
la máquina de sumar (o sumadora)	*adding machine*
la máquina eléctrica de escribir	*electric typewriter*
la máquina para duplicar (la máquina de mimeógrafo)	*ditto machine (mimeograph)*
la máquina Xerox (la copiadora)	*Xerox machine, copier*
los materiales de oficina	*office supplies*
el membrete	*letterhead*
la pizarra telefónica o el cuadro telefónico	*switchboard*
el sacapuntas	*pencil sharpener*
la sala de conferencias	*conference room*
los sellos, las estampillas	*postage stamps*
los sobres	*envelopes*
el tablón de anuncios	*bulletin board*
la taquigrafía	*shorthand*
las tarjetas	*cards*

3

El banco

The bank

Lectura

Los bancos multinacionales en la América Latina*

La recesión que experimenta el mundo entero reduce grandemente las **inversiones lucrativas**. El **capital ocioso** que resulta de esto produce una situación intolerable al sistema bancario, que se encuentra con demasiado dinero en sus manos (sin poderlo invertir). Paralelamente los gobiernos se ven **obligados** a pedir más dinero prestado para enfrentar los problemas que causan las **alzas** en el **costo de vida** y las **caídas** en las ventas. Las crisis del **estancamiento** con inflación lleva a que los bancos tengan más y que se les pida más.

Así, los grandes bancos se expanden rápidamente por todo el planeta, abriendo **sucursales** en todas partes. En la América Latina, este fenómeno ocurre en particular en Panamá.

Hoy día, muchas transacciones financieras, especialmente entre las casas exportadoras e importadoras, tienen su origen en los bancos de Panamá en vez de los bancos de Suiza, considerada anteriormente la capital financiera del mundo. Hay más de 150 bancos comerciales al servicio del comerciante internacional.

En la afiebrada **búsqueda** del lucro garantizado,

lucrative investments
idle capital

forced

rise   cost of living   fall
stagnation

branches

search

*This reading is based on an article in **Nueva Sociedad** (San José, Costa Rica, March/April 1981).

la América Latina se convierte en un paraíso para los banqueros. Eso, a su vez, lleva al **endeudamiento** de la región. Esta deuda aumenta cada día. **Sin embargo**, los gobiernos no se dan cuenta de la crisis que **se está creando** (o no les importa la situación). Ellos creen que «hay que endeudarse para pagar y prestar para cobrar».

indebtedness
However
is (being) created

Ejercicios

I. **¿Cierto o falso?** Listen carefully to each statement. Then respond **cierto** or **falso** depending on whether it is true or false. Correct the false statements.

1. La recesión en el mundo entero aumenta las inversiones lucrativas.
2. El capital ocioso que resulta de la recesión aumenta la masa de dinero en manos de los bancos.
3. Los gobiernos tienen que pedir más dinero para enfrentar o resolver sus problemas.
4. Como resultado de la crisis del estancamiento con inflación, los bancos tienen menos dinero.
5. Los grandes bancos se expanden rápidamente por todo el planeta.
6. La América Latina resulta un paraíso para los banqueros.
7. Los gobiernos creen que «hay que invertir para ganar y pagar para cobrar».

II. **Para completar.** Complete the following statements with information from the reading.

1. La . . . reduce considerablemente las inversiones lucrativas.
2. La crisis del estancamiento con inflación lleva a . . . .
3. Latinoamérica se convierte en un . . . .
4. Esto lleva al . . . de la región.
5. Los gobiernos creen que «hay que endeudarse para . . . y prestar para . . . ».

III. **Preguntas**

1. ¿Qué relación tiene la recesión con las inversiones?
2. ¿Qué hacen los gobiernos cuando hay recesión?
3. ¿A qué lleva la crisis del estancamiento con inflación?
4. Como resultado, ¿hay más o menos bancos en el mundo?
5. ¿Qué parte del mundo resulta un paraíso para los banqueros?

Terminología comercial

1. **Casa de moneda** Establecimiento donde se fabrica la moneda y se emiten los billetes.
2. **Crédito** Derecho de recibir alguna cosa, generalmente dinero. Reputación de solvencia.

El banco

3. **Cheque**   Forma de pago.
4. **Deuda**   Obligación o compromiso que una persona o institución tiene de pagar una cantidad de dinero.
5. **Interés**   Beneficio que se saca del dinero prestado.
6. **Moneda metálica**   Forma de disco, hecha de oro, plata u otro metal con el sello del país que la emite. Tiene un valor intrínseco.
7. **Papel moneda**   Usado en lugar de la moneda metálica, tiene un valor de confianza en su conversión a moneda metálica.
8. **Prestamista**   La persona que da dinero en forma de préstamo.
9. **Prestatario(a)**   La persona que recibe dinero con la obligación de pagar el préstamo.
10. **Principal**   Suma que entrega el que presta.
11. **Recibo**   Documento escrito en que se declara haber recibido una suma de dinero u* otras mercaderías de valor.
12. **Sistema monetario**   Todo lo que se refiere a la acuñación y distribución del dinero del país.

Ejercicios

I. **¿Cierto o falso?** Listen carefully to each statement. Then respond **cierto** or **falso** depending on whether it is true or false. Correct the false statements.

1. Interés es la cantidad de dinero que entrega el que presta.
2. El papel moneda tiene un valor intrínseco.
3. El prestamista da el dinero en forma de préstamo.
4. Para tener crédito, una persona debe tener la reputación de solvencia.
5. El principal es la persona que recibe el préstamo.

II. **Para escoger.** Finish each statement with the appropriate phrase.

1. Un recibo es . . . .
   a) una suma de dinero
   b) un documento
   c) un préstamo
2. La casa de moneda es . . . .
   a) la moneda de un país
   b) una institución que presta dinero
   c) el lugar donde hacen moneda
3. El interés es . . . .
   a) el pago por el uso del dinero
   b) un documento que declara haber recibido dinero
   c) una persona que recibe dinero

*Use **u** (meaning *or*) instead of **o** when the following word starts with an **o** or **ho**.

4. Un prestamista es . . . .
   a) una persona que recibe dinero
   b) una persona que da dinero
   c) un documento que declara haber recibido dinero

Frases y expresiones

1. Ir a la ventanilla del cajero o contador (de la cajera o contadora).
   To go to the teller's window.
2. Depositar dinero.
   To deposit money.
3. Hacer un depósito.
   To make a deposit.
4. Retirar o sacar dinero.
   To withdraw money.
5. Hacer un pago.
   To make a payment.
6. Endosar un cheque.
   To endorse a check.
7. Cambiar o cobrar un cheque.
   To cash a check.
8. Pagar la hipoteca (la deuda).
   To pay the mortgage (the debt).
9. Pedir un préstamo.
   To ask for a loan.
10. Comprar una póliza de seguro (un bono, un certificado de ahorros).
    To buy an insurance policy (a bond, a savings certificate).
11. Pedir cheques de viajero (un giro bancario).
    To request traveler's checks (a money order).
12. Verificar su saldo bancario (el interés).
    To check your balance (the interest).
13. Preguntar cuál es la tasa de interés (dónde está la sucursal).
    To ask the interest rate (where the branch is).
14. Requerir el colateral.
    To require collateral.
15. Alquilar una caja de seguridad (caja fuerte).
    To rent a safe-deposit box.
16. Necesitar una hoja de depósito (una libreta de banco).
    To need a deposit slip (a passbook).
17. Calcular un pago de interés.
    To calculate an interest payment.
18. Prestar dinero.
    To lend money.

19. Abrir (o cerrar) una cuenta de ahorros.
    To open (or to close) a savings account.
20. Tener efectivo en caja.
    To have cash on hand.

Ejercicios _____

I. **En el banco.** Complete each sentence with an appropriate business term.

1. . . . revela la suma de dinero que una persona ha depositado en el banco.
2. Para sacar dinero del banco se le da al cajero . . . .
3. Los bancos usan el dinero de sus depositantes para hacer . . . y dan . . . al dueño del dinero por su uso.
4. Mi pulsera de oro con brillantes, mis bonos federales y varios documentos importantes están en la . . . del banco.
5. Endosar un cheque quiere decir . . . en la parte de atrás (el reverso) del cheque.
6. Voy a comprar mi auto nuevo con el dinero que el Banco Nacional de Nueva York me va a . . . .
7. Para no ser víctima de un robo, los viajeros deben comprar . . . en el banco.
8. Los dueños de la fábrica van a construir un almacén nuevo y necesitan . . . del banco.
9. El gerente del banco requiere ciertos papeles comerciales de valor fiscal como . . . , en caso de que nunca se pague esta deuda comercial.
10. El día quince de cada mes tengo que pagar . . . de la casa.

II. **Formas verbales.** Complete each sentence with the correct form of the verb in parentheses.

1. (verificar) Ella siempre . . . el saldo antes de salir del banco.
2. (requerir) Este negocio . . . un colateral bastante grande.
3. (cerrar) El cliente . . . la cuenta de ahorros porque va a convertir el dinero en bonos.
4. (pedir) Yo le . . . un giro bancario a la cajera.
5. (alquilar) Como hay tantos robos, yo prefiero . . . una caja de seguridad para guardar mis joyas.
6. (ir) Yo . . . a comprar cheques de viajero en el banco.
7. (hacer) El banco . . . muchos préstamos hoy día.
8. (pedir) Ellos . . . una hoja de depósito.
9. (preguntar) A menudo ellos nos . . . cuál es la tasa de interés.
10. (pagar) Como él no . . . sus deudas, el banco es ahora dueño de sus propiedades.

III. En español, por favor

1. I'm going to ask for a loan even though **(aunque)** I have a lot of debts.
2. We're going to close our savings account because we need the money for a business venture **(negocio)**.
3. He's going to withdraw $500.00 to pay his debts.
4. Mr. Gómez must endorse the check in order to pay the mortgage.
5. I want to ask the latest **(última)** interest rate before investing.
6. If you want to buy a money order, you must go to the teller's window.
7. Do you want to buy a bond or put the money into a savings certificate?

Repaso de gramática

The definite article

A. English *the* has four equivalents in Spanish, used according to the gender and number of the noun it precedes.

the	**el**	libro, banco, empleado	(singular)
	la	silla, pluma, cajera	
	los	libros, bancos, empleados	(plural)
	las	sillas, plumas, cajeras	

B. The definite article is used in Spanish with titles of address (when the person is being referred to).

La señora Ferrer es la gerente del banco.

Mrs. Ferrer is the bank's manager.

El señor García, el cajero, está atendiendo a la señorita Velázquez.

Mr. García, the teller, is taking care of Miss Velázquez.

However, in direct address the articles are omitted.

Buenos días, señorita Velázquez.
Buenas tardes, señores Martínez.

The indefinite article

English *a* and *some* also have several Spanish equivalents; gender and number determine which indefinite article must be used.

a	**un**	certificado, bono, empleado	(singular)
	una	moneda, chequera, libreta	
some	**unos**	certificados, bonos, empleados	(plural)
	unas	monedas, chequeras, libretas	

Review of verb distinctions

A. Ser, estar, tener

1. Ser

profession	trabajador, estudiante, empleado, cajera, gerente, vice presidente, contable
nationality (or ethnicity)	norteamericano, hispano, argentino, venezolano, puertorriqueño
characteristics (physical or mental)	inteligente, trabajador, perezoso (*lazy*), simpático, agradable, desagradable, alto (*tall* or *high*), bajo (*short* or *low*), rubio (*blond*), moreno (*dark*), rico (*rich*), pobre (*poor*), joven (*young*), viejo (*old*), nuevo (*new*), fácil (*easy*), difícil
relationships	empleado del banco, secretaria del presidente, amigo del cliente, hermano de la secretaria
time	Es la una, son las dos, etc.

2. Estar

states of being	bien, mal, regular, triste, ocupado, cansado, listo, dispuesto, dormido
location	aquí (*here*), allá (*there*), ausente, lejos (*far*), cerca (*near*)
in present progressive	estoy trabajando, está firmando, estamos cobrando, está depositando, están pagando, estás dictando

3. Tener

nouns (things)	dinero, ahorros, deudas, bonos, certificados
common phrases	hambre, sed, prisa, cuidado, suerte, miedo, ganas
tener + **que** + infinitive	tener que verificar el saldo, tener que preguntar cuál es el interés, tener que firmar el cheque

B. Volver, devolver

1. **Volver** means *to come back.*

tarde, temprano, a tiempo, mañana, esta tarde (*this afternoon*), esta noche (*tonight*), a las diez (*at ten o'clock*), etc.

When the verb **volver** is used with **a** and another verb in the infinitive, it means *to do an action again.*

2. **Devolver** means *to give back.*

el giro, el cheque, la carta al remitente (*the letter to its sender*), etc.

C. Saber, conocer

Both verbs are irregular in the **yo** form of the present tense.

saber
Yo sé la lección.

conocer
Yo conozco al gerente.

1. **Saber** means *to know a fact or to know how (to do something)*.

Yo sé la verdad.

Nosotros sabemos calcular un pago de interés.

Tú sabes que él es rico.
Ud. sabe la tasa de interés.

Uds. saben usar la computadora para hacer transacciones bancarias.

2. **Conocer** means *to know or to be acquainted with a person, place, or thing*.

Yo conozco a los funcionarios.
¿Conoces un banco cerca de aquí?
Él conoce la labor de los funcionarios del banco.

Nosotros conocemos a la cajera.

Ellas conocen bien el sistema monetario.

D. Salir, dejar

1. **Salir** means *to go out* or *to leave, to exit*, and it is irregular in the first person singular (**yo salgo**). When used in conjunction with the place left, it is followed by the preposition **de**.

El cajero siempre sale temprano.
El presidente sale de la oficina tarde.

The cashier always leaves early.
The president leaves the office late.

2. **Dejar** (a regular verb) means *to leave behind*.

A veces el cliente deja su dinero en la ventanilla.
Cuando tiene prisa, la cajera deja a sus compañeras de trabajo y sale rápidamente.

Sometimes the customer leaves his money at the teller's window.
When she's in a hurry, the cashier abandons (leaves) her fellow workers and leaves (the premises) rapidly.

E. Pedir, preguntar

1. **Pedir** means *to ask for, to request*. It is an irregular verb. The **e** in the stem changes into **i** (like **servir** and **seguir**).

pido
pides
pide
pedimos
piden

El banco me pide el colateral.	*The bank is asking me for collateral.*
Yo (le) pido a la cajera unos cheques de viajero.	*I ask the teller for some traveler's checks.*

Note: *Collateral* in Spain is **colateral**, while **fianza** means *guarantee, surety,* or *bailbond*. However, in Spanish America **fianza** can mean *collateral*.

2. **Preguntar** means *to ask a question*.

Yo (le) pregunto al muchacho dónde está la ventanilla.	*I ask the young man where the teller's window is.*
Ella (le) pregunta a la cajera cuál es la tasa de interés hoy.	*She asks the teller what the interest rate is today.*

Ejercicios

I. **Para completar.** Make as many sentences as you can by combining the two columns.

A
1. El presidente está . . . .

2. La cajera es . . . .

3. Tengo . . . .

B
a) hambre
b) mucho dinero
c) ocupado
d) rubia
e) cuidado
f) pobre
g) en su oficina
h) contando el dinero
i) ausente
j) suerte
k) lejos
l) bien
m) listo para ayudar

II. **Pensar y hablar.** Decide which verb makes sense for each sentence and supply the appropriate form.

MODELO **volver, devolver**
El deudor . . . el préstamo al banco.
El deudor **devuelve** el préstamo al banco.

A. **volver, devolver**

1. Los empleados . . . a las dos.
2. El vice presidente . . . temprano.
3. Yo . . . el cheque porque no es para mí.
4. ¿A qué hora . . . él?
5. El cliente no quiere . . . a convertir su dinero en certificados de ahorros.

B. salir, dejar

1. A veces él . . . su libreta en la ventanilla.
2. Yo . . . temprano hoy.
3. La empleada . . . de casa temprano generalmente.
4. ¿A qué hora . . . (tú) esta tarde?
5. No debemos . . . estos documentos sobre la mesa.

C. saber, conocer

1. Yo . . . que el interés está alto.
2. Ella . . . a la cajera.
3. Nosotros . . . que los bancos tienen mucho dinero para prestar.
4. Los gobiernos . . . que tienen que pedir dinero prestado.
5. Los funcionarios del banco . . . al presidente de la república y . . . que él es un hombre honrado.

D. pedir, preguntar

1. Yo . . . dinero en el banco.
2. Tenemos que . . . cuál es la tasa de interés.
3. Ella me . . . dinero cuando tiene deudas.
4. Los clientes le . . . cuál es el valor del oro.
5. La señora nos . . . la hoja de depósito.

E. ser, estar, tener

1. El banco . . . en la calle principal.
2. El presidente . . . muy rico.
3. Nosotros . . . ocupados.
4. ¿ . . . Ud. cansado?
5. ¿ . . . Uds. prisa?
6. ¿ . . . Uds. argentinos?
7. Hoy los empleados . . . trabajando tiempo extra en el banco.
8. El cliente . . . abriendo una cuenta.
9. ¿Qué hora . . .? . . . las dos.
10. Ellos no . . . en su oficina.
11. La cajera . . . miedo de ofender al cliente.
12. Ella no . . . ganas de contar el dinero.

III. En español, por favor

1. I want to ask where the nearest branch of the bank is.
2. She's hungry and tired because she works hard.
3. This customer has many debts, that's why (**por eso**) he wants a loan.
4. He can't leave the passbook at home because he needs to withdraw some money.
5. I know the managers of all the branches of the Banco del Pueblo.
6. I intend to return the check because the date is wrong.
7. What time do they return to the office?

Nota cultural

Currency

Some Spanish-American countries have given distinctive, nationalistic names to their units of currency. Paraguay, for instance, honors its Indians and its biggest river by naming its monetary unit the **guaraní**, while Guatemala calls its unit the **quetzal** after the national bird. Honduras commemorates a famous Indian chief by using the **lempira**, and Peru recalls the sun-worship of its Inca founders by naming its money **sol**. Panama with its **balboa**, and Ecuador, with its **sucre**, pay homage to men particularly associated with their foundation, while Venezuela honors its national hero with the **bolívar**. Both Costa Rica and El Salvador have named their monetary unit after the discoverer of the New World, the **colón**.

Other nations have chosen the less dramatic course of imitating Great Britain by calling their unit after a measure of weight: **peso**. This term is used by Colombia, Chile, Cuba, the Dominican Republic, Mexico, and Uruguay. Spain uses the same term in a diminutive form: **peseta**.

Anuncios

Ejercicio

Preguntas

1. ¿Qué recibe Ud. sólo por ahorrar en el Banco Latino? Explique.
2. ¿Quién es Pablo? ¿Dónde puede verlo?
3. ¿Qué servicios básicos prestan los bancos de los anuncios?
4. ¿Qué banco le ofrece una chequera gratis?
5. ¿Qué banco tiene varias sucursales?
6. ¿Cuál es el banco para los negocios?
7. ¿Para qué son los expertos que le ofrece el Banco Maravilla?
8. ¿Cuál de los bancos le parece el más simpático?
9. ¿En qué banco va Ud. a poner su dinero?
10. ¿A qué banco va a ir Ud. para pedir un préstamo para aumentar su negocio?
11. Pablo dice en el anuncio: «Venga a verme si necesita dinero o si necesita aumentar su dinero». ¿Qué puede hacer él?
12. Mire Ud. el cheque en el anuncio. ¿Qué información debe aparecer en un cheque?

BANCO DEL PUEBLO

No. 779 Calle de la República
Coamo, Puerto Rico 00600

23 de septiembre de 1988

Sr. Bonifacio Medina
No. 23 Calle Luna
Coamo, Puerto Rico 00600

Estimado señor Medina:

Sentimos tener que informarle que el cheque número 907 con el cual usted pagó el alquiler de su caja de seguridad ha resultado impagado por falta de fondos en su cuenta. Estamos seguros que esto se debe a un error aritmético por su parte, y le rogamos que nos visite lo antes posible para corregirlo.

Le agradecemos su cooperación y le saludamos cordialmente,

Raúl Cuevas
Vicepresidente

BANCO TAÍNO

No. 157 Avenida Ponce de León
Santurce, P.R. 00700

19 de enero de 1988

Sr. Rosendo M. Padilla
No. 89 Calle Hostos, Parada 15
Santurce, P.R. 00700

Estimado señor Padilla:

La presente tiene por objeto informarle que su certificado No. 067334 expiró el día 3 de enero y fue renovado automáticamente por seis meses. El balance actual es de $12,587.63 y la tasa de interés que le corresponde es de 9.737%. La fecha de expiración es el 10 de junio. Sírvase guardar esta carta, pues es su recibo.

Como muestra de nuestro agradecimiento por la confianza que Ud. ha depositado en nosotros, queremos hacerle un bonito regalo que puede recoger en su próxima visita, que esperamos sea pronto.

Siempre dispuestos a seguir sirviéndole, quedo de Ud.,

Atentamente,

Francisco López de Gómara
Vicepresidente

Ejercicios

I. Preguntas

1. ¿Por qué cosa pagó el señor Medina con un cheque sin fondos?
2. El señor Cuevas cree que eso se debe a un error aritmético. ¿Puede haber otra razón?
3. ¿Qué tiene que hacer el señor Medina?
4. ¿Cuál es el objeto de la carta de la señorita Castro?
5. ¿Cuál es el balance en estos momentos?
6. ¿Va a recibir un recibo el señor Padilla?
7. ¿Qué le ofrecen al señor Padilla como muestra de agradecimiento?

II. Composición

Escriba una carta al vicepresidente de su banco informándole que Ud. quiere ingresar como miembro del Club de Ahorros de Navidad o del Club de Ahorros de Hanukkah, enviando un cheque para su primer pago y solicitando el juego de cubiertos que ofrecen como regalo a los depositantes.

Expresión libre

I. Continúe Ud., por favor. Use each of the phrases as a point of departure, creating as many sentences as you can about the topic.

1. En la caja de seguridad del banco yo tengo . . .
2. Vamos a la ventanilla del cajero para . . .
3. Una persona retira dinero de su cuenta de ahorros para . . .
4. Es conveniente depositar . . .
5. La tasa de interés . . .

II. Preguntas y situaciones

1. ¿Por qué ofrecen regalos los bancos?
2. ¿Qué puede Ud. hacer con $20,000? ¿En qué desea invertir el dinero?
3. ¿Cuál es la relación entre el valor del oro y el valor del dinero?
4. ¿Qué servicios ofrecen los bancos de ahorros? ¿Y los bancos comerciales?
5. Su amigo(a) no sabe si debe comprar un bono o un certificado de ahorros. ¿Qué le aconseja Ud.?
6. Ud. es funcionario de un banco. Ud. tiene un cliente indeciso. Ud. debe explicarle lo que es un certificado de ahorros y explicarle las ventajas de los diferentes certificados y de la cuenta de ahorros.

III. Composición oral y escrita

1. Tema para desarrollar por escrito: «La América Latina, paraíso de los banqueros».
2. Explique Ud. si es cierto o no. «Hay que endeudarse para pagar y prestar para cobrar». Haga una pequeña exposición oral dando sus ideas sobre el tema desde el punto de vista nacional y el personal.
3. Explique Ud. oralmente el dilema de la chica en el dibujo y añada su opinión propia sobre cómo solucionar el dilema.

Vocabulario básico

el banco de ahorros	*savings bank*
el banquero (la banquera)	*the banker*
el billete de banco	*bank note*
la caja de seguridad	*safe-deposit box*
el cajero (la cajera)	*teller*
el capital, el principal	*principal*
el cheque; la chequera	*check; checkbook*
los cheques de viajero	*traveler's checks*
el (la) cofirmante	*cosigner*
el colateral	*collateral*
el crédito	*credit*
la cuenta corriente	*checking account*
la cuenta de banco	*bank account*
el depósito; el volante de depósito, el formulario de depósito, la hoja de depósito	*deposit; deposit slip*
la deuda	*debt*
el estado de cuenta	*statement*
la firma	*signature*
el (la) gerente de banco	*bank manager*
el interés	*interest*
la libreta de banco	*bank book (passbook)*
el pagaré	*promissory note (I.O.U.)*
el pago; el pago mensual	*payment; monthly payment*
el préstamo	*loan*
el saldo bancario	*bank balance*
el volante de retiro, el formulario de retiro, la hoja de retiro	*withdrawal slip*

CAPÍTULO **4**

Los bienes raíces

Real estate

Diálogo

La clase de bienes raíces

El profesor del cursillo sobre bienes raíces, para preparar a sus estudiantes para ser agentes o corredores de bienes raíces, les hace una serie de preguntas.

PROFESOR: Bueno, clase, vamos a repasar un poco. Señora Blanco, ¿qué quiere decir «bienes raíces»?

ESTUDIANTE: Profesor, bienes raíces son **tierras** y **edificios**.   *land* *buildings*

PROFESOR: ¡Muy bien! ¿Qué quiere decir «hipoteca»? Vamos a ver, señorita López.

ESTUDIANTE: La hipoteca es el documento legal que asegura la deuda.

PROFESOR: ¡Excelente! Ud. misma, señorita, ¿cuál es la diferencia entre «hipotecar» e «hipoteca»?

ESTUDIANTE: «Hipotecar» es verbo e «hipoteca» es nombre substantivo.

PROFESOR: Ud. conoce muy bien la gramática. Una pregunta para el señor de en frente: señor Rodríguez, ¿cómo se traduce «impuestos» al inglés?

ESTUDIANTE: En inglés se dice *taxes*.

PROFESOR: Ahora, señorita Martínez, ¿cómo se llama el documento que da derecho de posesión a una persona?

ESTUDIANTE: El certificado de matrimonio.

CLASE: ¡Ja, ja, ja!

PROFESOR: Ud. tiene buen sentido de humor, señorita Martínez. La respuesta, por supuesto, es **escritura**.   *deed*

Ejercicios

I. **¿Cierto o falso?** Listen carefully to each statement. Then respond **cierto** or **falso** depending on whether it is true or false. Correct the false statements.

1. Los alumnos se preparan para ser profesores.
2. Como «raíces» quiere decir *roots*, «bienes raíces» son tierras.
3. Hipoteca e hipotecar son la misma cosa.
4. «Impuestos» significa *taxes* en inglés.
5. Un certificado de matrimonio, como una escritura, es un documento legal.

II. **Para completar.** Complete the following sentences with information from the dialog.

1. Una escritura es . . . .
2. . . . es el documento legal que asegura una deuda.
3. *Taxes* son . . . en español.
4. . . . da derecho de posesión.
5. Bienes raíces . . . tierras y edificios.

III. **Preguntas**

1. ¿Qué curso (asignatura) toman los estudiantes?
2. ¿Qué quiere decir «hipoteca»?
3. ¿Qué significa «bienes raíces»?
4. ¿Por qué se ríen los estudiantes?
5. ¿Desea Ud. ser estudiante de esta clase? ¿Por qué?

Terminología comercial

1. **Agente** Persona que solicita o gestiona los negocios de otro y recibe una comisión por sus servicios.
2. **Alquiler** Pago por un arriendo que hace un inquilino al dueño de una propiedad o a su agente.

3. **Amortizar** Pagar una deuda o un préstamo (una hipoteca).
4. **Bienes** Hacienda, riqueza.
5. **Bienes muebles** Posesiones que pueden trasladarse de una parte a otra.
6. **Bienes raíces** o **bienes inmuebles** Tierras, edificios.
7. **Contrato** Pacto o convenio legal.
8. **Corredor(a)** La persona que compra y vende a un tercero. Agente que interviene en transacciones de compra y venta y que recibe una comisión (de acuerdo con el precio de la propiedad) por sus servicios.
9. **Corretaje** Dinero que recibe el agente corredor por sus servicios.
10. **Escritura o título de propiedad** Documento que establece el derecho a una propiedad.
11. **Hacienda** Propiedad, bienes o riqueza que uno tiene.
12. **Hipoteca** Acta o documento legal por el cual se garantiza el pago de una deuda por medio de un colateral.
13. **Hipotecar** Asegurar el pago de una deuda dando como fianza alguna finca o bienes raíces.
14. **Interés** Cantidad que se paga o cobra por el uso de una cantidad prestada.
15. **Moratoria** Plazo que se otorga al deudor para pagar la cuenta vencida.
16. **Oferta** El precio que se ofrece.
17. **Pignorar o empeñar** Dar o dejar alguna cosa en prenda como garantía de pago.
18. **Plazo** Tiempo para cumplir el pago.
19. **Tasar** Poner el precio fijo a los bienes (avalorar, estimar).
20. **Valuación o avalúo** Tasación, valorar.

Ejercicios

I. **¿Cierto o falso?** Listen carefully to each statement. Then respond **cierto** or **falso** depending on whether it is true or false. Correct the false statements.

1. Bienes muebles y bienes inmuebles son la misma cosa.
2. Un contrato es un pacto o convenio legal.
3. Empeñar es asegurar el pago de una deuda.
4. El plazo es el tiempo para cumplir el pago.
5. El comprador de la propiedad recibe una comisión.
6. El corretaje varía de acuerdo con el precio de la propiedad.

II. **Los bienes raíces.** Complete each sentence with an appropriate business term.

1. La persona que vende casas se llama . . . .
2. . . . es lo que se paga por el uso del dinero para comprar una casa.
3. Tasar una propiedad es . . . la propiedad.
4. El documento que da derecho a una propiedad es el . . . de . . . .

5. El precio que se ofrece a un comprador es una . . . .
6. Además de «bienes raíces» las propiedades se llaman . . . .
7. El agente corredor recibe . . . por ventas o compras de casas.
8. Cuando un inquilino arrienda una casa o un apartamento, paga un . . . mensualmente.

Frases y expresiones

1. Leer los anuncios de bienes raíces.
   To read the real-estate ads.
2. Pagar el alquiler (la comisión, la hipoteca).
   To pay the rent (commission, mortgage).
3. Alquilar un apartamento (una casa) en un buen vecindario.
   To rent an apartment (a house) in a good neighborhood.
4. Evaluar un terreno o solar en las afueras de la ciudad.
   To appraise a lot or plot in the suburbs.
5. Vender un condominio a precio razonable.
   To sell a condominium at a reasonable price.
6. Firmar el contrato (arriendo).
   To sign the contract (lease).
7. Traspasar la escritura al nuevo dueño.
   To transfer the deed to the new owner.
8. Asegurar el rascacielos (la tienda, el edificio).
   To insure the skyscraper (store, building).
9. Modernizar el edificio.
   To modernize the building.
10. Dar el pago inicial (pagar el pronto).
    To make the down payment.
11. Desahuciar al inquilino.
    To evict the tenant.
12. Desconectar los servicios (el servicio eléctrico).
    To turn off the utilities (electrical service).
13. Quedar (Estar) lejos (cerca) de la escuela.
    To be far from (near to) the school.
14. Comprar el mobiliario (los muebles) a plazos (al contado).
    To buy the furniture in installments (in cash).
15. Negarse a pagar el alquiler.
    To refuse to pay the rent.
16. Hacerse rico con la venta de propiedades.
    To become rich from the sale of property.
17. Quejarse porque el precio del condominio es muy alto.
    To complain because the price of the condominium is too high.

18. Permutar una casa de campo por una en la ciudad.
To exchange a country house for one in the city.
19. Traer los documentos necesarios.
To bring the necessary documents.
20. Ponerse furioso al descubrir que el techo de la casa tiene goteras.
To become furious on discovering that the roof of the house leaks.

Ejercicios

I. **Asociación de palabras.** Find a word in Column B that is normally associated with a verb in Column A.

A	B
1. comprar	a) el edificio
2. traspasar	b) el mobiliario
3. modernizar	c) el contrato
4. firmar	d) al inquilino
5. pagar	e) el alquiler
6. desahuciar	f) el título de propiedad

II. **Pensar y hablar.** Supply a logical phrase to complete each sentence.

1. El inquilino no paga . . . .
2. El agente de bienes raíces recibe . . . .
3. El dueño desea asegurar . . . contra el fuego por un millón de dólares.
4. El señor desea comprar un condominio y todo los días él lee . . . en los periódicos.
5. Van a dar el pago inicial de la casa a . . . .

Repaso de gramática

Reflexive verbs

A. Verbs used reflexively are those in which the subject and the object of the action are the same. The infinitive ending **se**, e.g., **levantarse** *(to get up)*, **negarse** *(to refuse)*, **quejarse** *(to complain)*, indicates that a verb is being used reflexively. Different pronouns are used to reflect each subject.

Yo **me** quejo porque el precio es alto.
Tú **te** quejas porque no hay calefacción.
Ud.
él   **se** queja porque el alquiler es alto.
ella

Nosotros **nos** quejamos porque no encontramos apartamento.

Uds.⎫
ellos ⎬ **se** quejan porque no pueden pagar la hipoteca.
ellas ⎭

Note: Some verbs may be used reflexively or nonreflexively, according to their specific meaning: **Me lavo la cara. La madre lava la cara del nene.**

B. Some of the most common reflexive verbs are:

llamarse   *to call oneself*
El corredor se llama Pedro Sánchez.   *The agent's name is Pedro Sánchez.*

levantarse   *to get up*
Nos levantamos temprano para ir   *We get up early to go far*
lejos a ver la finca.   *away to see the farm.*

desayunarse   *to eat breakfast*
(Yo) me desayuno con cereal y café.   *I have cereal and coffee for*
          breakfast.

quejarse   *to complain*
La inquilina se queja porque el   *The tenant complains because*
alquiler es alto.   *the rent is high.*

vestirse (e→i)   *to get dressed*
Él se viste elegantemente para ir   *He dresses elegantly to go to*
a la reunión.   *the meeting.*

acostarse (o→ue)   *to go to bed*
El abogado se acuesta temprano   *The lawyer goes to bed early*
porque tiene que preparar el   *because he has to prepare*
contrato mañana temprano.   *the contract early tomorrow.*

divertirse (e→ie)   *to enjoy oneself*
Los clientes se divierten en su   *The customers have a good time*
nueva villa.   *(enjoy themselves) in their*
          new villa.

negarse (e→ie)   *to refuse*
El inquilino se niega a pagar   *The tenant refuses to pay*
la renta (el alquiler).   *the rent.*

hacerse (g)   *to make or do something for oneself; to get, to become*
          (a deliberate action)
Seguramente se hace rico si vende   *He'll certainly become*
las propiedades.   *rich if he sells the properties.*

ponerse (g)   *to put (something) on oneself; to get, to become (not deliberate)*

Se pone los lentes* antes de firmar
  el contrato.

*He puts on his glasses before
  signing the contract.*

El inquilino se pone nervioso
  cuando (le) suben el alquiler.

*The tenant gets (or becomes)
  nervous when they raise his rent.*

Adjectives

A. Adjectives must agree with the noun they modify, or describe. To show this, adjectives change their endings according to the gender and number of the noun or nouns described.

La casa es car**a**	barat**a**	cómod**a**
(expensive)	*(inexpensive, cheap)*	*(comfortable)*
El apartamento		
es car**o**	barat**o**	cómod**o**
Las casas son caras	barat**as**	cómod**as**
Los apartamentos		
son car**os**	barat**os**	cómod**os**

B. When an adjective ends in an **-e** or a consonant, it changes only according to number (not gender).

El corredor es competente.	Los corredores son competentes.
La corredora es competente.	Las corredoras son competentes.
La pared es azul (verde).	Los paredes son azules (verdes).
El piso es azul (verde).	Los pisos son azules (verdes).

Note: Whereas **-s** is added to make the plural of words ending in a vowel, **-es** is added to form the plural of words ending in a consonant.

C. Comparisons and superlatives

   1. Comparisons of inequality are formed with **más . . . que** *(more than)* or **menos . . . que** *(less/fewer than)*.

Esta casa es más bonita
  que la otra.
	*This house is prettier than
	  the other one.*

Este cuarto es más grande
  que la sala.
	*This room is bigger than
	  the living room.*

Este apartamento es más caro que
  el apartamento de la Sra. Alonso.
	*This apartment is more ex-
	  pensive than Mrs. Alonso's.*

Esta casa es menos bonita que la otra.	*This house is less pretty than the other one.*
Este cuarto es menos grande que la sala.	*This room is smaller than the living room.*

*Note that a definite article, rather than a possessive adjective, is used with a noun referring to an article of clothing or a part of the body.

2. The formula for making the superlative is as follows:

$$\begin{array}{l}\text{el (los)} \\ \text{la (las)}\end{array} \text{más} \ldots \begin{array}{l}\text{de todos} \\ \text{de todas}\end{array}$$

$$\begin{array}{l}\text{el (los)} \\ \text{la (las)}\end{array} \text{menos} \ldots \begin{array}{l}\text{de todos} \\ \text{de todas}\end{array}$$

Esa casa es la más bonita de todas.	*That house is the prettiest of all.*
Ese apartamento es el más caro de todos.	*That apartment is the most expensive of all.*
Estos solares son los menos caros de todos.	*These lots are the least expensive of all.*

3. Certain adjectives have irregular forms.

bueno	*good*	mejor	*better*	el mejor	*the best*
malo	*bad*	peor	*worse*	el peor	*the worst*
viejo	*old*	mayor	*older**	el mayor	*the oldest**
pequeño	*small, young*	menor	*younger*	el menor	*the youngest*

Note: **Más pequeño** and **el más pequeño** are used to refer to size.

Mi apartamento es muy bueno, pero el suyo es mejor.	*My apartment is very good, but yours is better.*
Su agente es malo, pero el mío es peor. El de Felipe es el peor.	*Your agent is bad, but mine is worse. Felipe's is the worst.*
El agente es mayor que su jefe.	*The agent is older than his boss.*
Mi casa es vieja, pero la suya es más vieja.	*My house is old, but yours is older.*

4. Absolute superlatives

The highest degree of comparison is the absolute superlative. It is formed by adding the **-ísimo(s)** or **-ísima(s)** suffix to the adjective after dropping any final vowel.

La casa es viejísima; por eso es baratísima.	*The house is extremely old; for that reason (that's why) it's very cheap.*

***Más viejo** and **el más viejo** can be used to refer to the age of inanimate objects.

Los bienes raíces

The preterit tense

The preterit tense expresses an action that took place in the past, a completed action, for example, *I ate, you wrote, he sold,* or *I did eat, you did write.*

A. Regular preterits

1. **-ar** verbs—**comprar**

   Yo **compré** una casa.   *I bought a house.*
   Tú **compraste** una tienda.   *You bought a store.*
   Ud. (él, ella) **compró**   *You (he, she) bought a*
       un condominio.   *condominium.*
   Nosotros **compramos** un solar.   *We bought a lot.*
   Uds. (ellos, ellas) **compraron**   *You (they) bought*
       un apartamento.   *an apartment.*

2. **-er** and **-ir**—**vender**

   Yo **vendí** la casa.   *I sold the house.*
   Tú **vendiste** el apartamento.   *You sold the apartment.*
   Ud. (él, ella) **vendió** el edificio.   *You (he, she) sold the building.*
   Nosotros **vendimos** el solar.   *We sold the lot.*
   Uds. (ellos, ellas) **vendieron** la   *You (they) sold the agency.*
       agencia.

B. Irregular preterits

A number of verbs have irregular preterits that do not fit easily into categories or "family groups."

1. **Dar** *(to give)* is an **-ar** verb that is conjugated in this tense as if it were a regular **-er** verb.
   di
   diste
   dio
   dimos
   dieron

   Le dio la cuenta al cliente.   *He gave the invoice (bill, check)*
        to the customer.
   Le dieron la cuenta al cliente.   *They gave the invoice (bill,*
        check) to the customer.

2. **Leer** *(to read)* is irregular only in the third-person singular and plural.

   Ud. (él, ella) **leyó** la escritura.   *You (he, she) read the deed.*
   Uds. (ellos, ellas) **leyeron** los   *You (they) read the ads.*
       anuncios.

3. The verbs **pagar** *(to pay)*, **buscar** *(to look for)*, **llegar** *(to arrive)*, **almorzar** *(to eat lunch)*, **empezar**, and **comenzar** *(to begin* or *to start)* are irregular only in the **yo** form.

Yo **pagué** el alquiler el mes pasado.	*I paid the rent last month.*
Yo **llegué** temprano a ver la casa.	*I arrived early to see the house.*
Yo **comencé (empecé)** a buscar casa ayer.	*I started to look for a house yesterday.*
Yo **almorcé** con el corredor hace un rato.	*I had lunch with the real estate agent a while ago.*
Yo **busqué** el anuncio pero no lo encontré.	*I looked for the advertisement, but didn't find it.*

4. Ir *(to go)* (**ser** has the same form)

Yo **fui** a la agencia.	*I went to the agency.*
Tú **fuiste** a la tienda.	*You went to the store.*
Ud. (él, ella) **fue** a ver al corredor.	*You (he, she) went to see the agent.*
Nosotros **fuimos** a ver al inquilino.	*We went to see the tenant.*
Uds. (ellos, ellas) **fueron** a ver el solar.	*You (they) went to see the lot.*

Note: **Ser** is used often in the passive voice.

Los servicios fueron desconectados el lunes pasado.	*The services were disconnected last Monday.*

5. Traer *(to bring)*

Yo **traje** el dinero.	*I brought the money.*
Tú **trajiste** la escritura.	*You brought the deed*
Ud. (él, ella) **trajo** el contrato.	*You (he, she) brought the contract.*
Nosotros **trajimos** los muebles.	*We brought the furniture.*
Uds. (ellos, ellas) **trajeron** los electrodomésticos.	*You (they) brought the appliances.*

Ejercicios _____

I. **Para completar.** Supply an appropriate adjective. Try not to use any adjective more than once.

1. La casa es . . .
2. Los apartamentos son . . .
3. El agente es . . .
4. Mi apartamento es . . .

5. El edificio es . . .
6. Los solares son . . .
7. El inquilino es . . .
8. Las paredes son . . .

II. Los verbos reflexivos. Complete each sentence with a correct form of the verb in parentheses.

1. (quejarse)   Los inquilinos . . . porque el alquiler es alto.
2. (negarse)   El inquilino . . . a pagar.
3. (levantarse)   El agente . . . a las siete de la mañana para mostrar la casa a la familia colombiana.
4. (llamarse)   La agente . . . Concha García.
5. (ponerse)   Yo . . . los lentes antes de firmar el contrato.

III. Formas verbales. These sentences can be both present and past. Complete them first with the appropriate present-tense form and then with the preterit.

1. (recibir)   Yo . . . la escritura por correo.
2. (alquilar)   El corredor me . . . una casa con patio en un buen vecindario.
3. (asegurar)   El comprador . . . el edificio por un millón de dólares.
4. (vender)   Mis padres . . . su apartamento con piscina por $50,000.00.
5. (dar)   El agente de bienes raíces me . . . la escritura.
6. (desconectar)   La compañía . . . la electricidad.
7. (firmar)   ¿ . . . (tú) el contrato en la última línea?
8. (pagar)   Yo . . . el alquiler de mi apartamento.
9. (leer)   Ellos . . . la escritura.
10. (almorzar)   Yo . . . con los otros inquilinos.

IV. Preguntas

1. ¿Por qué se queja el agente?
2. ¿Por qué se niega Ud. a pagar la comisión al agente?
3. ¿Quién pagó al agente?
4. ¿Cuánto paga Ud. de alquiler?
5. ¿A quién paga Ud. el alquiler?
6. ¿Qué apartamento (o solar) es el más caro?

V. En español, por favor

1. His apartment is the most expensive in the neighborhood.
2. My house is bigger than your house, but José's is the biggest.
3. The building is very old. It's older than my house.

4. The apartment house is far from here but very near the stores.
5. He read the real-estate ads.
6. I don't complain. I have a very big apartment in a fantastic neighborhood.
7. The tenants get angry when the owner raises the rent.
8. Do you know if they sell small condominiums in this city at a reasonable price?
9. We have to modernize the building. They're going to appraise it.
10. Did you evict the tenants?
    No, for the present (**por ahora**) I just (**solamente**) turned off the utilities.
11. I rented the apartment to the Ortega family a long time ago, but now they don't want to pay the rent.
12. He read the contract, and he refused to sign it.
13. They modernized the building and sold it to Mr. and Mrs. González.
14. We want to insure the store and make the down payment as soon as possible (**lo antes posible**).
15. He says that he can't sign the deed yet because he didn't receive the down payment.
16. The company turned off the utilities because it didn't receive the check on time.
17. I can't evict this tenant because he's sick and can't work.
18. He gets furious when he has to appraise a lot (land) in the suburbs.
19. The agent complained because the client refused to pay the commission.
20. The owner of the building wants to evict the tenants, sell the building, and possibly become rich.

Nota cultural

More than a housewife

Years ago, in traditional Hispanics societies, a woman had no connection with real estate, aside from her role as a housewife. Today one may find her participating in real-estate transactions, as a banker or government official. Although many women in Spain and Spanish America are still homemakers, an increasing number are finding careers in the business world. While some women may choose to remain in the traditional dependent role, it should be noted that they preserve their identity and individuality. Hispanics express this cultural trait in a unique way. Most North American women replace their last name with that of their husband, and are known, for example, as Mrs. Smith. Women in Spain and Spanish America retain their maiden names, simply by adding **de** and the husband's name to it (e.g., Luisa Martínez de Obregón).

Anuncios

SHADY GARDENS

Preciosa casa de dos pisos. Sala, comedor, 4 habitaciones, 2 terrazas y 2½ baños. Cocina espectacular. Sótano preparado para fiestas.

Precio especial—$125,000.00—Venta inmediata.

Abierta sábado y domingo de 12:00 a 5:00

Calle 92 esq. Ave. 47

Encantadora CASA TERRERA

Sala, comedor, 3 dormitorios, 1½ baños, cocina amplia. Bonito jardín. Háganos una oferta.

Calle Las Flores núm. 329

Tel. 243-3377

amplia *spacious*

Simpático APTO.

2 dormitorios, 1½ baños, 4 closets. Edificio renovado en zona céntrica (cerca de la parada, tiendas y escuelas). Precio razonable.

432-5658

parada *bus stop*

APARTAMENTO DE LUJO

a dos niveles. Sala y comedor espaciosos. 2 dorms., 2 baños. Ventanal con vista preciosa. Portero 24 hrs.

Frente al Parque Central

Llame al 224-8345

de lujo *deluxe, luxury*
portero *doorman*

FINCA   10 acres
Cerca de Carolina

Terreno fértil y ya sembrado de árboles frutales

Pequeña casa incluida (con electrodomésticos de rigor)

Llame al 873-7886

VENTA DE LOTES Y TERRENOS

LOTES de ½ acre
Se pueden subdividir.

Terrenos altos con bonita vista.

Fácil acceso por carreteras recién construidas.

A 2 millas del pueblo Carretera 56 km. 8.

¡AVANCE! Sólo quedan tres.

AGENCIA LA AMAPOLA 243-3775

terreno *piece of land*
milla *mile*
pueblo *town*

ALQUILER APARTAMENTOS

Apto. estupendo
Zona residencial.

Sala, comedor, cocina

2 habitaciones y 1½ baños

Edificio con piscina y portero $750.00. Llame al conserje al **122-4342**

conserje *janitor, custodian*

VENDO SOLAR en zona urbana
¼ acre. Listo para fabricar.

GANGA Sólo $5,000.00

Llame hoy al 711-1637

listo para fabricar *ready for construction*

Hermosa RESIDENCIA a varios niveles. Sala espaciosa, comedor, cocina ultramoderna, dos terrazas.

3 alcobas, salón de juegos. Closets de cedro y caoba. Electrodomésticos en magníficas condiciones. Sólo $200,000.00

VENGA a verla para creerlo.

Calle Los Pinos núm. 797

Tel. 277-8772

cedro *cedar*
caoba *mahogany*

Ejercicios

I. Preguntas

1. ¿Cuál de las casas desea Ud. comprar? ¿Por qué? ¿Qué comodidades (*conveniences or advantages*) tiene?
2. ¿Qué anuncio le parece ser el más convincente? ¿Por qué?

II. En español, por favor

1. Mr. and Mrs. Solís have a beautiful ranch house with living room, dining room, two terraces, and three bedrooms, and they want to sell (it) this week.
2. Does it have a finished basement?
3. How many bathrooms does this house have?
4. I need an apartment with two bedrooms, in a good neighborhood, and with a 24-hour doorman.
5. Are the appliances in working condition?
6. Are there stores and schools nearby?
7. I don't need a luxury apartment; I just need a small apartment, near to stores, at a reasonable price.
8. How many acres is the farm? Does it have trees?

III. Composición

1. Prepare Ud. un anuncio para vender un apartamento, un hotel o una bodega.
2. Prepare Ud. un anuncio para solicitar un apartamento (para alquilar). Especifique lo que desea Ud.

Cartas comerciales

42-20 Oak Street
San Diego, California 92100

3 de septiembre de 1988

Agencia Universal
114 Paseo Avenue
San Francisco, California 94100

Estimados señores:

La presente responde a su anuncio publicado en La Nación, de fecha
30 de agosto, referente a la casa ubicada en la calle Las Palmas. Me
interesa por sus comodidades según las muestra el anuncio, pero antes
de hacer una oferta, necesito cierta información. Primeramente deseo
saber las condiciones de la propiedad. También deseo saber si hay escuelas, tiendas, supermercados e iglesias en su vecindad (favor de indicar nivel y calidad de las escuelas y denominación de las iglesias). Por
último, deseo saber los medios de transporte disponibles en el área.
Tengo especial interés en saber si hay cerca transporte directo al centro de la ciudad.

Le ruego me envíe dicha información a la mayor brevedad posible, ya
que me urge trasladarme cuanto antes a San Francisco y es preciso
que empiece trámites de venta de mi actual residencia.

Atentamente,

Carlos García Vega

actual   *present, now*

Agencia universaL

114 Paseo Avenue
San Francisco, California 94100
Tel. (802) 113-2232

10 de septiembre de 1988

Sr. Carlos García Vega
42-20 Oak Street
San Diego, California 92100

Estimado señor García:

Le agradezco su carta fechada el 3 de septiembre en la cual expresa interés por la casa que anunciamos, situada en la calle Las Palmas. Es una casa hermosísima, de la cual le adjunto una foto, construida hace diez años y en excelentes condiciones. Como usted sabe por el anuncio, tiene sala y comedor espaciosos, cocina moderna y baño estilo Hollywood. Tiene también tres habitaciones muy amplias, ideales para niños. A estas cualidades se le une la de estar muy céntricamente situada. A media milla de distancia le queda un centro comercial con toda clase de tiendas, un cine, un banco y un supermercado. Todo lo necesario estaría a su alcance. A una cuadra de distancia hay una escuela parroquial y la iglesia católica de San Agapito, y frente a la casa queda el templo Al Shalom. En la esquina puede usted tomar el autobús #17 que en quince minutos le lleva al metro que le conduce al centro de la urbe. También puede allí mismo tomar otro autobús que le lleva a otro autobús que no hace paradas en el camino y le lleva al centro de la ciudad en menos de 45 minutos.

Le aconsejo que decida pronto si le interesa la casa lo suficiente para hacer una oferta, pues hay varias personas interesadas en ella. Si desea más información, puede llamarme al teléfono que aparece en el membrete o a mi casa por las noches (802) 335-6519.

Quedo de usted atentamente,

Juan J. Mercado

Ejercicios

I. Preguntas

1. ¿Qué desea saber Carlos García Vega sobre la casa en la calle Las Palmas?
2. ¿Por qué desea el señor García Vega la información en seguida?
3. Según la carta del señor Mercado, ¿está la casa céntricamente situada? Explique.
4. ¿Qué cree Ud. que quiere decir «baño estilo Hollywood»?
5. ¿Le interesa a Ud. la casa de que hablan las dos cartas?

II. En español, por favor

1. This letter answers an advertisement published in *La Nación* dated August 30.
2. I want to know if there are schools, stores, and supermarkets nearby.
3. Finally, I want to know the means of transportation available in the area.
4. Please send me all the information you have as soon as possible.
5. Thank you for your letter dated September 3, in which you express an interest in the house we advertised in the newspaper.
6. The house has a spacious living room and dining room, a modern kitchen, and is very conveniently located.
7. You can take a bus to the center of town in less than 45 minutes.

III. Composición

1. Escriba una carta al señor García Vega en la cual Ud. le dice que la casa que le interesa (a él) no está en buenas condiciones, ni está céntricamente situada. Usted sabe bien todo esto, porque Ud. vive al lado (es vecino) de la propiedad.
2. Escriba una carta a una agencia de bienes raíces preguntando si tienen lo que Ud. considera «la casa ideal». Debe ser lo más específico posible al describir esta casa ideal: jardines, piscina, arquitectura, garajes, etc.

Expresión libre

I. Continúe Ud., por favor. Use each of the phrases as a point of departure, creating as many sentences as you can about the topic.

MODELO   Una hipoteca hace posible . . . de una casa.
Una hipoteca hace posible la compra de una casa.
La hipoteca se obtiene por medio de un banco.

1. El alquiler es . . . , pero el dueño . . .
2. El agente cobra . . .

3. El dueño va a desahuciar al inquilino porque . . .
4. Cuando el inquilino se niega a pagar el alquiler, . . .
5. Nos quejamos porque . . .
6. Leí los anuncios en el periódico y . . .
7. Los señores que compraron la casa se van a poner furiosos porque . . .

II. Sus comentarios, por favor. Either accept or deny the statement. Then explain your position.

1. El interés sobre la hipoteca (de una casa) es muy bajo hoy día.
2. No hay escasez de viviendas en la ciudad donde vivimos.
3. Los alquileres están por las nubes.

III. Preguntas y situaciones

1. Compare Ud. la situación económica del país con la escasez de viviendas.
2. Ud. es vendedor de bienes raíces y le está enseñando una casa a un(a) cliente. Dígale las ventajas de la propiedad y las desventajas (si las tiene y si Ud. quiere revelarlas).
3. ¿Qué es para Ud. un hogar?
4. Haga Ud. un dibujo de su casa ideal, nombrando cada pieza o cuarto.

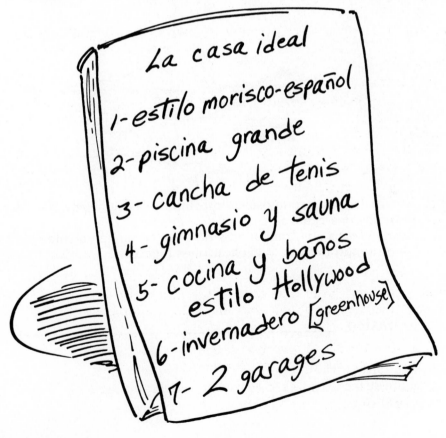

La casa ideal

1- estilo morisco-español
2- piscina grande
3- cancha de tenis
4- gimnasio y sauna
5- cocina y baños estilo Hollywood
6- invernadero [greenhouse]
7- 2 garages

IV. Composición oral y escrita

Compare los dos dibujos:

a. Escriba Ud. una composición mostrando las semejanzas y diferencias entre los dos cuadros.
b. Relate (*Tell*) a sus compañeros de clase en qué ambiente Ud. prefiere vivir, dando razones y explicaciones lógicas.

Vocabulario básico

A. Los bienes raíces

el (la) agente de bienes raíces (o de bienes inmuebles)   *real-estate agent*

el anuncio de bienes raíces; el clasificado	*real-estate ad; classified ad*
el apartamento, el departamento, el piso	*apartment*
el arrendatario (la arrendataria)	*leasor*
el arriendo, el alquiler, la renta	*rent*
la casa; el domicilio	*house; home*
la casa (el edificio) de apartamentos	*apartment building*
la casa con pisos en niveles distintos	*split-level house*
la casa de un piso (de una planta); casa terrera	*ranch house*
la casa de dos pisos (de dos plantas)	*colonial or two-story house*
la comisión	*commission*
el condominio	*condominium*
el cuarto, la habitación, la pieza	*room*
el dueño, el casero, el propietario	*landlord*
la escritura	*deed*
la evaluación (el estimado)	*appraisal*
el heredero (la heredera)	*inheritor*
la hipoteca	*mortgage*
el impuesto de la propiedad	*property tax*
el solar	*lot, plot*

B. Los componentes de una casa

los aparatos eléctricos, los efectos eléctricos, los electrodomésticos	*appliances*
el balcón	*balcony, porch*
el baño	*bathroom*
la cocina	*kitchen*
el comedor	*dining room*
el desván (o el ático)	*attic*
el dormitorio, la alcoba, la habitación, el cuarto	*bedroom*
el gacebo	*gazebo*
el jardín	*garden*
el mobiliario (los muebles)	*furniture*
el patio	*patio, yard*
la piscina	*pool*
el portón, el rastrillo	*gate*
la sala	*living room*
el salón de juegos	*den, game room*
el sótano	*basement, cellar*
la tapia	*wall, fence*
la verja	*fence*
el vestíbulo	*vestibule, entrance*

Prueba

(Test)

I. Vocabulary quiz

  A. Give the Spanish equivalent.

1. appliances
2. furniture
3. job application
4. mortgage
5. meeting

6. tenant
7. ranch house
8. deed
9. file cabinet
10. appointment

  B. Match the synonyms.

1. impuestos
2. gratis
3. alquilar
4. jefe
5. sellos
6. puesto
7. retirar
8. cajero
9. alcoba
10. conferencia

a) reunión
b) empleo
c) estampillas
d) contador
e) habitación
f) sin pagar
g) patrón
h) contribuciones
i) sacar
j) arrendar
k) permutar

C. Match the antonyms.

1. recibir
2. pobre
3. retirar
4. ahorros
5. inquilino
6. abrir
7. botar

a) dueño
b) cerrar
c) pagar
d) depositar
e) gastos
f) rico
g) guardar
h) enviar

II. Match the country with the currency.

1. Venezuela
2. Panamá
3. Perú
4. Ecuador
5. Guatemala
6. Honduras
7. El Salvador

a) quetzal
b) escudo
c) bolívar
d) colón
e) sol
f) guaraní
g) sucre
h) lempira
i) peso

III. Supply an appropriate business term.

1. El . . . es una autobiografía profesional.
2. Llamamos . . . a las cartas de recomendación.
3. La . . . es el dinero que recibe el empleado cuando deja de trabajar.
4. Un pacto o un convenio legal es un . . . .
5. . . . es un documento que establece el derecho a una propiedad.
6. El . . . es el dinero que damos en pago por el uso de una cantidad que pedimos prestada.
7. . . . es la habilidad de escribir con signos lo dictado.
8. La . . . es la unidad monetaria de España.

IV. What words or phrases do you associate with each of the following business terms?

MODELO   la oficina
       a. la secretaria
       b. el escritorio
       c. usar la computadora
       d. contestar la correspondencia

1. los impuestos
2. la agencia de empleos
3. la reunión de negocios
4. el banco
5. la hipoteca

V. Complete each sentence with the correct form of the verb in parentheses. (Use either the present or preterit tense.)

1. (cobrar)   La agencia . . . el 20 por ciento por conseguir el empleo.
2. (trabajar)   Los empleados . . . horas extra porque necesitan más dinero.
3. (ponerse)   La señorita Guzmán . . . los lentes para firmar el documento.
4. (acostarse)   Yo . . . temprano los días de trabajo.
5. (negarse)   El inquilino . . . a pagar la renta del mes pasado.
6. (pagar)   Yo . . . todas mis deudas y después me fui de viaje.
7. (leer)   Ellos . . . los contratos con mucho cuidado y después los firmaron.
8. (traer)   El agente . . . muchos papeles que yo firmé en seguida.
9. (dar)   Los inquilinos no me . . . el dinero aunque yo se lo pedí.
10. (ir)   Los clientes y yo no . . . a ver el solar esta mañana porque estaba lloviendo.

VI. Complete each of the sentences by selecting the appropriate verb from the choices in parentheses. Be sure to use the correct tense (present or preterit) and form.

1. (ser, estar, tener)   La secretaria . . . muy cansada pero . . . que trabajar.
2. (ser, estar, tener)   Ella . . . muy simpática, pero no puede hablarnos porque . . . prisa.
3. (ser, estar, tener)   La casa . . . muy bonita, pero . . . muy lejos de la ciudad.
4. (volver, devolver)   ¿ . . . ellos la mercancía?
5. (saber, conocer)   Yo . . . al presidente de la compañía y . . . que es muy generoso con sus empleados.
6. (pedir, preguntar)   Voy a . . . si el jefe me va a dar el aumento que merezco.
7. (pedir, preguntar)   Esta mañana en el banco yo . . . cuál era la tasa de interés hoy.
8. (salir, dejar)   ¿A qué hora . . . (tú) de la oficina ayer? Pues, yo . . . a las 5:30.
9. (salir, dejar)   Trajiste el cheque, pero . . . los papeles importantes en la oficina.
10. (buscar, mirar)   Pedro . . . un empleo mejor.

VII. Give the Spanish equivalent.

1. He tried to get (obtain) a raise, but the company can't give raises.
2. If you need a job, you should read the want ads or go to an agency.
3. Did you fill out the forms?
4. Before you sign the contract, you should ask about the salary and the working conditions.
5. I'm going to request an appointment for an interview.
6. Did you keep the papers in the file cabinet, or did you throw them in the wastebasket?
7. I always put the cards in alphabetical order.

8. The boss dictated some letters, called some customers, and now she's making important decisions.
9. The employees aren't happy because they have to work overtime without extra pay.
10. I have to withdraw money from the savings account in order to pay some debts and buy traveler's checks.
11. The bank didn't lend the $10,000.00 to Mr. García because he doesn't have any collateral.
12. The owners of the factory are going to build a new warehouse, so they need a loan from the bank.

VIII. Answer the following questions.

1. ¿Qué es un cheque? ¿Qué información debe aparecer en un cheque?
2. ¿Qué valor tiene el papel moneda? Compárelo con la moneda metálica.
3. ¿Qué es el crédito? ¿Qué condiciones debe tener una persona para recibirlo?
4. ¿Qué documentos necesita Ud. para obtener un empleo?
5. ¿Qué información necesaria debe aparecer en un anuncio clasificado para vender una casa? ¿Y para ofrecer un empleo?

Los seguros

Insurance

Lectura

Queman empresas para cobrar el seguro*

JOSEP MANUEL CAMPILLO

Incendios S.A.: El último negocio de algunos industriales en crisis

Existen datos suficientes como para demostrar que algunos empresarios, los menos, ya han iniciado su propia reconversión industrial por la vía salvaje. El truco consiste en contratar una elevada póliza de seguro contra incendios y luego pegarle fuego a las naves industriales.

Un incendio en una industria es algo que puede llegar a **suceder** porque entra en el universo de lo probable. Un cortocircuito en la instalación eléctrica, la explosión de una máquina, un **descuido** humano o innumerables causas pueden ser las **detonantes** de una irreparable tragedia—o no tanto si se cuenta con la

to happen

carelessness
beginnings, sparks

*This article appeared in *Interviú* (Barcelona, Spain, May 1984).

cobertura de una póliza de seguros. Lo preocupante del caso es que, desde finales de la década de los 70, se calcula que una gran parte de esos incendios industriales son provocados: a finales de 1980, un 30 por ciento de los incendios sufridos por las industrias españolas habían sido intencionados, y a principios de 1984 ese porcentaje ya se evalúa en un 35 por ciento con tendencia **a la alza**.

coverage

on the increase

La misma historia, con unos u otros **matices**, se repite en todos los casos: una sociedad mercantil, o un empresario, con dificultades financieras, resulta beneficiado por una sustanciosa póliza' de seguros a raíz de un incendio sucedido en extrañas circunstancias, y por causas difícilmente comprobables, en un día de vacaciones, fuera del horario laboral, o en el intervalo de la hora de la comida del mediodía, aunque también se dan incendios con obreros dentro y todo para dar más realismo a la cosa. Es el último negocio rentable de una empresa en crisis o, en último extremo, una reconversión industrial hecha por la **vía salvaje**.

variations

savage way

Ejercicios

I. **¿Cierto o falso?** Listen carefully to each statement. Then respond **cierto** or **falso** according to the information in the reading. Correct the false statements.

1. La mayoría de los empresarios ya han iniciado su propia reconversión industrial por la vía salvaje.
2. Un cortocircuito en la instalación eléctrica, la explosión de una máquina o un descuido humano puede ser causa de un incendio (fuego).
3. Se calcula que una gran parte de los incendios industriales son provocados.
4. Una sociedad mercantil, o un empresario, con dificultades financieras resulta beneficiado por una sustanciosa póliza de seguros a raíz de un incendio misterioso.
5. Casi siempre los incendios sospechosos suceden en horas de trabajo causando la muerte de cientos de obreros.
6. El incendio es a veces el último negocio que hace una empresa en crisis.
7. El incendio es una manera muy civilizada de obtener dinero de la compañía de seguros.
8. Los incendios provocados aumentan cada año.

II. Para completar. Complete the following statements with information from the reading.

1. Queman empresas para cobrar . . . .
2. Por medio de los incendios muchos industriales inician su propia . . . por la vía salvaje.
3. Estos industriales sin escrúpulos contratan una . . . y luego le pegan fuego a las propiedades.
4. . . . , . . . , . . . pueden ser causa de un incendio «normal».
5. Generalmente los incendios provocados suceden . . . aunque a veces también suceden en días de trabajo para dar realismo a la cosa.

III. Preguntas

1. ¿Cuál es el último recurso de las empresas en crisis?
2. ¿Por qué algunos industriales queman sus propias empresas?
3. ¿Qué porcentaje de los incendios son provocados?
4. ¿Por lo general, ¿cuándo suceden estos incendios provocados?
5. ¿Por qué a veces los incendios suceden en horas laborables?

Terminología comercial _____

1. **Agente de seguros** Persona que trabaja ya sea directamente para una compañía de seguros o para una agencia (como intermediario), que vende diferentes clases de seguros (de distintas compañías si trabaja para una agencia). Sirve no sólo como vendedor, sino como consejero e intermediario (cuando hay reclamos) entre la compañía y el cliente.
2. **Asegurado(a)** La persona que corre los riesgos detallados en una póliza de seguros.
3. **Asegurador(a)** La persona que responde por los riesgos detallados en una póliza de seguros.
4. **Beneficiario(a)** La persona designada a recibir el pago del seguro.
5. **Compañía de seguros** Entidad comercial que garantiza el seguro, cuya función es la de asumir cierto riesgo económico por una persona y pagarle (lo convenido) si ocurre la pérdida o desastre estipulado.
6. **Interés asegurable** La vida o propiedad cuya pérdida o daño representa un desastre económico para la persona.
7. **Póliza** Documento o contrato que indica los términos o condiciones del seguro. A veces, se considera como sinónimo de **seguro**. Tiene, por lo general, cuatro partes:
   (a) **Las declaraciones** Todos los datos pertinentes a la persona y el tiempo que va a estar en vigor la póliza.
   (b) **El convenio** Lo que la compañía se compromete a pagar (y lo que esto cubre).

(c) **Las exclusiones** Los riesgos que no están cubiertos por la póliza.

(d) **El endoso** Adiciones al contrato no especificadas anteriormente.

8. **Prima de seguro** La cantidad de dinero que cobra el asegurador por el seguro.

9. **Seguro** Protección o garantía que ofrece compensación por pérdidas sostenidas. Contrato entre la compañía (de seguros) y la persona (comprador) que garantiza compensación por una (o más de una) pérdida especificada en dicho contrato y que requiere el pago de una prima.

   Algunas clases de seguro: Seguro de vida, seguro de enfermedad, seguro de automóvil, seguro de viaje, seguro contra robo, seguro contra pérdida, seguro contra incendio, seguro contra inundaciones, seguro de accidentes en el trabajo, seguro de desempleo, seguro de propiedad.

10. **Siniestros** Desastres que pueden ocurrir a personas, negocios o compañías y que les ocasionan graves pérdidas. Entre ellos se encuentran: muerte, enfermedades, accidentes, incendios, inundaciones, tornados, terremotos y temporales (tormentas). Los seguros alivian las pérdidas económicas causadas por estos desastres.

Ejercicios

I. **¿Cierto o falso?** Listen carefully to each statement. Then respond **cierto** or **falso** depending on whether it is true or false. Correct the false statements.

   1. El seguro es una de las partes de la póliza.
   2. El seguro es una protección.
   3. La prima es solamente un miembro de la familia.
   4. Pepe Martínez puede ser el asegurado y el beneficiario a la vez (excepto en la póliza de seguro de vida).
   5. Pepe Martínez puede ser el asegurado, el beneficiario y el asegurador a la vez.
   6. La casa de su vecino es un interés asegurable para usted.
   7. Una tormenta y una inundación son siniestros que ocasionan grandes pérdidas.

II. **Los seguros.** Complete each sentence with an appropriate business term.

   1. ... es la entidad comercial que garantiza el seguro.
   2. El individuo designado para recibir el pago de una póliza de seguros es . . . .
   3. El dinero que Ud. paga a la compañía por la póliza de seguros es . . . .
   4. La persona que vende seguros de vida es un . . . .
   5. Cuando uno no paga la prima, la compañía . . . .
   6. Algunas clases de seguros son . . . , . . . y . . . .
   7. Las . . . indican los riesgos que no están cubiertos por la póliza.

III. Preguntas

1. ¿Por qué la compañía de seguros le cobra al cliente una prima?
2. ¿Es alta la prima de su seguro de automóvil?
3. ¿Tuvo Ud. la culpa en algún accidente automovilístico? Explique.
4. ¿Quién es el beneficiario del seguro de vida de su padre?
5. ¿Alguna vez dejó Ud. caducar (*lapse*) su póliza de seguros?
6. ¿Tiene Ud. una póliza de seguro contra robo? ¿Y contra inundaciones? ¿Y contra fuego? ¿Qué otros seguros tiene Ud.?

Frases y expresiones

1. Asegurar la vida de una persona.
   To insure a person's life.
2. Pagar la prima de la póliza de seguros.
   To pay the insurance-policy premium.
3. Efectuar un pago.
   To make a payment.
4. Comprar una póliza de seguro de vida (de seguro automovilístico).
   To buy life insurance (car insurance).
5. Hacer una reclamación de seguros.
   To make an insurance claim.
6. Tener un accidente.
   To have an accident.
7. Comprar un seguro (de vida) a término.
   To buy term (life) insurance.
8. Nombrar un beneficiario.
   To name a beneficiary.
9. Dejar caducar una póliza.
   To let a policy lapse.
10. Demandar a la compañía de seguros (por daños y perjuicios).
    To sue the insurance company (for damages and liabilities).
11. Firmar una solicitud.
    To sign an application.
12. Cancelar una póliza de seguros.
    To cancel an insurance policy.
13. Pedir un préstamo sobre la póliza de seguros.
    To borrow on the insurance policy.
14. Hacer un préstamo sobre la póliza de seguros.
    To grant a loan on the insurance policy.
15. Agregar los pagos de seguro médico a la póliza.
    To add medical payments to the policy.
16. Avisar al agente de seguros cuando sucede un accidente.
    To notify the insurance agent when an accident takes place.

17. Tener la culpa (Ser culpable) por el accidente (automovilístico).
    To be responsible (To be at fault) for the car accident.
18. Asegurarse por un millón de dólares.
    To insure oneself for one million dollars.
19. Estar asegurado(a) contra incendio y contra robo.
    To have fire and theft insurance.

Ejercicios

I. Los seguros. Complete each sentence with an appropriate business term.

1. El señor Ramos pidió un préstamo sobre . . . .
2. Espero poder pagar . . . .
3. El señor Murphy nombró a su primo . . . de su seguro de vida.
4. El cliente tuvo un accidente y en seguida . . . .
5. Yo no pude pagar la prima el mes pasado y la compañía . . . .

II. Formas verbales. Complete each sentence with the correct form of the verb in parentheses.

1. (dejar)   Mi amigo . . . caducar su póliza hace tiempo.
2. (cancelar)   La compañía nos . . . la póliza porque no pagamos la prima a tiempo.
3. (demandar)   Voy a . . . a la compañía por daños y perjuicios.
4. (nombrar)   Ellos . . . un beneficiario en la póliza de seguro de vida.
5. (hacer)   El banco . . . un préstamo al señor Ruíz para pagar la prima por el trimestre.
6. (tener)   Si él . . . alguna pregunta, yo voy a llamar al agente de seguros.
7. (poder)   La agente de seguros . . . ayudarnos si sucede un accidente.
8. (asegurar)   Los comerciantes . . . la fábrica por un millón de dólares.
9. (avisar)   Tienes que . . . al agente de seguros en seguida si hay un incendio.
10. (agregar)   Si Ud. . . . los pagos de seguro médico a la póliza, necesita hacerse un examen físico.
11. (pedir)   ¿. . . los señores Paredes un préstamo al banco para pagar la prima atrasada?
12. (firma)   ¿Quién . . . el documento además del beneficiario?

III. En español, por favor

1. My father let the policy lapse when he didn't pay the premiums.
2. Because of the accident last year, the premium on our automobile insurance is very high.
3. I didn't pay the premium last month, and the company cancelled my policy.

4. We didn't call the insurance agent on time, so the insurance company doesn't want to pay the claim.
5. He should buy a life-insurance policy and name his son as beneficiary.
6. Juan Méndez is going to receive money from the insurance company because he isn't responsible for the accident.
7. I notified the insurance agent as soon as the accident took place.
8. Mr. Rojas bought a life-insurance policy and a health-insurance policy yesterday, and he already (**ya**) made the first payment on both policies.

Repaso de gramática

Use of *al* and *del*

The words **al** and **del** are contractions—**a** followed by **el** becomes **al** and **de** followed by **el** becomes **del**. These are the only contractions in written Spanish.

La póliza **del** señor Guzmán está en vigor.
Ayer mandamos la póliza **al** señor Guzmán.
BUT
La póliza **de la** señora Guzmán no está vencida.

Note that only the article **el** is involved in this contraction, not the pronoun **él** (*he*).

More irregular preterits

A. Verbs that change the vowel in the stem to **i**:

venir	**hacer** (also has consonant change in 3rd person singular)
Yo **vine** temprano.	Yo **hice** un error.
Tú **viniste** temprano.	Tú **hiciste** un error.
Ud. (él, ella) **vino** temprano.	Ud. (él, ella) **hizo** un error.
Nosotros(as) **vinimos** temprano.	Nosotros(as) **hicimos** un error.
Uds. (ellos, ellas) **vinieron** temprano.	Uds. (ellos, ellas) **hicieron** un error.

decir (consonant change)	**querer** (consonant change)
Yo **dije** la verdad.	Yo **quise** obtener una póliza de seguros.
Tú **dijiste** la verdad.	Tú **quisiste** obtener una póliza de seguros.
Ud. (el, ella) **dijo** la verdad.	Ud. (él, ella) **quiso** obtener una póliza de seguros.
Nosotros(as) **dijimos** la verdad.	Nosotros(as) **quisimos** obtener una póliza de seguros.

Capítulo 5

Uds. (ellos, ellas) **dijeron** la verdad.　　Uds. (ellos, ellas) **quisieron** obtener una póliza de seguros.

Note the stress for the first and third persons singular changes from the regular preterit pattern.

Querer in the preterit tense has a very strong meaning. In this tense, it can best be expressed as *to be determined.*

Él quiso cancelar la póliza does not mean *he wanted to cancel the policy,* but rather, *he was determined to cancel the policy.*

And when used in the negative (with **no**), it means *refused.*

No quiso pagar la prima does not mean *he didn't want to pay the premium,* but *he refused to pay the premium.*

Therefore, the verb **querer** in the past should be used in the preterit only when a very strong "wanting" is expressed. Otherwise, use the verb in its imperfect tense.

B. Verbs that change the vowel in the stem to **u**:

poder
Yo **pude** entender.
Tú **pudiste** entender.
Ud. (él, ella) **pudo** entender.

Nosotros(as) **pudimos** entender.

Uds. (ellos, ellas) **pudieron** entender.

poner (consonant change)
Yo **puse** la póliza en la gaveta.
Tú **pusiste** la póliza en la gaveta.
Ud. (él, ella) **puso** la póliza en la gaveta.

Nosotros(as) **pusimos** la póliza en la gaveta.

Uds. (ellos, ellas) **pusieron** la póliza en la gaveta.

saber (consonant change)
Yo **supe** la respuesta.
Tú **supiste** la respuesta.
Ud. (él, ella) **supo** la respuesta.

Nosotros(as) **supimos** la respuesta.

Uds. (ellos, ellas) **supieron** la respuesta.

tener (consonant change)
Yo **tuve** un accidente.
Tú **tuviste** un accidente.
Ud. (él, ella) **tuvo** un accidente.

Nosotros(as) **tuvimos** un accidente.

Uds. (ellos, ellas) **tuvieron** un accidente.

estar (conjugated like **tener**)
estuve enfermo
estuviste enfermo
estuvo enfermo
estuvimos enfermos
estuvieron enfermos

Note that verbs that express a state of mind (e.g., **poder**, **saber**, and **tener**, when used with another verb) either acquire a very strong meaning or change their meaning completely when used in the preterit tense.

Pude does not mean *was able to*, but rather *was able finally to succeed after much effort*.

Tuve, when followed by **que** and an infinitive (e.g., **tuve que trabajar**), denotes a certain urgency or compulsion in the action.

Saber, when used in the preterit, does not mean *knew*, but rather *found out*.

C. Verbs ending in **-ir** that are irregular only in the third-person (singular and plural) forms:

pedir *to request*
Ud. **pidió** un préstamo.

Ellos **pidieron** protección.

seguir *to continue or to follow*
Ella **siguió** pagando la prima.

Ellos **siguieron** al agente a su oficina.

mentir *to lie, to deceive*
Él **mintió** a la compañía de seguros.

Uds. **mintieron** al cliente.

sentir *to feel; to feel sorry*
Ud. **sintió** tener que informarle la noticia.

Ellos **sintieron** no poder ayudar al asegurado.

medir *to measure*
Ella **midió** su barquito antes de asegurarlo.

Ellos **midieron** el brillante para evaluarlo.

dormir *to sleep*
Ud. **durmió** tres horas.

Uds. **durmieron** en casa de los vecinos.

Direct object pronouns

me	*me*	**nos**	*us*
te	*you*		
lo	*it* (masc.), *him, you* (formal masc.)	**los**	*them* (masc.)
la	*it* (fem.), *her, you* (formal fem.)	**las**	*them* (fem.)

The direct object in a sentence indicates who or what gets acted upon by the verb. In *The bank sold the farm*, "the farm" is what gets sold, so it is the direct object. A direct object pronoun is a pronoun that can replace a direct object noun: *The bank sold it.* In Spanish, direct object pronouns are usually placed before the conjugated verb.

Yo **lo** compré.	*I bought it.*
Yo **los** nombré.	*I named them.*
Ellos **lo** compraron.	*They bought it.*
Ellos **los** demandaron.	*They sued them.*
El agente **la** canceló.	*The agent cancelled it.*
El agente **las** aseguró.	*The agent insured them.*
Los agentes **la** firmaron.	*The agents signed it.*
Los agentes **las** prepararon.	*The agents prepared them.*

Ejercicios

I. Para completar. Complete each sentence with *del, de la, al,* or *a la.*

1. El señor Pérez aseguró la vida . . . padre de su esposa.
2. Voy a avisar . . . agente que mi amigo tuvo un accidente.
3. Ésta es la póliza . . . muchacho.
4. Ella tiene que nombrar . . . beneficiario . . . póliza.
5. Preferimos pagar la prima . . . póliza cada mes.
6. Quieren cancelar la póliza . . . señora Sarmiento.

II. Formas verbales. Complete each sentence with the correct preterit form of the verb in parentheses.

1. (hacer) ¿ . . . Ud. un préstamo sobre la póliza de seguros?
2. (asegurarse) Ellos . . . por 10 millones de dólares.
3. (tener) Yo no . . . la culpa del accidente.
4. (poner) El agente . . . la póliza en su escritorio.
5. (decir) El testigo (*witness*) no . . . la verdad y ahora mi amigo no puede hacer la reclamación.
6. (querer) El señor Gutiérrez no . . . asegurar a su padre.
7. (hacer) ¿Qué . . . Uds. cuando el testigo mintió?
8. (decir) Yo sé que él no . . . la verdad.
9. (ser) ¿Quién . . . el beneficiario cuando la compañía pagó el dinero?
10. (poder) El agente no . . . venderle un seguro de vida porque Ud. no quiso hacerse un examen físico.
11. (querer) Ellos no . . . comprar una póliza adicional.
12. (saber) Después que ocurrió el accidente, ella . . . que el auto no estaba asegurado.
13. (decir) Yo le . . . al agente de seguros que necesitaba una póliza de seguro total.
14. (tener) La compañía . . . que cancelar su póliza porque Ud. no pagó la prima.
15. (estar) La agente . . . aquí un rato pero tuvo que irse porque tenía prisa.

III. En español, por favor

1. I found out that he had an accident. He had it early this morning.
2. He called me when the accident occurred.
3. I called him when the accident occurred, and he came right away.
4. Did you call him? Did you call her? Did you call them? Did he call you? Did he call me? Did they call us?
5. I have to sign all these papers. Did you read them? Did you sign them?
6. They came to the office to sign the application.
7. Did you sign it?
8. They cancelled it because I didn't pay the premium.
9. Your agent wants to see you (fam.) in order to sign the contract.
10. Were you able to (*finally*) buy an additional insurance policy?
11. Nobody knows me, therefore, I can't get credit from the bank to buy the million-dollar life-insurance policy.
12. The company invited us to a meeting of experts on storm insurance.

Nota cultural

What's his name?

People who prepare legal, financial, or real-estate documents in this country need to be familiar with the Hispanic system of surnames. The traditional pattern among Spanish and Latin American men is: first name, middle name, then father's surname, then mother's surname. For example, the name José Antonio Vargas Martínez tells us that **Vargas** is the family name of the man's father. Martínez is José Antonio's mother's maiden name. He would be addressed by his full name or more briefly as Mr. Vargas. He would never be referred to as Mr. Martínez. The second surname changes from generation to generation. For example, the son of José Antonio Vargas Martínez and his wife María del Carmen Sánchez de Vargas might be José Luis Vargas Sánchez.

To show special respect, Spanish-speakers often address individuals—especially older members of society—by their first name prefaced by **doña** or **don**, e.g., **Doña María** for **señora María Antonia de la Trinidad** or **Don Juan** for **señor Juan Nicolás de la Vega.**

Torrenciales Lluvias Causan Trastornos Adicionales en NY

Fire * Flood

Evacuan por incendio Mil Personas de Edificio en Manhattan

USTED PUEDE APARACER EN EL PERIÓDICO

también

PREPÁRESE * ASEGÚRESE

SEGUROS EL PARAGUAS

SEGUROS DE VIDA, CONTRA ROBO, INCENDIO, INUNDACIONES Y CONTRA TODA CLASE DE ACCIDENTES

TAMBIÉN TENEMOS SEGUROS AUTOMOVILÍSTICOS

Nuestros consejeros lo esperan.

Llame al 220-5678 ó 220-5680

paraguas *umbrella*

¿Tiene Usted Preparada Su Arca?

Entonces deje sus tesoros en manos de

LA BARCA DE ORO

SEGUROS CONTRA INUNDACIONES, ROBOS E INCENDIOS

NOSOTROS PROTEGEMOS SUS POSESIONES

También tenemos seguros de vida y automovilísticos. Toda clase de seguros a su alcance. *A PRECIOS MÓDICOS*

arca *ark*

ladrón *thief*

cenicero *ashtray*
trapo *rag*
estufa *stove*
enchufar *to plug*
receptáculo (eléctrico) *socket*

Ejercicios

I. Preguntas

1. ¿Qué cosas podemos asegurar?
2. ¿Qué cosas debemos asegurar?
3. ¿Por qué le puede costar caro encontrar que «le limpiaron la casa» mientras Ud. estaba de vacaciones?
4. ¿Qué quiere decir «el ladrón no avisa ni respeta»?
5. ¿Qué consejos le da El Águila para evitar incendios?

II. En español, por favor

1. You must protect yourself. Buy fire insurance.
2. We protect your possessions.
3. Leave your treasures in the hands of your insurance company.
4. You can (may) appear in the newspaper.
5. Don't smoke in bed and if you smoke, you must have plenty of ashtrays around the house.
6. To avoid a short circuit, don't plug several appliances into the same socket.

III. Composición

1. Además de los consejos que le da El Águila, ¿qué otros consejos puede Ud. darle a un(a) amigo(a) para evitar un incendio?
2. Dígale Ud. a su amigo(a) por qué debe asegurarse contra robo.

Compañía de Seguros EL GUARDIÁN

Liberty Road 77
San Blas, New Mexico 89700

2 de agosto de 1988

Sr. Carlos Blanco y Rojas
1789 Fraternity Street
San Blas, New Mexico 89700

Estimado señor Blanco:

La presente tiene por objeto informarle de la cancelación de su póliza de seguro de automóvil. La razón por la cual nuestra compañía se ve obligada a tomar esta decisión es su falta de pago de la prima por los meses de junio y julio.

Sin embargo, si Ud. nos remite el importe por los dos meses que debe, su póliza vuelve a estar en vigor inmediatamente.

Atentamente,

Fernando Ayala Cortés
Agente de seguros

Compañía de Seguros EL ARCO IRIS

10-16 Dorado Street
San Antonio, Texas 78200

5 de enero de 1988

Estimado cliente:

¿Cuándo fue la última vez que leyó su póliza de seguros? ¿Cuánto paga usted anualmente por la prima del seguro de su casa? ¿Qué cubre éste? ¿Tiene Ud. una póliza no-cancelable? ¿Qué valor asignó Ud. a los objetos de valor en su casa y a la propiedad misma? En estos días de inflación monetaria, si acaso un fuego destruye su casa o hay un robo en su apartamento, ¿cuánto dinero puede recibir por su hogar o por sus joyas de familia?

Si nuestras preguntas le infunden temor, diríjase a nosotros cuanto antes. Tenemos veinte años de experiencia en seguros de propiedad, contra robo y accidentes. Podemos ayudarlo. Llene y envíenos la tarjeta postal (sello ya pagado), incluida en este sobre, y dentro de 15 días le enviaremos un modelo de póliza de seguros hecha a la medida para usted.

Si usted responde en este mes de enero, también recibirá completamente gratis un cupón que le permite comprar a medio precio una alarma de fuego. Como usted sabe, las alarmas de fuego salvan muchas vidas en incendios de casas muy frecuentes hoy día porque utilizamos estufas de gas y quemamos leña en la chimenea para ahorrar los gastos de petróleo y gas. Eche la tarjeta en el buzón hoy mismo y haga algo beneficioso por su querida familia.

Cordialmente,

Francisco González de Goya
Agente de seguros

Los seguros

Ejercicios

I. Preguntas

1. ¿Cuál es el propósito de la carta del señor Cortés?
2. ¿Cuál es la razón por la cual la compañía de seguros le canceló la póliza al señor Blanco?
3. ¿Puede el señor Blanco volver a tener su póliza en vigor?
4. ¿Tiene la compañía El Arco Iris mucha experiencia en la venta de seguros?
5. ¿Qué le regala la compañía a Ud. si contesta sus preguntas? ¿Por qué hace esto?
6. ¿Por qué es conveniente tener una alarma de fuego?
7. ¿Por qué es importante tener un seguro contra incendios?

II. En español, por favor

1. The object of this letter is to inform you of the cancellation of your insurance policy.
2. The reason that our company is forced to take such a decision is your failure to pay the premium.
3. If you send us the amount for the two months you owe, your policy becomes valid (will be reinstated) immediately.
4. When was the last time you read your insurance policy?
5. If our questions disturb you, get in touch with us as soon as possible or mail us the enclosed stamped postcard today.

III. Composición

1. Conteste Ud. la carta del señor González. Conteste las preguntas que aparecen en la carta y después dígale que le interesa su oferta.
2. Compare Ud. (en varios párrafos) las dos cartas que aparecen anteriormente.

Expresión libre

I. Continúe Ud., por favor. Complete cada oración de una manera original. Después prepare otra oración sobre el mismo tema.

1. La prima del seguro de automóvil . . .
2. Mi compañía de seguros . . .
3. Vale la pena (It's worthwhile) . . .
4. Los agentes de seguros deben ser . . .
5. Hace . . . tuve un accidente de automóvil. . . . tuvo la culpa. Mi compañía de seguros . . .

II. Situaciones

1. Ud. tuvo un accidente automovilístico. No fue la culpa suya. La compañía de seguros va a demandar a la compañía del dueño del otro vehículo por daños y perjuicios. Va a recobrar el dinero. Pero le aumenta a Ud. la prima de todos modos (*anyway*). ¿Qué cree usted de esto? ¿Qué dice usted a su agente de seguros?
2. Ud. es un(a) agente de seguros. Ud. está tratando de convencer a un(a) cliente sobre la importancia de seguros contra tornados y temporales (**tormentas**).
3. Ud. vende seguros. Ud. debe convencer a un(a) cliente de comprar un seguro de vida, de enfermedad, un seguro contra robo, incendio y toda clase de accidentes. El/La cliente le dice que si compra todos esos seguros, todo su salario se va a ir en pagar la prima y que no se puede vivir así. Ud. debe convencerle que vale la pena comprar todos esos seguros.
4. Un pianista asegura sus manos, un cantante asegura su garganta, un atleta, sus piernas. ¿Qué parte de su persona puede (o debe) Ud. asegurar? Explique por qué.

III. Composición oral y escrita

Explique Ud. lo que pasa en este dibujo. Escriba un pequeño párrafo para explicar este dibujo o un accidente que sucedió en la calle.

Vocabulario básico _____

el accidente	*accident*
la anualidad	*annuity*
el asegurado (la asegurada), el tenedor (la tenedora) de póliza	*policyholder*
el beneficiario (la beneficiaria)	*beneficiary*
los beneficios del seguro	*insurance benefits*
la compañía de seguros	*insurance company*
el contrato de seguros	*insurance contract*
el corredor (el agente) de seguros	*insurance broker (agent)*
el daño corporal	*bodily injury*
los daños de temporal	*storm damage*
los dividendos del seguro	*insurance dividends*
el examen físico	*physical examination*
la indemnización doble	*double indemnity*
el pago de la prima	*premium payment*
los pagos médicos (de incapacidad)	*medical (disability) payments*
las pérdidas	*losses*
el plan de familia	*family plan*
la póliza a término	*term insurance policy*
la póliza caducada	*lapsed policy*
la póliza de seguros	*insurance policy*
la póliza de seguro de automóvil (de seguro automovilístico)	*automobile insurance policy*
la póliza dotal	*endowment policy*
la póliza de seguro de enfermedad (de incapacidad)	*health (disability) insurance policy*
la póliza de seguro de vida	*life-insurance policy*
la protección	*protection*
la reclamación del seguro	*insurance claim*
el riesgo alto (bajo)	*high (low) risk*
el seguro contra robo (del automóvil)	*(auto) theft insurance*
el seguro contra choque	*collision insurance*
el seguro contra daños de agua (inundación)	*water-damage (flood) insurance*
el seguro contra daños de temporal	*storm insurance*
el seguro contra vandalismo	*vandalism insurance*
el seguro de casa	*home insurance*
el seguro contra incendio (fuego)	*fire insurance*
el seguro total	*comprehensive insurance*

6

Venta al por mayor
y al detalle

Wholesale and retail

Diálogo

¿De quién es la pérdida?
(PARTE DE UNA CONVERSACIÓN TELEFÓNICA)

SR. GONZÁLEZ: Los **relojes de pulsera** que le **encargué**   *wristwatches   ordered*
acaban de llegar.

SR. VARGAS: ¿Llegó bien el **pedido**?   *order*

SR. GONZÁLEZ: Sí, todo bien, excepto la factura. El
precio . . . Antes me cobraban $125.00 por docena y
ahora en la nueva factura me cobran $175.00 por
docena.

SR. VARGAS: ¡**Cuánto lo siento**! Pero todo ha subido.   *I am so sorry!*
Como usted sabe, hace poco tuvimos una **huelga** en la   *strike*
fábrica y por eso hemos tenido que subir los precios.

SR. GONZÁLEZ: Yo lo siento todavía más, **puesto que**   *since*
ya los anunciamos al mismo precio de antes a nues-
tros clientes.

SR. VARGAS: Pues déjelos al mismo precio, aunque
tenga pérdida.

SR. GONZÁLEZ: Habrá pérdida ciertamente . . . pero
no va a ser mía. Ustedes van a tener la pérdida,
porque no voy a pagarles el aumento.

Ejercicios

I. ¿Cierto o falso? Listen carefully to each statement. Then respond **cierto** or **falso** according to the dialog. Correct the false statements.

1. El señor González y el señor Vargas hablan en persona en la tienda del señor Vargas.
2. El pedido no llegó.
3. Todo está bien, menos el precio.
4. Tuvieron una huelga en la tienda, por eso los precios subieron.
5. Los clientes creen que los relojes tienen el precio de antes.
6. Hay pérdidas en esta transacción comercial.
7. Hay errores en la factura.

II. Preguntas

1. ¿De qué mercancía hablan el Sr. González y el Sr. Vargas?
2. ¿Quién vende al por mayor? ¿Quién vende al por menor (al detalle)?
3. ¿Por qué hay un aumento de precio?
4. ¿Quién va a tener la pérdida? ¿Quién, en su opinión, debe sufrir la pérdida?
5. ¿Qué diferencia hay entre el precio viejo y el precio nuevo?
6. ¿Cuánto cuesta la docena de relojes, según la factura?

Terminología comercial

1. **Almacén**   Tienda grande por departamentos. También se denomina **almacén** al edificio (*warehouse*) donde se almacena o se guarda la mercancía antes de llevarla a la tienda.
2. **Fabricante**   Dueño(a) de una fábrica o taller que hace la mercancía con ayuda de máquinas y la vende al por mayor o al por menor.
3. **Ganancia o ganancias**   Provecho o beneficios que vienen de algún negocio. Lo opuesto son **pérdidas**.
4. **Mercancía**   Conjunto de artículos que se venden en una tienda.
5. **Negocio**   Una transacción comercial. También se llama **negocio** a la ocupación que produce lucro y la tienda o despacho donde se venden o se dispensan servicios.
6. **Precio al por mayor**   El valor de la mercancía en grandes cantidades que luego se venden al por menor (*retail price*).
7. **Regatear**   Discutir entre el comprador y el vendedor el precio de un artículo en venta.
8. **Tienda**   Establecimiento donde se vende mercancía.

9. **Venta al por mayor** Sistema de distribución comercial en el cual la mercancía va de su lugar de origen (fábrica, taller, granja, etc.) al mercado o tienda.
10. **Venta al por menor, al detalle (o al detal).** La transacción comercial por la cual la mercancía pasa del mercado o tienda al consumidor.

Ejercicios

I. ¿Cierto o falso? Listen carefully to each statement. Then respond **cierto** or **falso** depending on whether it is true or false. Correct the false statements.

1. «Mercancía» quiere decir *warehouse* en inglés.
2. Un negocio es una transacción comercial, una ocupación o una tienda.
3. Ganancia y pérdida son la misma cosa.
4. Un almacén es una tienda grande y también el lugar donde guardan la mercancía.
5. Venta al por mayor es un sistema de distribución comercial por el cual la mercancía va de la fábrica al consumidor.
6. Regatear es discutir sobre las pérdidas de un negocio.
7. El precio al por mayor es más alto (por artículo) que el precio al por menor.
8. El fabricante vende su mercancía a la tienda y, a veces, al consumidor.

II. Los negocios. Complete each sentence with an appropriate business term.

1. Compramos ropa y zapatos en una . . . .
2. Una transacción comercial es un . . . .
3. Vender al consumidor es vender . . . .
4. Vender a una tienda es vender . . . .
5. El fabricante vende a . . . .
6. Un negocio produce . . . .
7. Lo opuesto a la ganancia es . . . .
8. Regatear es discutir entre . . . y . . . el . . . de un artículo.

Frases y expresiones

1. Poner la mercancía en venta.
   To put the merchandise on sale.
2. Vender los artículos al por mayor (al por menor).
   To sell the articles (items) wholesale (retail).
3. Pagar el costo, seguro y flete.
   To pay the cost, insurance, and freight.

4. Mandar (enviar) las facturas al comerciante.
   To send the invoices to the retailer.
5. Recibir la mercancía equivocada.
   To receive the wrong merchandise.
6. Preguntar cuánto son los gastos de transporte.
   To ask for the price of transportation.
7. Devolver los artículos dañados.
   To return the damaged articles (items).
8. Pedir una rebaja.
   To ask for a price reduction (discount).
9. Regatear con el vendedor ambulante.
   To bargain with the peddler.
10. Comprar los muebles a precio de al por mayor.
    To buy the furniture at a wholesale price.
11. Volver a hacer el pedido.
    To order the merchandise again.
12. Tener pérdidas en el negocio.
    To have business losses.
13. Obtener la mercancía a precio de ganga.
    To obtain the merchandise at a bargain price.
14. Rebajar (bajar, reducir) el precio de los artículos.
    To lower the price of the articles.
15. Subir (aumentar) los precios de los servicios.
    To raise the price of services.
16. Necesitar un vendedor (una vendedora) de mercancías.
    To need a salesman (a saleswoman).
17. Fijarse en la etiqueta y la marca de un artículo.
    To notice the label and the brand of an item.
18. Perder la factura.
    To lose the invoice.
19. Ser más barato por docena.
    To be cheaper by the dozen.
20. Darle el cambio al cliente.
    To give the customer change.
21. Ir de compras al centro comercial.
    To go shopping at the shopping center.
22. Hacer rebajas a los que pagan en efectivo (al contado).
    To give discounts to those who pay cash.
23. Entregar el pedido a tiempo.
    To deliver the order on time.

Ejercicios

I. Para completar. Provide a logical word or phrase to complete each sentence.

1. La señora Ramos vendió las manzanas . . . .
2. Ella hace . . . a los buenos clientes.
3. Él mandó . . . al comerciante para recibir el pago.
4. Cuando llega la mercancía el cliente tiene que pagar . . . , . . . y . . . .
5. ¿Devolviste los artículos . . . ?
6. El señor Álvarez vende muebles al . . . y al . . . .
7. Ellos subieron el precio de sus servicios . . . .

II. Formas verbales. Complete each sentence with a correct form of the verb in parentheses.

1. (aumentar)   El Sr. Robles . . . el precio del pan.
2. (hacer)   El dependiente me . . . una rebaja en los muebles.
3. (entregar)   Ellos no nos . . . la mercancía a tiempo.
4. (perder)   Yo . . . la cartera pero sólo tenía menudo (*change*) en ella.
5. (fijarse)   Ella no . . . en la marca del televisor.
6. (tener)   ¿ . . . usted ganancias o pérdidas?
7. (pedir)   Nosotros les . . . otra factura porque perdimos la que nos mandaron el mes pasado.
8. (poner)   ¿ . . . (tú) la mercancía en la vitrina (*store window*) esta mañana?
9. (obtener)   Yo . . . la mercancía a precio de ganga siempre que puedo.
10. (regatear)   Mi tía siempre . . . con los vendedores.
11. (preguntar)   Ella me . . . por el precio de este sombrero antes de comprarlo.
12. (mandar)   Nosotros les . . . las facturas a los clientes hace una semana.
13. (recibir)   Ellos no . . . la garantía por escrito.
14. (pagar)   Yo no . . . el flete del pedido.

III. En español, por favor

1. I went shopping yesterday at the shopping center that's near my house.
2. In business, they say it's cheaper to buy by the dozen.
3. The customer refused to pay for the insurance and freight.
4. He wrote to the manufacturer to buy the furniture at wholesale prices.
5. The factory sells both wholesale and retail and always delivers the goods on time.
6. After Christmas, they always lower the prices of every item in the store.
7. I didn't pay for the transportation cost.

Repaso de gramática

Indirect object pronouns

me	*to (for) me*		**nos**	*to (for) us*
te	*to (for) you*			
le	*to (for) him*		**les**	*to (for) them*
	to (for) her, to (for) you (formal)			*to (for) you* (pl.)

Use indirect object pronouns to tell who or what benefits from the action of the verb. They express to whom or for whom the action (verb) is performed. Notice that although the indirect object pronouns are very similar to the direct object pronouns, there is no gender distinction in the third person singular or plural.

Indirect object pronouns are usually placed before the conjugated verb.

El dependiente **me** vendió la vajilla.	*The salesclerk sold me the china.*
Yo **le** pagué el dinero.	*I paid him the money.*
La dueña **nos** mostró los artículos.	*The owner showed us the articles.*
El cliente **les** devolvió la mercancía.	*The customer returned the merchandise to them.*

Se constructions used in place of the passive voice

The reflexive **se** form of the verb is often used instead of the passive voice when it is not important to express the agent or doer of an action. The subject usually follows the verb, which is used in the third person singular or plural.

Aquí se habla español.	*Spanish is spoken here.*
Se alquila un edificio.	*A building is for rent.*
Se venden tostadoras.	*Toasters are sold here.*
Se arreglan computadoras.	*Computers are fixed here.*
Se necesitan lavaplatos.	*Dishwashers are needed.*

The imperfect tense

    A. Regular verbs

        1. **-ar** verbs

            comprar
            compraba
            comprabas
            compraba
            comprábamos
            compraban

            Yo compraba paletas en la dulcería.   *I was buying (used to buy) lollipops in the candy store.*

2. -er and -ir verbs

vender
vendía
vendías
vendía
vendíamos
vendían

Tú vendías frutas en el mercado.   *You were selling (used to sell) fruit in the market.*

escribir
escribía
escribías
escribía
escribíamos
escribían

Ella escribía las cartas a mano.   *She was writing (used to write) the letters by hand.*

B. Irregular verbs

ir
iba
ibas
iba
íbamos
iban

Iba a la tienda todos los días.   *I was going (used to go) to the store every day.*

ser
era
eras
era
éramos
eran

Él era comerciante antes de morir.   *He was (used to be) a merchant before he died.*

ver
veía
veías
veía
veíamos
veían

Nosotros veíamos los artículos dañados en «la pulguera».   *We were seeing (used to see) the damaged articles at the flea market.*

C. The imperfect is another simple past tense. Use the preterit for past actions or conditions that have been completed. Use the imperfect to focus on actions or conditions that were ongoing or habitual in the past. Here are some typical English sentences that would be translated using verbs in the imperfect.

I was   talking to the sales representative   when the phone rang.
eating lunch
printing a spreadsheet

He used to   sell can openers wholesale.
buy disks by the hundreds.

Every day when the store opened, the manager
would   put the merchandise on display.
inspect the new merchandise.

Certain time phrases or adverbs stress the ongoing or habitual nature of the action or condition: **todos los días** (*every day*), **a veces** (*sometimes*), **a menudo** (*often*), **muchas veces** (*many times*), **generalmente, usualmente** (*usually*). With phrases like these, you cannot use the preterit—the imperfect is your only choice.

Generalmente poníamos la mercancía en la vitrina antes de abrir la tienda.	*We usually put the goods in the window before opening the store.*
A menudo venían turistas cuando íbamos a cerrar.	*Often tourists would come when we were going to close.*
A veces regateaban con nosotros porque creían que era la costumbre.	*Sometimes they would bargain with us because they thought that it was the custom (to do so).*

D. The imperfect, rather than the preterit, is used to describe mental states and feelings: **querer**, **poder**, **saber**, **creer**.

Yo quería devolver los artículos.	*I wanted to return the goods.*
El dependiente no podía hacer rebajas.	*The clerk was unable to give discounts.*

E. The imperfect of **ser** (**era, eran**) is used to talk about the time in the past.

Era la una cuando llegó el dueño.	*It was one o'clock when the owner arrived.*
Eran las cinco cuando cerramos la tienda.	*It was five o'clock when we closed the store.*

Ejercicios

I. Formas verbales. Complete each sentence with the correct form of the present, preterit, or imperfect tense.

1. (tener) Ayer el dueño de la tienda . . . pérdidas.
2. (haber) Cuando iba a esa tienda, generalmente . . . rebajas.
3. (ser) ¿Qué hora . . . cuando él abrió el almacén?
4. (devolver) A menudo el gerente . . . la mercancía dañada porque no quiere tener pérdidas.
5. (pagar) Yo le . . . el dinero cuando me trajo el artículo.
6. (poner) Generalmente nosotros . . . los artículos en la vitrina después de abrir la tienda.
7. (querer) Yo . . . devolver los artículos, pero el dependiente no quiso aceptarlos.
8. (regatear) Cuando estaba en el Brasil . . . con los vendedores ambulantes.
9. (ver) A veces, algún turista . . . que había gente en la tienda y quería entrar en seguida.
10. (vender) Ahora el Sr. Castaño . . . frutas al por mayor en la plaza del mercado.
11. (preguntar) Yo le . . . si había gastos adicionales.
12. (mandar) ¿Le . . . (Ud.) la factura al cliente el mes pasado?
13. (poner) El dependiente no . . . el dinero en la caja registradora y por eso se le perdió.
14. (llamar) Ella me . . . siempre que tenía un nuevo surtido.
15. (subir) El dueño . . . los precios de los artículos hace quince días.

II. En español, por favor

1. I gave him the money. That's why he sent the packages to me.
2. Inexpensive merchandise is sold in this store.
3. Newspapers aren't sold in department stores.
4. Furniture is kept in warehouses.
5. He asked for a discount, but the clerk was unable to give him the discount.
6. Peter bought all his rugs (**alfombras**) at wholesale prices.
7. Sometimes he would sell it to his friends at a profit.
8. The owners lowered the prices as soon as they realized (**darse cuenta**) that the merchandise was defective.
9. The peddlers would raise the prices when their costs went up.
10. I used to go to the market to buy fresh fruits and vegetables, but now I use frozen food (**alimentos congelados**).

Nota cultural

It's not swearing!

The use of words and expressions relating to religious beliefs is much more common in Spanish than in English. Hispanic traditions emphasize a close, intimate, and natural relationship between God and humanity.

Visitors strolling around a Hispanic marketplace, for example, will constantly hear such expressions as **¡Jesús!**, **¡Ay, Virgen Santa!**, **¡Dios mío!**, **¡Señor!**, and **¡Madre de Dios!** No disrespect or sacrilege is ordinarily intended; Hispanics rarely use "the Lord's name in vain." These exclamations merely show an intensity of feeling and a readiness to call upon God, the Virgin Mary, and the saints to witness a strong faith or to request help.

Hispanic parents frequently name a son Jesús. The Hispanic practice of naming stores, buildings, streets, towns, ships, etc., after saints and other theocentric references arises from exactly the same sense of intimacy with religious figures and concepts.

Thus, in the streets, stores, and business offices of a typical city, and in every aspect of public life, Hispanics are constantly reminded of the Christian heritage that is such an important part of their culture.

Anuncios

guagua *bus (Caribbean)*
ejemplar *copy*
rústica *paperback*
encuadernado *bound (book)*
cuero *leather*

GRAN VENTA ESPECIAL

HOY

ALGO MEJOR
ALMACENES

LA GIRALDA

San Fernando, 679 • Sevilla

COMPRE MÁS POR MENOS DINERO

**Cristalería y vajillas
a precios sensacionales**

**Artículos de cuero: correas,
carteras, maletines, maletas.
A precios increíbles**

correa *belt*
cartera *handbag or wallet*
maletín *briefcase*
maleta *suitcase*

¡SUPER GANGAS POR DÍA DE ELECCIONES!

VOTE POR SU DINERO
VENGA HOY

La Cosmopolita

50% de REBAJA EN JOYERÍA

SORTIJAS, PULSERAS, CADENAS DE ORO
DE 14 y 18 QUILATES (algunas con
piedras preciosas, perlas y brillantes)

Vendidas corrientemente de $39.99 a $399.99

HOY $20.00 a $200.00

TREMENDO SURTIDO DE ORO RELUCIENTE
PARA USTED PARA REGALOS
VENGA TEMPRANO PARA OBTENER LO MEJOR

Avenida Las Américas, 989/Laredo

Avenida I. Peral/San Antonio

quilate *karat*
piedra preciosa *precious stone*
brillante *diamond*
corrientemente *usually*

guantes *gloves*
bufanda *scarf*
joyería fina y de fantasía *fine and costume jewelry*

Ejercicios

I. Preguntas

1. ¿Por qué es una buena idea comprar el *Diccionario de americanismos?*
2. ¿Es mejor comprar el ejemplar en rústica o la edición de lujo? ¿Por qué?
3. ¿Conoce Ud. algunas palabras en español de origen americano?
4. ¿Qué cosas vende La Giralda?
5. ¿Cuál de los almacenes anunciados tiene un «tremendo surtido de oro reluciente»? ¿Qué joyas le ofrece? ¿Qué por ciento de rebaja le ofrece?
6. ¿Qué artículos vende (a un 40 por ciento de rebaja) la Casa San Miguel?

II. En español, por favor

1. You can save up to (**hasta**) 50 percent if you shop now.
2. We have a great assortment (stock) of gold jewelry for you.
3. We have 14K gold rings with diamonds and pearls.
4. They are having a super sale for Election Day and another sale at Christmas time.
5. The dictionary is a basic, up-to-the-minute language tool and the only book of its kind.
6. The store has leather goods, such as belts, handbags, briefcases, and suitcases, at very reasonable prices.
7. Today La Giralda is selling glassware and china at sensational prices. They're also selling fine and costume jewelry.

III. Composición

1. Escriba Ud. un anuncio para los almacenes (o la tienda por departamentos) que más frecuenta.
2. Escriba un anuncio para cualquier producto que Ud. usa.
3. ¿Cuál de los anuncios le parece a Ud. el más efectivo? Explique por qué.

Utopia University

GRAND CENTRAL PLAZA
JAMAICA, NEW YORK 11436

DEPARTMENT OF MODERN FOREIGN LANGUAGES

18 de diciembre de 1988

Editorial Mexicali, S.A.
Los Choclos, 709
México, D.F. 03600

Estimados señores:

Les escribo en respuesta al anuncio que apareció en el Diario del
Puerto del día 15 del corriente, referente a la oferta de venta del Diccionario de Americanismos por Elpidio Díaz Morfi.

Les adjunto mi cheque personal por $20.00 por la edición de lujo. Es-
pero que me envíen el pedido cuanto antes, ya que pienso usarlo en la
preparación de mi curso de lengua española.

En espera de su pronta respuesta, les saludo atentamente,

F. Sallese

F. Sallese
Profesor de español

IRACO SALES LIMITED
(LONDON)
(INTERNATIONAL RAW-MATERIAL COMPANY)
KINGMAKER HOUSE
STATION ROAD
NEW BARNET
Hertfordshire England
ENSIPE

18 de diciembre de 1988

Señor Director
Cámara de Comercio
Apartado 41
San Juan, Puerto Rico

Muy señor nuestro:

Atentamente nos dirigimos a Ud. para comunicarle que estamos interesados en encontrar clientes industriales o agentes mayoristas. Nuestra casa fabrica limas y raspadores. También, si fuera posible, le rogamos enviarnos una lista de los talleres industriales que requieran nuestros productos.

Las condiciones de venta se describen en el folleto adjunto. Deseamos que el pago se haga treinta días después de recibir la mercancía aunque también se pueden hacer otros arreglos de pagos.

Agradeciéndole anticipadamente su cooperación a nuestra solicitud y en espera de su grata respuesta a vuelta de correo, nos suscribimos de Ud. como sus attos. ss. ss.,

K. Peabody

K. Peabody
Director

anexo: 1

---

lima *file*   **folleto adjunto** *enclosed pamphlet*
raspador *scraper*   **a vuelta de correo** *by return mail*
taller *workshop*

Ejercicios

I. Preguntas

1. ¿Cuál es la carta de compra? ¿Cuál es la de venta?
2. ¿Cuál es el objeto de la carta del profesor Sallese?
3. ¿Por qué quiere él comprar el *Diccionario de americanismos*?
4. ¿Qué producto vende Iraco?
5. ¿Qué desea el señor Peabody?
6. ¿Vende Iraco al por mayor o al por menor?
7. ¿Cuáles son las condiciones de pago?

II. En español, por favor

1. I'm writing to you in response to an advertisement that appeared in the *Diario* the 15th of this month.
2. I'm enclosing my personal check for $20.00 for the deluxe edition.
3. The sale terms are described in the enclosed pamphlet.
4. They're interested in finding agents to buy their product.
5. The payments must be made 30 days after receiving the merchandise.
6. We can also make other payment arrangements.
7. We expect (**esperar**) your reply by return mail.

III. Composición

1. Escriba Ud. una carta pidiendo la subscripción a una revista.
2. Escriba una carta al comprador de una tienda ofreciendo un producto que Ud. desea vender.

Expresión libre

I. Continúe Ud., por favor. Complete cada oración de una manera original. Despueś prepare otra sobre el mismo tema.

1. Compro al por mayor . . .
2. Para tener ganancias en un negocio . . .
3. Cuando tenemos pérdidas . . .
4. El precio de la comida (los comestibles) . . .
5. Los precios suben . . .
6. Los precios bajan . . .
7. La marca de un producto es importante porque . . .
8. Esta mañana vi en la vitrina de una tienda . . .

II. Situaciones

1. Ud. pidió al mayorista una docena de radios (o televisores o relojes de pulsera), pero no llegan. Ud. los anunció hace ya una semana y los clientes los piden. Hable con un(a) cliente diciéndole que no los tiene todavía (dándole razones) y que pronto los va a recibir y que le va a reservar uno.

2. ¿Qué le dice Ud. a un(a) cliente que quiere devolver un artículo (un traje de baño o cosmético) que no se puede devolver por razones higiénicas?

III. Composición oral y escrita

¿Por qué es interesante el dibujo? Explique Ud. en unas palabras. Después escriba un parrafito describiendo alguna de las transacciones que se están llevando a cabo (*that are taking place*).

Venta al por mayor y al detalle

Vocabulario básico _____

los almacenes, la tienda por departamentos	*department store*
el artículo, el objeto	*article, item, object, thing*
el baratillo, la venta especial	*sale*
el buhonero (la buhonera), el vendedor (la vendedora) ambulante	*peddler*
la caja	*cash register, cashier's*
el centro comercial	*shopping center*
los cobros, costos	*charges*
el (la) comerciante	*businessperson, retailer, dealer*
los comestibles, los alimentos	*food*
la competencia	*competition*
el comprador (la compradora), el consumidor (la consumidora)	*buyer, consumer*
las compras	*purchases*
el (la) concesionista	*concessionaire*
el crédito	*credit*
la cuenta, la factura	*bill*
el cupón	*coupon*
la demanda	*demand*
la demora, el retraso	*delay*
el departamento	*department*
el (la) dependiente; el empleado (la empleada)	*clerk; employee*
el depósito, el pago inicial	*down payment*
el descuento	*discount, rebate*
el (la) detallista, el (la) comerciante	*retailer*
el dinero, el efectivo	*cash*
la distribución	*distribution*
la docena	*dozen*
el dueño (la dueña), el propietario (la propietaria)	*owner*
la escalera mecánica	*escalator*
el estante, la tablilla	*shelf*
la etiqueta	*label*
la exhibición, el despliegue	*display*
la fábrica, la factoría	*factory*
la factura	*invoice*
las ganancias, el beneficio	*profit*
la ganga	*bargain*
la garantía	*guarantee*
los gastos	*expenses*
el impuesto	*tax*

el inventario	*inventory*
el manufacturero (la manufacturera), el (la) fabricante	*manufacturer*
la marca	*brand*
el (la) mayorista	*wholesaler*
el mercado	*market*
la mercancía	*goods, merchandise*
el mostrador	*counter*
la oferta y la demanda	*supply and demand*
el pago	*payment*
el pedido	*order, shipment*
la pérdida	*loss*
el precio, el valor, el costo	*price*
el precio al por mayor	*wholesale price*
el precio al por menor	*retail price*
el probador	*dressing room*
el producto	*product*
la rebaja	*reduction, markdown*
el regateo	*haggling, bargaining*
la ropa	*clothes*
el socio (la socia)	*partner*
el surtido	*supply stock*
el talón de venta	*sales slip*
la talla (del vestido)	*size (of the dress)*
el tamaño	*size*
la tarjeta de crédito	*credit card*
la tienda	*store, shop*
el (la) traficante	*dealer*
el trueque	*exchange, barrier*
el vendedor (la vendedora)	*salesperson, seller*
la venta	*sale*
la venta al contado; a crédito; a plazos	*sale for cash; on credit; on installments*
la venta al por mayor, al por menor	*wholesale, retail*
la vitrina, el escaparate, la vidriera	*store window*

7

La fábrica y el almacén

The factory and the warehouse

Lectura

La especialización

Me llamo Miguel Salas. Mi hermano Ramón y yo trabajamos en una fábrica de automóviles. Ramón trabaja en la manufactura de **piezas**. Su especialidad es una de las partes del chasis. Cada vez que aparece una **lucecita verde** en una **pantalla**, él **aprieta** un botón en una máquina que controla un **horno gigantesco**. Entonces un pedazo de metal es sometido a una temperatura sumamente alta que hace posible su transformación en una de las partes del auto. Este **procedimiento** se repite cientos de veces al día, y el resultado es siempre el mismo, la misma parte del auto se reproduce sin cesar todo el día. Yo trabajo en la **línea de montaje**. Mi tarea es ponerle una **tuerca** a un **tornillo** que une dos piezas. Según pasan las piezas delante de mí, yo tengo que poner la tuerca en el tornillo.

Mi hermano y yo tenemos empleos muy mecánicos

parts

green light   screen   pushes

gigantic oven

procedure

assembly line

nut   screw

que hasta un robot podría hacer. No tenemos contacto humano ni la oportunidad de usar nuestras aptitudes para el desarrollo del producto.

Nuestra sociedad se está mecanizando tanto que, **a lo mejor**, llega el día en que la imaginación, la iniciativa *perhaps* y el talento humano no cuenten para nada. Entonces todo será a base de máquinas con lucecitas que se prenden y apagan y de botones que las ponen en marcha. Y hasta quizás llegue el día en que las máquinas manipulen al hombre. Entonces no tendremos uso para las palabras de Cervantes o Shakespeare, la música de Chopin o Beethoven, o el color o la forma de Velázquez o Monet. Espero que esto jamás suceda y que prevalezca la harmonía entre los valores humanos y la tecnología y maquinaria necesaria para hacer nuestra vida **más llevadera**. *more pleasant*

Ejercicios

I. ¿Cierto o falso? Listen carefully to each statement. Then respond **cierto** or **falso** according to the reading. Correct the false statements.

1. Miguel y Ramón Salas trabajan en una fábrica de lucecitas verdes.
2. Cuando Ramón aprieta un botón, el pedazo de metal se transforma, por medio del calor intenso, en una parte del auto.
3. Miguel trabaja en la línea de montaje.
4. La tarea de Ramón es ponerle una tuerca a un tornillo que une dos piezas.
5. Los hermanos Salas tienen empleos muy mecánicos.
6. Miguel piensa que nuestra sociedad debe mecanizarse más.
7. Miguel cree que en el futuro todo será a base de lucecitas y botones y de máquinas que van a controlar a los seres humanos.

II. Preguntas

1. ¿Dónde trabajan los hermanos Salas?
2. ¿Qué hace Miguel? ¿Qué hace Ramón?
3. ¿Por qué es aburrido (*boring*) su trabajo?
4. ¿Qué piensa Miguel sobre nuestra sociedad?
5. ¿Qué les va a suceder al arte, a la música y a la literatura en la sociedad mecanizada del futuro?

La fábrica y el almacén

Terminología comercial

Almacén Lugar o edificio donde se guardan los productos o artículos antes de ser distribuidos (a los mayoristas o detallistas).

Embalaje Cubiertas o cajas donde se ponen objetos (o mercancía) que van a ser transportados. El embalaje protege el producto.

Energía Capacidad que tiene la materia de producir trabajo en forma de movimiento, luz, calor, etc.

Fábrica Edificio donde se hace o se manufactura un objeto o artículo en grandes cantidades.

Fabricar Hacer una cosa por medios mecánicos o por medio de máquinas.

Máquina Combinación de piezas resistentes que funcionan por medio de una fuerza o energía para producir un trabajo específico.

Maquinaria Conjunto de máquinas para un fin determinado.

Materia Cualquier cosa que tenga peso y ocupe espacio.

Materia prima Materia al natural, sin procesar (animal, vegetal o mineral), que se usa en la manufactura de artículos o productos.

Ejercicios

I. ¿Cierto o falso? Listen carefully to each statement. Then respond **cierto** or **falso** depending on whether it is true or false. Correct the false statements.

1. La energía es la capacidad de producir trabajo.
2. La materia es cualquier cosa.
3. Una máquina es el salario del obrero.
4. Un almacén es el edificio donde se hace un artículo en grandes cantidades por medio de máquinas.
5. El embalaje protege la mercancía durante su transportación.

II. Para escoger. Finish each statement with an appropriate phrase.

1. La materia prima es . . . .
   a) cualquier cosa
   b) la capacidad de producir trabajo
   c) animal, vegetal o mineral
2. La maquinaria es . . . .
   a) una combinación de piezas resistentes
   b) un conjunto de máquinas
   c) las partes de una máquina
3. Fabricar es . . . .
   a) hacer un almacén
   b) guardar el producto
   c) hacer un producto

4. Un almacén es el edificio donde se . . . .
   a) manufacturan productos
   b) guardan productos
   c) guardan obreros
5. El embalaje consiste en . . . .
   a) objetos o productos
   b) maquinaria o máquinas
   c) cubiertas o cajas

Frases y expresiones

1. Almacenar las latas por un tiempo indefinido.
   To store the cans for an indefinite period of time.
2. Someter a prueba un producto.
   To test a product.
3. Cargar las cajas en un camión.
   To load the crates on a truck.
4. Enlatar las aceitunas en latas de aluminio.
   To can the olives in aluminum cans.
5. Pagar por adelantado los gastos de embalaje.
   To prepay the packing expenses.
6. Presupuestar los gastos de producción.
   To budget the production costs.
7. Obtener mano de obra especializada.
   To obtain skilled labor.
8. Poner rótulos en las cajas.
   To put labels on the boxes.
9. Dar instrucciones a los empacadores.
   To give instructions to the packers.
10. Hacer las herramientas en el taller.
    To make the tools in the workshop.
11. Usar soga o cuerda gruesa (fleje metálico) para empacar.
    To use thick rope (metallic cord) for packing.
12. Engrasar la maquinaria.
    To grease or lubricate the machinery.
13. Pesar el barril.
    To weigh the barrel.
14. Fabricar (manufacturar) un producto excelente.
    To manufacture an excellent product.
15. Estar al tanto (informado) de los cambios en la tecnología, sistemas y materiales.
    To be informed of the changes in technology, systems, and materials.
16. Hacer un pedido a la fábrica.
    To place an order from the factory.

La fábrica y el almacén   **137**

17. Encargar cien docenas de bolígrafos.
    To order a hundred dozen ballpoint pens.
18. Envasar el aceite de oliva en envases de cristal.
    To put the olive oil in glass containers.
19. Enviar el nuevo catálogo a los mayoristas.
    To send the new catalog to the wholesalers.
20. Ocupar doce pies cuadrados de espacio en el almacén.
    To occupy 12 square feet of space in the warehouse.
21. Cobrar por tonelaje.
    To charge by tonnage.
22. Envolver los paquetes.
    To wrap the packages.
23. Componer (arreglar) la máquina.
    To fix the machine.

Ejercicios

I. **En la fábrica.** Complete each sentence with an appropriate business term.

1. El mecánico necesita . . . cuando trabaja en su . . . .
2. Es difícil obtener . . . especializada.
3. Envasamos el aceite en . . . .
4. Los obreros ponen . . . que dicen «Frágil» en las cajas de cristalería.
5. Hay que . . . la maquinaria.
6. Los fabricantes están al tanto de los cambios en . . . , . . . y . . . .
7. Es necesario enviar el nuevo . . . a los mayoristas.
8. El almacén cobra según el . . . que ocupa la mercancía que allí se guarda.
9. El mayorista hace un . . . a la fábrica.
10. El fabricante debe . . . el producto antes de ponerlo en el mercado.

II. **Siga hablando.** Complete the first sentence in each group. Then create similar sentences with the new subjects.

1. Los obreros enlatan las . . . en latas de aluminio.
   Pedro . . . .
   Pedro y sus obreros . . . .
   Los empleados y yo . . . .
2. El mecánico necesitaba . . . .
   El mecánico y el ingeniero . . . .
   Ellos y yo . . . .
   Las hermanas Castillo . . . .
3. El mayorista hizo un . . . a la fábrica.
   El mayorista y el minorista . . . .
   Nosotros . . . .
   La cliente . . . .

4. Los obreros pusieron . . . en las cajas.
   El capataz (*foreman*) . . . .
   El manufacturero . . . .
   Yo . . . .
5. El fabricante pagó . . . los gastos del embalaje.
   Yo . . . .
   Los compradores . . . .
   La Casa Segovia, S.A. . . . .

III. **Formas verbales.** Complete each sentence with the correct form of the verb in parentheses. Use any tense that seems appropriate.

1. (obtener)   El capataz . . . mano de obra especializada para trabajar en la fábrica.
2. (almacenar)   La señora Pagán siempre . . . sus pieles durante el verano.
3. (encargar)   Reyes y Cía. . . . dos docenas de calculadoras de bolsillo hace dos meses.
4. (enviar)   ¿Le . . . ustedes el nuevo catálogo al mayorista?
5. (engrasar)   El mecánico ya (*already*) . . . la maquinaria.
6. (ocupar)   Las cajas . . . 20 pies cuadrados de espacio en el almacén.
7. (cobrar)   La compañía transportadora le . . . por tonelaje al mayorista.
8. (componer)   El ingeniero . . . la maquinaria ayer.
9. (dar)   El fabricante y el capataz les . . . las instrucciones a los empacadores.
10. (pesar)   Las cajas . . . 2 toneladas.

Repaso de gramática

More on object pronouns

A. Placement

1. Object pronouns are usually placed before the conjugated verb. However, when two verbs are used together (but NOT when the first is the auxiliary **haber**), you may attach the object pronoun to the end of the second verb, forming one word.

   El fabricante quiere venderlos.
   OR El fabricante los quiere vender.

   El fabricante está vendiéndolos.
   OR El fabricante los está vendiendo.

   Although the object pronoun may be placed before the first verb or be attached to the second verb, it must never be placed between the verbs.

2. Object pronouns must be attached to the end of an affirmative command verb form. This will be discussed further in Chapter 10.

3. When using two object pronouns together (compare English: *Give me them*), several things must be kept in mind:

   a. The two object pronouns must be placed together either before or after the verb (or verbs) according to the guidelines for one object pronoun.

   b. The indirect object pronoun must always appear first.

   El capataz me lo dijo.
   Los obreros te lo explicaron.

B. Se

When the indirect object pronoun **le** or **les** would fall next to a direct object pronoun beginning with **l** (**lo**, **la**, **los**, or **las**), replace the **le** or **les** with **se**.

   El capataz les lo dijo
   BECOMES
   El capataz ~~les~~ se lo dijo. = El capataz se lo dijo.

   El fabricante le los envió.
   BECOMES
   El fabricante ~~le~~ se los envió. = El fabricante se los envió.

The preterit and imperfect tenses: distinctions

Both the preterit and the imperfect are simple tenses (one word) and both show that the action expressed by the verb is in the past, but each has its specific function.

If you want your listener to think of a past action as a happening that is over, use the preterit. Words such as **ayer** (*yesterday*) or **anoche** (*last night*) require the preterit in most cases.

If you want your listener to think of the past action as habitual, recurrent, ongoing, something that used to happen, or something that happened several times in the past, then use the imperfect. If you add a word or phrase such as **generalmente** (*usually*), **siempre** (*always*) **todos los días** (*every day*), **a veces** (*sometimes*), **a menudo** or **frecuentemente** (*often*), or **dos veces al mes** (*twice a month*) to a sentence about a past action, then you must use the imperfect tense for your verb.

Generalmente el fabricante les **mandaba** los pedidos a tiempo.	*Usually the manufacturer would send them their order on time.*
A veces los obreros **trabajaban** horas extra.	*Sometimes the workers would work overtime.*
Ellos siempre **se quedaban** hasta las seis.	*They always stayed until six.*

Esta mañana el capataz les **trajo** sus horarios.	*This morning the foreman brought them their schedules.*
El mayorista lo **llamó** por teléfono ayer.	*The wholesaler called him yesterday.*
Cuando **llegó** el capataz, los obreros **trabajaban** en la línea de montaje.	*When the foreman arrived, the workers were working on the assembly line.*

In this last example, both tenses are used because the first action was completed in the past (**llegó**—*arrived*), while the second action expresses a continuous action in the past (**trabajaban**—*were working*).

The verb *gustar*

Use **gustar** when you want to say that you like something. **Gustar** really means *to please*. **Me gusta la mercancía** really means *The merchandise pleases me*. The thing you like—which would be the object if your sentence were in English—is the subject of your Spanish verb.

Me gusta la maquinaria.
↓   ↓

indirect   subject
object
pronoun

I like machinery.
↓   ↓

subject   direct object

Me gusta la mano de obra.	*I like the workmanship.*
¿Te gustan los artículos?	*Do you like the articles?*
Le gusta el catálogo.	*He/She likes the catalog.*
Nos gustan los precios.	*We like the prices.*
¿Les gusta el aceite de oliva?	*Do they/you (pl.) like olive oil?*

Interesar and **fascinar** are among the several verbs that follow the same pattern.

| Me interesa el almacén. | *I'm interested in the warehouse.* |
| Nos fascinan las máquinas. | *The machines fascinate us.* |

Ejercicios

I. **¿Pretérito o imperfecto?** Complete each sentence with the correct form of the appropriate past tense of the verb in parentheses.

1. (llamar) El capataz los . . . todos los días.
2. (decir) El obrero le . . . que estaba enfermo.
3. (recibir) Los obreros . . . sus bonos de Navidad.
4. (entrevistar) José . . . a muchos mecánicos ayer.
5. (necesitar) El mecánico . . . las herramientas adecuadas.
6. (arreglar) Los mecánicos . . . la maquinaria rápidamente.

7. (llegar)/(trabajar) Cuando . . . el capataz, los obreros . . . diligentemente.
8. (manufacturar) La fábrica a veces . . . muebles modernos.
9. (regalar) El fabricante siempre les . . . radios y televisores para las Navidades.
10. (enviar) Los empacadores . . . los pedidos hace dos meses.
11. (almacenar) Los mayoristas generalmente . . . los artículos durante el verano.
12. (poner) El obrero . . . las cajas en la zona de carga esta mañana.
13. (tener) Ellos . . . que ir a una reunión ayer por la tarde.
14. (ponerse) Todos los empleados . . . muy contentos al recibir los regalos.

II. Sopa de palabras. Create a sentence by unscrambling each group of words. Pay close attention to the placement of the direct object pronoun.

MODELO   se/a la señorita/las/dio/el secretario
El secretario se las dio a la señorita.

1. los obreros/mandaron/los/se
2. dijo/el capataz/nos/lo
3. compuso/lo/me/el mecánico
4. la/almacenaban/los mayoristas/allí
5. a menudo/las/ellos/engrasan
6. quiere/los/nos/manufacturar/el fabricante
7. el fabricante/envía/le/el pedido
8. lo/se/envía/el fabricante
9. nos/mantienen/la/ellos/muy bien
10. trajo/el obrero/las/se
11. me/embaló/lo/muy bien
12. vendió/me/el agente/la

III. En español, por favor

1. I like the prices at the warehouse sale.
2. He asked us for new tools, so yesterday we bought them for him.
3. We used to store our merchandise at their warehouse.
4. I'm interested in the furniture factory. I want to buy it. I am going to buy it.
5. A machine broke down, and the workers were fixing it when we arrived.
6. The wholesalers were waiting for the merchandise.
7. The foreman interviewed several mechanics.
8. The businessman wanted to buy the factory, but the owner didn't want to sell it to him.
9. Did she sell the building? Who bought it?
10. The labels? Well (**Pues**), he ordered them for me yesterday.

Nota cultural _____

Impact of holidays on business in Puerto Rico

Holidays vary from country to country within the Spanish-speaking world, but tend to fall into two categories: religious and patriotic. Puerto Rico is a special case, for it adds to its calendar the holidays traditionally celebrated in the United States.

Puerto Rico's religious holidays include Good Friday and Christmas. Epiphany (January 6), otherwise known as the Feast of the Three Kings, is a day of gift-giving and merrymaking, especially for children. The Island's patriotic commemorations include Emancipation Day (March 22), Constitution Day (July 25), and Discovery Day (November 19), as well as the birthdays of Puerto Rico's most renowned statesmen. The Commonwealth also observes such United States holidays as Washington's Birthday, Memorial Day, Labor Day, Columbus Day, and Thanksgiving Day. Some of these holidays are observed only as half-day holidays, with shops and factories open in the morning.

Every Puerto Rican also has a personal holiday, or patron saint's day (usually observed instead of one's birthday), which may or may not be taken off from work but which is sure to be celebrated.

Bendiciones en el Día de Tu Santo

Una plegaria especial para que Dios te conceda muchas bendiciones hoy -- y siempre te guíe con Su amor.

Anuncios

Astoria **SE VENDE ALMACÉN**

3,000 pies cuadrados (30 × 100). Refrigeradores en magníficas condiciones (casi nuevos). El dueño tiene hipoteca.

Agencia UNIVERSAL
40-41 Avenida 42 Tel. 226-4546

MECÁNICOS

FÁBRICA DE AUTOMÓVILES
NECESITA MECÁNICOS COMPETENTES

ESPECIALISTAS EN
    a) carrocería
    b) transmisión
    c) motor

PAGA excelente y beneficios (médicos y dentales) + pensión y un mes de vacaciones

Llame al 745-1789 para entrevista
(procure a José)

carrocería *body (auto)*
paga *salary, payment*

ALMACÉN
Calle Hostos esq. De Diego, Santurce

VENTA ESPECIAL

MUEBLES
A PRECIOS DE ALMACÉN
POR TIEMPO LIMITADO

Para dar cabida a nueva mercancía
VENDEMOS MUESTRAS
Estilos Descontinuados o Pedidos Cancelados
A PRECIOS DE REGALO

TIEMPO Y SURTIDO LIMITADOS

No tenemos bonitos salones de exhibición, pero nuestros precios son fantásticos. LAS APARIENCIAS ENGAÑAN, pero su bolsillo sabe la verdad.

VENGA HOY

esq., esquina *corner*
apariencias *appearances*
engañar *to deceive*

Albany **SE VENDE FÁBRICA DE ARTÍCULOS DE CUERO**

Lista para la manufactura de carteras, maletas y maletines

50 máquinas de coser

Clientela numerosa

Abierta días laborables de 9 a 6

Para información llame al
343-8922

máquina de coser *sewing machine*

Necesitamos OBREROS

Para línea de montaje en nuestra nueva planta. Experiencia necesaria. Buena paga y beneficios.

Llame a Paco (capataz)
al 765-8345

Santa Bárbara **SE VENDE FÁBRICA**

DE MUEBLES   12,000 pies cuadrados
+ 2 salones de exhibición

Maquinaria y herramientas incluidas

Ventas al por mayor y al detalle
TREMENDO NEGOCIO
Llame al 672-5245

MECÁNICO–SUPERVISOR en FÁBRICA

Para encargarse del mantenimiento de las máquinas, incluyendo engrase, engranaje y arreglo de piezas en nuestro taller.
También debe supervisar mecánicos que trabajan por hora y ordenar piezas y equipo necesario.

Buena paga y beneficios
Llame a Aníbal al 338-3617

engrase *lubrication*
engranaje *gear adjustment*
procurar *to ask for*

Ejercicios

I. Preguntas

1. ¿Cómo es el almacén en Astoria?
2. ¿Cómo es la fábrica de muebles?
3. ¿Qué manufactura la fábrica de artículos de cuero?
4. ¿Qué venden en la venta especial del almacén (de muebles)?
5. ¿Tienen ellos bonitos salones de exhibición? ¿Por qué es conveniente comprar en el almacén?
6. ¿Por qué tienen la venta especial?
7. Paco, el capataz de la nueva planta, necesita obreros. ¿Dónde van a trabajar ellos?
8. ¿En qué cosas deben ser expertos los mecánicos que necesita la fábrica de automóviles?
9. ¿Qué beneficios reciben ellos?
10. ¿Qué debe hacer el mecánico supervisor de fábrica?

II. En español, por favor

1. Machinery and tools included.
2. Open weekdays (workdays) from 9 A.M. to 6 P.M.
3. Appearances can be deceiving.
4. Ready for the manufacture of leather goods.
5. The owner has a mortgage.
6. We sell floor samples, discontinued styles, and canceled orders.
7. Limited time and limited stock.
8. We need workers for the assembly line.
9. We need specialists in body, transmission, and motor work.
10. The mechanic must take charge of machine maintenance in our workshop, including lubrication, gear adjustment, and fixing parts.

Cartas comerciales

LA ELÉCTRICA

CENTRO DE DISTRIBUCIÓN

48-10 Industry Road
San Isidro, New Mexico 87100

30 de mayo de 1988

Sr. Jesús Ortiz, Gerente
Almacenes La Victoria
890 Liberty Street
Newark, New Jersey 07100

Estimado señor Ortiz:

Sentimos mucho la tardanza en mandarle el pedido #224, fechado el 12 de marzo.

Como usted seguramente sabrá por los periódicos, hay una huelga en la fábrica de embalaje. Esto hace imposible para nosotros embalar adecuadamente nuestros ventiladores. Como no queríamos arriesgar la mercancía con embalaje inadecuado o de mala calidad, decidimos demorar los pedidos.

Nos apena mucho saber que usted está sufriendo a causa de esta situación. Nosotros también tuvimos y estamos teniendo pérdidas al no poder enviar nuestros ventiladores a nuestros clientes, especialmente ahora que se aproxima el verano y son artículos propios de la estación.

Le rogamos que tenga un poco más de paciencia, ya que nos aseguran que la huelga está en vías de acabarse. En seguida que esto suceda, su pedido será atendido con prioridad.

Le agradecemos su cooperación y su paciencia, y lamentamos mucho su pérdida y molestia.

Atentamente,

Alberto S. Marín

Alberto S. Marín
Gerente de Empaques

---

tardanza *delay*	**propio** *suitable*	**en seguida** *right away, immediately*
ventilador *electric fan*	**molestia** *inconvenience*	**en vías de acabarse** *about to end*
verano *summer*		

CERVERA Y CIA.
Distribuidores de Comestibles
16-18 Second Avenue
Santa Clara, California 95000

12 de octubre de 1988

La Paz Bienes Raíces
170 W. 23rd Street
San Rafael, California 94900

Señores:

   .La presente es en respuesta a su anuncio que apareció en <u>El Día</u>
el 10 de octubre. Me interesa un almacén como el que usted alquila
(de 6,000 pies cuadrados de capacidad), pero como yo deseo almacenar
comestibles, deseo saber si tiene refrigeradores y qué capacidad tienen
éstos. También necesito saber si hacen un precio especial por pago
por adelantado y si es necesario hacer un contrato por un año.

   Por favor, sírvase mandarme esta información a vuelta de correo, ya que me urge transportar la mercancía inmediatamente para
empezar mi negocio en seguida en San Rafael donde ya tengo varios
presuntos clientes.

Atentamente,

Julio Cervera

Julio Cervera

---

presunto   *prospective*

Ejercicios

I. Preguntas

1. ¿Cuál es el propósito de la carta del señor Marín?
2. ¿Por qué está retrasado el pedido?
3. ¿Por qué va a perder dinero el señor Nieves?
4. ¿Qué desea saber el señor Cervera?
5. ¿Por qué tiene prisa?

II. Composición

1. Ud. ya leyó la carta de La Eléctrica. Escriba Ud. ahora la carta que el señor Nieves le escribió antes a la fábrica quejándose porque no le enviaron el pedido de ventiladores.
2. Conteste Ud. la carta de Julio Cervera.

Expresión libre

I. Continúe Ud., por favor. Complete cada oración de una manera original. Después prepare otra sobre el mismo tema.

1. El fabricante manufactura . . .
2. Cuando los obreros . . .
3. En una fábrica . . .
4. Todos los empleados de la fábrica reciben . . .
5. El almacén tiene . . .
6. A veces el capataz . . .
7. Nuestro producto es . . .
8. La mano de obra . . .

II. Preguntas y situaciones

1. En una reunión en la cual se discute la posibilidad de una huelga, primero hable Ud. con el (la) representante de los obreros y aconséjele (*advise him/her*); después hable con el (la) representante del fabricante y aconséjele.
2. ¿Qué le dice Ud. a un(a) fabricante que desea fabricar un producto que no es beneficioso para la humanidad?

III. Composición oral y escrita

1. Escriba varios párrafos en los cuales Ud. explica por qué ciertos artículos o productos no deben ser manufacturados.
2. Explique cómo cree Ud. que es la vida de un(a) empleado(a) de un almacén. Explique también cómo debe de ser la vida de un(a) obrero(a) en una fábrica.

el almacén; el almacenamiento	*warehouse; storage*
el barril	*barrel, cask*
la caja	*box, crate*
el cajón	*box, case, carton*
el camión	*truck*
el capataz (la capataz)	*foreman*
la carga	*cargo, load*
el cargamento	*cargo, shipment*
el embalaje	*packing*
la energía	*energy, power*
el engranaje	*gear adjustment*
el engrase	*lubrication, oiling, greasing*
el envase	*container*
la fábrica, la factoría	*factory*
la fabricación	*fabrication, construction, building, manufacturing*
el fabricante (la fabricante)	*factory owner, maker, manufacturer*
el flete por toneladas	*freight per ton*
frágil	*fragile*
los gastos de almacenaje	*warehousing charges*
los gastos de manipulación (de manejo)	*handling charges*
los gastos de transporte	*transportation costs*
los géneros	*goods*
hacia arriba; hacia abajo	*up; down*
la herramienta	*tool*
la huelga	*strike*
el ingeniero (la ingeniera)	*engineer*
la lata	*can*
la línea de montaje	*assembly line*
la mano de obra	*labor, labor force, workmanship*
la mano de obra disponible	*available manpower*
la mano de obra especializada	*skilled labor*
el mantenimiento	*maintenance*
la manufactura	*manufacturing, manufactured article*
la máquina; la maquinaria	*machine; machinery*
la marca de fábrica	*trademark, brand*
la materia; la materia prima	*matter; raw material*
el material	*material*
la muestra; el muestrario	*sample; sampler*
el obrero (la obrera)	*worker*
el peso	*weight*
el presupuesto	*budget*

las propiedades	*characteristics*
el recipiente	*container*
el rótulo; la etiqueta	*label; tag*
el saco	*bag, sack*
la soga, cuerda	*rope*
el suministrador (la suministradora)	*supplier*
el surtido, abastecimiento, los pertrechos	*supply, stock*
el taller	*workshop*
la tonelada; el tonelaje	*ton; tonnage*
la tuerca y el tornillo	*nut and screw*

8

La bolsa

The stock market

Diálogo

¿Rico o pobre?

INVERSIONISTA: ¡Qué suerte! ¡Soy rico! ¡Soy millonario! Mis **acciones** de la IBM suben tanto que llegan al cielo. Voy a hacer un viaje por todo el mundo, voy a comprar un Mercedes Benz y una casa de playa en el sur de España.   *stocks*

CORREDORA: Espere un momentito. El boletín oficial de cotización muestra una oscilación en el precio de la IBM. Acaba de bajar 20 puntos y continúa bajando.

INVERSIONISTA: ¡Dios mío! Estoy arruinado. Mis inversiones me han arruinado. Tendré que vender mi casa y hasta mi ropa para poder vivir. ¡Voy a tener que **pedir limosna** por las calles! ¡Ay, Virgen del   *to beg* Pilar, ayúdame!

CORREDORA: Espere. La IBM sube de nuevo. Vamos a ver qué sucede. Pero, ¿qué hace Ud.? ¿Se marcha?

INVERSIONISTA: Esta oscilación de precios me ataca los nervios. No puedo aguantar las pulsaciones o **altibajos** del mercado. Cuando llegue el precio de la   *ups and downs*

IBM al precio de compra, venda todas mis acciones.
En el futuro voy a leer las **tiras cómicas** en vez de la   *comic strips*
revista mercantil.
CORREDORA: ¡Pero qué manera de ganarse el pan!

Ejercicios

I. ¿Cierto o falso? Listen carefully to each statement. Then respond **cierto** or **falso** according to the dialog. Correct the false statements.

1. El inversionista piensa viajar y comprar un coche de lujo cuando sus acciones suben de precio.
2. El boletín oficial de cotización muestra una oscilación en el precio de las acciones.
3. El boletín oficial muestra que sus acciones acaban de subir 20 puntos y que siguen subiendo.
4. El inversionista va a comprar más acciones.
5. Al final el inversionista y la corredora están contentos con el negocio.

II. Preguntas

1. ¿Por qué está contento el inversionista al principio (*at the beginning*)?
2. ¿Por qué se pone nervioso el inversionista?
3. ¿Qué decide hacer el inversionista?
4. ¿Qué hace la corredora?
5. ¿Cree Ud. que una persona nerviosa debe invertir su dinero en acciones?

Terminología comercial

1. **Acción**   Cada una de las partes iguales de una compañía o negocio (sociedad anónima, S.A.) que se compran o venden, y cuya ganancia (si la hay) se llama **dividendo.**
2. **Acciones ordinarias**   Representan derechos de propiedad en una corporación y tienen derecho a las ganancias de la compañía después del pago del dividendo de las acciones preferidas.
3. **Acciones preferidas**   Como las acciones ordinarias, representan derechos de propiedad en una corporación, pero las preferidas tienen derecho a las ganancias de la compañía antes de pagarse dividendos a las acciones ordinarias. (Sin embargo, las acciones preferidas generalmente tienen este derecho sobre una cantidad limitada de las ganancias.)

4. **Acciones listadas y las acciones no listadas**   Una acción listada es una que se vende y compra en una bolsa de valores tal como la de Nueva York. Las acciones no listadas se compran y venden fuera de la bolsa por corredores que muchas veces compran o venden por su propia cuenta (*"over the counter"*).

5. **Accionista**   Poseedor(a) de una o más acciones de una sociedad anónima, y que es, por lo tanto, socio(a) de la compañía.

6. **Alzas y bajas en el mercado**   Períodos de tiempo cuando el precio de las acciones en el mercado es alto y cuando el precio de las acciones en el mercado es bajo (*"bull" and "bear" market*).

7. **La bolsa**   Lugar donde se lleva a cabo (se efectúa) la compra y venta de acciones, bonos y otros valores.

8. **Bonos**   Básicamente vales o pagarés de una corporación o de una entidad gubernamental que promete pagar al tenedor una cantidad específica (como interés) por un tiempo especificado (generalmente más de un año), y reembolsar el préstamo en la fecha de expiración.

9. **Corretaje (comisión)**   La cantidad que reciben los corredores (bolsistas) por su trabajo.

10. **Cotizar**   Asignar el precio (de un valor en la bolsa, de un artículo en el mercado).

11. **Dividendo**   Ganancia de una compañía que se reparte entre los accionistas. La ganancia se divide en partes iguales que se asignan a cada acción.

12. **División de acciones**   La subdivisión de las acciones emitidas de una corporación en un número mayor de acciones. Una compañía divide sus acciones para aumentar su cantidad en el mercado de valores y reducir así el precio nominal de las acciones, haciéndolas, de este modo, más negociables y más accesibles a mayor número de personas.

13. **Índice Dow Jones**   Lista de precios de las acciones negociadas en la bolsa. Muestra el precio más alto y el más bajo que en determinado día se vende y compra cada una de las acciones en el mercado.

14. **Opciones**   Derechos para comprar o para vender una cantidad fija de una acción determinada a un precio determinado durante un período de tiempo limitado.

15. **Maniobras de bolsa (juegos de bolsa)**   Operaciones que hacen los especuladores con la intención de aumentar o disminuir en su favor el precio de los valores.

16. **Boletín de cotización**   Pantalla donde aparecen las últimas cotizaciones de las acciones. Hay uno en cada firma de corretaje.

Ejercicios

I. **¿Cierto o falso?** Listen carefully to each statement. Then respond **cierto** or **falso** depending on whether it is true or false. Correct the false statements.

1. Corretaje es la persona que compra y vende acciones para un inversionista.

2. Cada una de las partes iguales de una compañía es una acción.
3. La bolsa es un lugar donde las acciones cambian de dueño.
4. Cotizar es asignar un precio.
5. Las acciones preferidas se compran y venden fuera de la bolsa (*"over the counter"*).
6. Un dividendo es la subdivisión de las acciones de una corporación en un número mayor de acciones, para hacerlas más negociables y accesibles.
7. Los bonos son pagarés de una corporación que promete pagar al tenedor una cantidad de dinero (con interés) al cabo de un tiempo especificado.

II. La bolsa. Complete each sentence with an appropriate business term.

1. El accionista recibe . . . como ganancia.
2. El accionista es . . . de la compañía.
3. En la bolsa de valores se compran y venden . . . , . . . y . . . .
4. El . . . es una lista de precios de las acciones negociables en la bolsa.
5. *Bull market* es . . . .
6. La expresión en inglés que significa bajas en el mercado es . . . .
7. Los . . . reciben el corretaje por sus servicios.
8. Los especuladores hacen . . . para alterar a su favor el precio de los valores.

Frases y expresiones

1. Verificar el precio de las acciones.
   To check the price of the stocks.
2. Jugar a la bolsa.
   To trade in the stock market.
3. Comprar las acciones con opción.
   To buy shares of stock at option.
4. Vender las acciones a precio de compra.
   To sell shares of stock at the purchase price.
5. Subir tres puntos desde el cierre de ayer.
   To go up three points since yesterday's closing.
6. Bajar cinco puntos.
   To decline (in value) five points.
7. Invertir en valores de primera categoría.
   To invest in "blue chip" stocks.
8. Tratar de dominar el mercado.
   To try to dominate the market.
9. Realizar una ganancia.
   To make a profit.
10. Pagar la comisión del bolsista.
    To pay the stockbroker's fee.

11. Mirar el boletín oficial de cotización.
    To look at the "Big Board."
12. Alterar las cotizaciones de forma ficticia.
    To rig the market.
13. Perseguir las acciones.
    To chase stocks (to follow the stock market).
14. Especular en metales preciosos.
    To speculate in precious metals.
15. Predecir los altibajos (las alzas) (las bajas) en el mercado.
    To predict the ups and downs in the market (bull market) (bear market).
16. Alcanzar la cotización de compra.
    To break even.
17. Averiguar la condición financiera de una compañía.
    To ascertain the financial condition of a company.
18. Fluctuar según la demanda y la oferta.
    To fluctuate according to supply and demand.
19. Ir al puesto de contratación.
    To go to the trading post.

Ejercicios

I. Para completar. Supply a logical word or phrase to complete each sentence.

1. El inversionista compra y vende acciones con . . . .
2. El señor Quevedo realizó la . . . que esperaba.
3. Los inversionistas invirtieron millones de dólares en valores de . . . .
4. El experto en la bolsa no podía predecir los . . . del mercado.
5. Los adinerados especulan en . . . .

II. Formas verbales. Complete each sentence with a correct form of the verb in parentheses.

1. (subir) Las acciones de la General Motors . . . tres puntos desde el cierre de ayer.
2. (bajar) El periódico de hoy dice que las acciones de la General Electric . . . .
3. (invertir) El inversionista quiere . . . en valores de primera categoría.
4. (declinar) Ayer el dólar y el oro . . . en los mercados extranjeros.
5. (vender) El inversionista y yo . . . nuestras acciones de IBM hace mucho tiempo.
6. (fluctuar) El precio de las acciones hoy, como todos los días . . . según la demanda y la oferta.
7. (predecir) Los expertos . . . los altibajos de las compañías petroleras.

8. (verificar) Yo . . . el precio de las acciones de Sears en el boletín de cotización.
9. (pagar) Los inversionistas . . . la comisión al bolsista.
10. (perseguir) El corredor astuto . . . las acciones que prometen ganancias.

III. En español, por favor

1. The broker buys and sells shares of stock for her clients.
2. The investors used to invest in common stock, but now they invest in bonds.
3. They invested a million dollars in "blue chip" stock.
4. My shares went up five points since yesterday's closing.
5. My stock went up steadily since I bought it.
6. Mr. Rivas' shares decreased in value when he tried to sell them.
7. These shares declined while those in your portfolio increased in price (value).
8. The expert predicted that the price of stock is going to decrease.
9. The price of stock fluctuates according to supply and demand.
10. The investors were interested in the financial condition of the company.
11. Do you want to speculate in precious metals?
12. They can't try to monopolize (**monopolizar**) the stock because it's against the law.

Repaso de gramática

The past participle

A. A past participle (for example, *talked, spoken, gone, eaten*) is a verbal form that is used, together with an auxiliary, to form perfect tenses (as in *he has written the report*).

B. In Spanish, regular past participles are formed by dropping the verb ending of the infinitive of **-ar** verbs and adding **-ado** and by dropping the verb ending of **-er** and **-ir** verbs and adding **-ido.**

-ar	comprar	**compr**	+	**ado**	=	comprado
	cerrar	**cerr**	+	**ado**	=	cerrado
	trabajar	**trabaj**	+	**ado**	=	trabajado
-er	vender	**vend**	+	**ido**	=	vendido
and	leer	**le**	+	**ido**	=	leído (note the accent mark)
-ir	poder	**pod**	+	**ido**	=	podido
	invertir	**invert**	+	**ido**	=	invertido
	salir	**sal**	+	**ido**	=	salido

C. Some verbs have irregular past participles.

escribir	escrito
decir (predecir)	dicho (predicho)
hacer	hecho
volver (devolver, envolver)	vuelto (devuelto, envuelto)
poner (componer)	puesto (compuesto)
cubrir (descubrir)	cubierto (descubierto)
morir	muerto
abrir	abierto
romper	roto
ver	visto

The perfect tenses (Compound tenses)

A. Present perfect tense

The present perfect is used to express past actions or conditions with implications for the present. In English, it is made up of an auxiliary (*have, has*) and the past participle: *have done, has seen*, etc.

In Spanish, the auxiliary verb is **haber**. To form the present perfect tense, use a present tense form of **haber** plus a past participle.

he invertido	hemos especulado
has vendido	
ha bajado	han alterado

(Yo) he vendido todas mis acciones.	*I've sold all my stock.*
El inversionista ha hecho un gran negocio.	*The investor has made a great business deal.*
Los accionistas han tenido ganancias este año.	*The shareholders have had profits this year.*

B. Pluperfect tense

The pluperfect is also a past tense. Use it to express an action that took place before another action also in the past. It is, therefore, "the past of the past."

The broker had sold my shares when I called him. (*Had sold* occurred before *called* and is therefore the past of the past.)

The imperfect of **haber** is the auxiliary used in forming the pluperfect. It is also followed by the past participle.

había alcanzado	habíamos realizado
habías averiguado	
había predicho	habían puesto

El corredor había vendido mis acciones cuando lo llamé.

The broker had sold my shares when I called him.

Las acciones no habían subido cuando yo compré las mías.

The shares (of the stock) hadn't gone up when I bought mine.

Past participles can also be used as adjectives. Remember: an adjective varies according to the gender and number of the noun it modifies.

La bolsa de valores está **abierta** hasta las seis.
Las puertas están **abiertas** hasta las seis.
El puesto de contratación está **abierto**.
Los puestos están **abiertos**.

Demonstratives

A. Demonstrative adjectives

Singular
este, esta *this*
este corredor, esta acción

ese, esa *that*
ese corredor, esa acción

aquel, aquella *that*
(far away in location or time)
aquel corredor, aquella acción

Plural
estos, estas *these*
estos corredores, estas acciones

esos, esas *those*
esos corredores, esas acciones

aquellos, aquellas *those*
(far away in location or time)
aquellos corredores, aquellas acciones

Estas acciones son mejores que esas acciones.

These shares of stock are better than those shares.

Este corredor es más astuto que aquel corredor.

This broker is more astute than that broker.

B. Demonstrative pronouns

The same forms of demonstrative adjectives are used as pronouns by eliminating the noun they modify (they must then be written with an accent mark). They reflect the gender and number of the nouns they replace.

Éstas son mejores que ésas.
Éste es más trabajador que aquél.

These are better than those.
This one is more industrious than that one.

Spanish has three neuter pronouns, **esto**, **eso**, and **aquello**, that refer to complete ideas or previous statements.

Debemos discutir eso antes de vender la mercancía.

We should discuss that before selling the merchandise.

Capítulo 8

Ejercicios

I. El pretérito perfecto. Complete each sentence with the correct present-perfect form of the verb in parentheses.

1. (bajar)   Las acciones . . . últimamente.
2. (subir)   El dólar . . . en los mercados europeos.
3. (leer)   Yo no . . . las últimas cotizaciones.
4. (trabajar)   Los empleados de la bolsa . . . hasta muy tarde hoy.
5. (llegar)   El corredor no . . . al puesto de contratación.
6. (hacer)   Los inversionistas no . . . una decisión todavía.
7. (decir)   El experto me . . . que va a haber alzas en el mercado de valores.

II. El pluscuamperfecto. Complete each sentence with the correct pluperfect form of the verb in parentheses.

1. (escribir)   Yo le . . . al corredor antes de recibir tu llamada.
2. (cerrar)   El empleado de la bolsa . . . el puesto de contratación cuando llegó el corredor.
3. (abrir)   Los empleados de la bolsa no . . . sus puertas cuando llegué.
4. (invertir)   El negociante ya . . . su dinero en bonos cuando le ofrecí mis acciones.
5. (poner)   Los inversionistas y yo . . . todo nuestro dinero en acciones de primera categoría cuando nos ofrecieron los bonos.

III. Formas verbales. Complete each sentence with the correct form of the present perfect or pluperfect tense.

1. (leer)   Todavía yo no . . . las últimas cotizaciones de la bolsa de valores.
2. (hablar)   El espectador ya . . . con los corredores cuando llegó la noticia.
3. (trabajar)   Los empleados de la bolsa . . . mucho hoy.
4. (salir)   La corredora . . . de su casilla al puesto de contratación cuando la llamé.
5. (comprar)   Los inversionistas y yo . . . unas acciones muy valiosas, pero queremos venderlas pronto.
6. (vender)   El bolsista . . . millones de acciones desde el cierre de ayer.
7. (subir)   Estas acciones . . . cinco puntos desde el cierre de ayer.

IV. En español, por favor

1. The brokers work in those booths, but they buy and sell shares in the trading posts.
2. These shares have gone up three points since yesterday's closing, but those have gone down (decreased).
3. This stockbroker is very competent, and that one is competent, too.

4. The investors had bought all the "blue-chip" stocks available on the market when I decided to buy them.
5. The doors of the booth are open and the trading post is open.
6. These shares are better than those.

Nota cultural

The lottery

"¡El gordo! ¡El premio gordo!" Spanish-American street urchins shout as they peddle lottery tickets, seen by many poverty-stricken people as a way to leave the ranks of the downtrodden.

In most countries of Spanish America, the lottery has long been a part of life. In the early 1980s, lotteries became a passion in the United States as well, where many people spend ten, twenty, or even a hundred dollars a week on tickets. In Spanish America, however, poor people usually buy a fraction of a ticket (**un pedacito** or **un décimo**), since a complete ticket would take too much of their meager earnings. They dream of **el premio gordo**, the grand prize. The sum is worth more than it would be in the United States because the winnings are tax free.

Money from the sale of lottery tickets is used by Latin American governments to support hospitals and education. However, the charge is frequently heard that a hefty percentage of lottery revenue finds its way into the pockets of unscrupulous politicians.

Anuncios

HAGA LA JUGADA GANADORA

CONSULTE CON
C.D. BOND & CÍA.
corredores de bolsa

Nuestros expertos harán muchas otras jugadas ganadoras para usted

50 años de experiencia a su disposición

Tenemos la confianza de miles de inversionistas satisfechos

Consúltenos sin obligación ninguna
Llame hoy al 212–321–6776

jugada   *move* (in a game, like in chess)
ganadora   *winning, winner*

---

ingreso neto   *net income*

---

tocante a   *concerning*

realizar   *to carry out*   **logro**   *achievement*
gráfica   *chart*   **extranjero**   *abroad*
trimestre   *quarter (of the year)*

Capítulo 8

Ejercicios _____

I. Preguntas

1. Si Ud. tiene dinero para invertir en acciones, ¿a qué firma de corredores se debe dirigir Ud., a C.D. Bond o a Carlos Becerra?
2. ¿Cuáles son las diferencias y semejanzas entre Carlos Becerra y Robinson y Flores?
3. ¿Cree Ud. que es buena idea invertir en la Sociedad Anónima FLUX? Explique por qué.
4. ¿Quiere Ud. conocer a APPCO? ¿Por qué?
5. ¿Cuánto aumentó cada acción de APPCO en seis meses?
6. FLUX manufactura productos químicos y APPCO, papel y plásticos. A juzgar por *(judging by)* los productos, ¿cuál de las dos compañías tiene un futuro mejor? Explique por qué.
7. ¿Para quién es muy valiosa la revista *El inversionista de hoy?*

II. En español, por favor

1. Make the winning move.
2. We have the trust of thousands of satisfied investors.
3. You can save up to 50%.
4. We buy and sell shares for you for a modest fee (commission).
5. Lower the cost of buying and selling stock.
6. We originated the concept of discount brokerage.
7. Transactions made and completed instantly.
8. The story of our achievements is in the chart.
9. They plan to manufacture new products, open new plants abroad, and increase the dividends per share.
10. The magazine informs you about all the shares that interest you (or may interest you).

III. Composición

1. Escriba Ud. un anuncio para una compañía que desea anunciar sus logros y el aumento del valor de sus acciones.
2. Escriba Ud. un anuncio para una firma de corredores de bolsa.
3. ¿Cuál de los anuncios le parece el más efectivo? ¿Por qué?

PAREDES, GÓMEZ, ROGERS Y SOLER
Corredores de Bolsa

89 Court Street
New York, New York 10000

25 de julio de 1988

Estimado cliente:

Como usted es un cliente muy apreciado de nuestra firma, nos es muy grato informarle que desde este momento contamos con una nueva socia que está ansiosa de servirle y ayudarle con sus inversiones. La señora Margarita J. Soler llega a nosotros con 20 años de experiencia en la compra y venta de valores en esta ciudad. Sus conocimientos y experiencia están a su servicio y le pueden servir para aumentar sus ganancias este año. Por ejemplo, la señora Soler, experta en impuestos y leyes, le puede informar cómo la nueva ley de impuestos de 1986 le puede beneficiar a usted, el inversionista. No desperdicie esta oportunidad. Llame para una consulta.

Atentamente,

Antonio Paredes
Presidente

---

desperdiciar   *to waste*

KEMCO

PRODUCTOS FARMACÉUTICOS

El Libertador, 87
Caracas, Venezuela 1010

3 de octubre de 1988

Estimado socio:

La presente tiene por objeto anunciarle que la asamblea general de accionistas, que tuvo lugar el 15 de septiembre del presente año, decretó un dividendo de 60 bolívares por acción, para ser pagado el próximo mes. La asamblea también acordó reunirse de nuevo el 22 de noviembre a las 5:00 de la tarde, en la sala de actos de nuestro edificio principal, para elegir la nueva directiva de la compañía.

Esperamos su cooperación y asistencia a esta importantísima reunión.

Atentamente,

Manuel Dávalos
Secretario

P.D. Si le es imposible asistir a la asamblea, llame cuanto antes al 312-6765 y le enviaremos la papeleta para votar por correo.

---

asamblea *gathering, meeting*
elegir *to elect*
asistencia *attendance*
asistir *to attend*
papeleta *ballot*

Ejercicios

I. Preguntas

1. ¿Cuál es el objeto de la carta del señor Paredes?
2. ¿Quién es Margarita J. Soler?
3. ¿De qué manera puede ella ayudar al cliente? Diga una manera específica.
4. ¿Cuáles son los propósitos de la carta del señor Dávalos?
5. ¿Qué propone Dávalos al accionista que va a estar ausente a la reunión?

II. En español, por favor

1. The general meeting of shareholders was held on October 3.
2. The dividend is to be paid next month.
3. The shareholders agreed to meet again on November 15.
4. If it's impossible to attend the meeting, we can mail you the ballot.
5. I'm very happy to inform you that we have a new partner in our firm.
6. Her expertise (knowledge and experience) are at your service.
7. She can tell you how the new law can benefit you.

III. Composición

1. Escríbale Ud. una carta a la señora Soler solicitando sus servicios (para compra o venta de acciones o para preguntarle cómo la nueva ley de impuestos le puede beneficiar a Ud.).
2. Escríbale Ud. una carta al señor Dávalos diciendo que se alegra de recibir dividendos, pero que no puede asistir a la próxima reunión.

Expresión libre

I. Continúe Ud., por favor. Complete cada oración de una manera original. Entonces prepare otra sobre el mismo tema.

1. En la bolsa de valores se llevan a cabo . . .
2. Los corredores de bolsa están . . .
3. Las acciones suben . . .
4. Las acciones bajan . . .
5. Cuando el dólar . . .
6. Los inversionistas hacen . . .
7. Hay ganancias cuando . . . , pérdidas cuando . . .
8. Las últimas cotizaciones indican . . .
9. He invertido mucho dinero en . . .
10. Desde el cierre de ayer . . .

II. Situaciones

1. Ud. tiene acciones en una compañía que no declara dividendos. Ud. quiere venderlas. Su corredor le aconseja no vender. Escriba un pequeño diálogo ilustrando la situación y dé una solución al debate.
2. Ud. aconseja a un(a) amigo(a) sobre corredores de bolsa. Él/Ella no sabe si solicitar los servicios de una firma corriente o de una firma de corretaje o comisión mínima. Aconséjele y entonces diga qué decide hacer.

III. Composición oral y escrita

Mire Ud. la caricatura. ¿Qué quiere decir? Explique en pocas palabras. También puede usar la caricatura como punto de partida para escribir sobre las alzas y bajas (*"bull" and "bear"*) en el mercado de valores.

Vocabulario básico

la acción	share
las acciones	shares, stock
las acciones comunes (ordinarias)	common stock
las acciones preferidas (de prioridad)	preferred stock
el (la) accionista	shareholder
los altibajos	ups and downs of stock prices
el alza en las cotizaciones	rise (in price)
el aumento	increase
la baja en las cotizaciones	drop (in price)
el boletín oficial de cotización	"Big Board"
la bolsa (la bolsa de valores, mercado de valores)	stock market (exchange)
la bolsa de mercancías	commodities, stock market
el capital comercial	stock
los capitales	capital assets
la cartera (carpeta o portapliegos)	portfolio
la casilla del corredor	trading booth
el comercio (de acciones)	trading
la compra de acciones	purchase of shares
el (la) corredor(a) de bolsa (bursátil), agente de bolsa, bolsista	stockbroker
la cotización (en bolsa)	market price, value, quotation
la cotización a la apertura	opening price
la cotización al cierre	closing price
los dividendos	dividends
los efectos públicos	public utilities
la emisión de acciones	issuance of shares
la especulación; especular	speculation; to speculate
el fondo de inversión	mutual fund
la ganancia	earnings
el índice Dow Jones	Dow Jones index
los industriales	industrial stock
la inversión	investment
el (la) inversionista	investor
la junta directiva	board of directors
las maniobras bursátiles	exchange manipulations
el mercado financiero	money market
el mercado sin cotización	over-the-counter market
la opción	option
las operaciones de bolsa	stock-exchange transactions
la papeleta	ballot
el puesto de contratación	trading post
las pulsaciones del mercado	the ups (rise) and downs (fall) of the market (stock prices)

los puntos	*points*
la reducción	*decrease*
la revista mercantil	*stock report*
el riesgo	*risk*
la sociedad anónima (S.A.)	*corporation (Inc.)*
el socio (la socia)	*partner*
el título de acciones	*stock certificate*
el tono (ritmo) del mercado de valores	*trend (tone) of the market*
las transacciones	*volume, transactions*
el valor	*value, worth, amount, price*
los valores	*securities, stocks, bonds*
los valores de primera categoría	*"blue chip" stocks*
los valores ordinarios (corrientes)	*common stock*
la venta de acciones	*sale of shares*

Prueba

I. Vocabulary quiz

    A. Give the Spanish equivalent.

        1. insurance policy
        2. payments
        3. interest
        4. losses
        5. down payment

        6. price
        7. goods, merchandise
        8. tax
        9. volume
      10. earnings

    B. Give the English equivalent.

        1. fabricante
        2. surtido
        3. recibo
        4. cotización
        5. trueque

        6. gastos
        7. cargamento
        8. taller
        9. presupuesto
      10. socio

    C. Match the synonyms.

        1. rótulo
        2. precio
        3. fuego
        4. dependiente
        5. cuenta
        6. rebaja
        7. demora
        8. exhibición
        9. vitrina
      10. comestibles

        a) escaparate
        b) alimentos
        c) empleado
        d) retraso
        e) incendio
        f) factura
        g) despliegue
        h) etiqueta
        i) costo
        j) descuento
        k) dividendos

D. Match the antonyms.

1. detallista
2. ganancia
3. reducción
4. cierre
5. alza
6. demanda
7. compras

a) ventas
b) baja
c) apertura
d) oferta
e) aumento
f) pérdida
g) mayorista
h) beneficiario

II. Supply an appropriate business term.

1. La . . . es el documento o contrato que indica los términos o condiciones del seguro.
2. La . . . es la cantidad de dinero que cobra el asegurador por el seguro.
3. Una transacción comercial es un . . . .
4. El conjunto de artículos que se venden en una tienda es la . . . .
5. El comerciante que vende al consumidor en una tienda vende . . . .
6. . . . es discutir o debatir entre el comprador y el vendedor por el precio de un artículo.
7. La . . . es la materia sin procesar que se usa en la manufactura de un producto.
8. El conjunto de máquinas usadas para un fin determinado es la . . . .
9. Cada una de las partes iguales de una compañía o negocio es . . . .
10. . . . es asignar un precio.

III. Complete each sentence with the correct form of the verb in parentheses. Be sure to use the appropriate tense.

1. (recibir) Los clientes . . . la mercancía equivocada, por eso la van a devolver.
2. (envolver) El dependiente . . . los paquetes esta mañana.
3. (pedir) Yo siempre . . . rebajas cuando compro en tiendas pequeñas.
4. (poner) Antes de enviarlas a los clientes, ¿ . . . el obrero los rótulos en las cajas?
5. (pagar) Yo . . . la prima de mi seguro de vida hace unos días.
6. (hacer) Nosotros . . . el pedido hace varias semanas.
7. (ver) El fabricante todavía no . . . el producto terminado.
8. (caducar) Su póliza de seguros . . . hace un mes.
9. (tener) Cada vez que él . . . un accidente, llamaba a su agente de seguros.
10. (subir) Las acciones que me interesan . . . desde el cierre de ayer.

IV. Give the Spanish equivalent.

1. They're going to cancel his policy because he didn't pay the premium on time.
2. Torrential rains cause additional problems in New York.
3. We protect your possessions.
4. I bought my furniture from a wholesaler and paid the wholesale price.
5. The owner of the store had some losses, but he's going to lower the price of the merchandise anyway (**de todos modos**).
6. The businessman needs money, that's why (**por eso**) he's giving discounts to those who pay cash.
7. They delivered the order on time because I had spoken to the wholesaler.
8. The foreman was unable to obtain skilled labor to complete the job.
9. The retailer hadn't returned the merchandise when he received the bill.
10. The wholesaler wanted to store the cans in our warehouse for two weeks.
11. The warehouse owner used to charge by tonnage, but now he charges a fixed price.
12. These investors have bought all the "blue chip" stocks available and now are trying to dominate the market.
13. My stock has gone up three points since yesterday's closing.
14. My shares in APPCO hadn't gone up when I sold them.
15. The stockbroker had predicted that those shares were going to increase in value.

V. Answer the following questions.

1. ¿Qué seguros debemos comprar?
2. ¿Qué información debe aparecer en la póliza de seguros?
3. ¿Cuál es la diferencia entre vender al por mayor y vender al por menor?
4. ¿Por qué hay diferencias entre el precio al por mayor y el precio al por menor?
5. ¿Qué información debe aparecer en una carta de queja (o reclamo) porque el pedido no ha llegado a tiempo?
6. ¿Por qué es mejor comprar acciones preferidas que acciones ordinarias?
7. ¿Por qué es importante el boletín de cotización?

9

La finca

The farm

Lectura

La agricultura, la tierra y el agricultor

La agricultura transformó la historia y el destino de la humanidad. Ha sido la revolución más radical que ha sostenido el ser humano. El desarrollo de la agricultura convirtió al hombre nómada a vivir una vida sedentaria, dedicado al cultivo de la tierra y a la explotación de sus recursos. El hombre pasó de semi-animal a **ser social**. Por eso, la tierra nos inspira un amor tan intenso, primitivo, hermoso y sutil, a la vez que nos convierte a todos en poetas o artistas.

social being

Aun la inhospitalaria tierra castellana inspira amor patrio y orgullo nacional, como vemos a continuación.

. . .

¡Campillo amarillento,
como tosco sayal de campesina,
pradera de velludo polvoriento
donde pace la escuálida merina!

Yellowish fields,
like tough country woolcloth,
dusty meadow
where the skinny sheep graze.

. . .

Y otra vez roca y roca, pedregales
desnudos y pelados serrijones,
la tierra de las águilas caudales,
malezas y jarales,
hierbas monteses, zarzas y cambrones.

¡Oh tierra ingrata y fuerte, tierra mía!

. . .

Rock and more rock,
stony ground and bare mountains,
land of the royal eagle,
weeds, brambles,
and so forth.

Oh, strong and ungrateful land, my land!

(Selección de «Orillas del Duero» de Antonio Machado)

El ciego sol, la sed y la fatiga,
por la terrible estepa castellana,
al destierro, con doce de los suyos
—polvo, sudor y hierro—, el Cid
cabalga.

Blinding sun, thirst, fatigue,
through the terrible Castilian plain,
to exile, with twelve of his men
—dust, sweat and iron—the Cid gallops.

(Selección de «Castilla» de Manuel Machado)

La tierra, ya sea árida y dura como la castellana, o perennemente verde y fértil como la tropical, nos da el **sustento** y nos da **paz y sosiego**. Ella es la fuente del **bienestar** económico y espiritual del hombre. Es que «la tierra es sagrada», como nos dice el **personaje** principal del drama *La Carreta* del escritor puertorriqueño René Marqués. *sustenance   peace and tranquility / well-being / character*

El agricultor, el hombre que cultiva la tierra, tiene una ocupación hermosa, aunque no muy bien remunerada. Vida austera y **privaciones** es todo lo que puede esperar. Azorín, escritor español de la generación del '98, nos describe muy bien la **azarosa** vida del agricultor tradicional. *deprivations / unfortunate, unlucky*

La vida del pobre hombre es muy sencilla: se levanta antes de que el sol salga, se acuesta dos o tres horas después de su **puesta**. **En el entretanto**, él sale al campo, **labra**, **cava**, **poda** los árboles, **escarda**, **estercola** y **cosecha** . . . las hortalizas, **escarza** tres o cuatro **colmenas** que posee . . . La comida de este pobre hombre es muy **sobria**: come legumbres, patatas, **pan prieto**, **cebollas**, **ajos**, y alguna vez, dos o tres al año, carne . . . *sunset   in the meantime / tills, digs, prunes, weeds, fertilizes / harvests   removes honeycombs / from   hives / simple / dark bread, onions, garlic*

Las cosas de que habla son bastante vulgares: habla del tiempo, de la lluvia, de las **heladas**, de los **pedriscos** . . . *frosts / hailstorms*

Sus nociones políticas son vagas, imprecisas, ha oído decir alguna vez algo de los señores que gobiernan, pero él no sabe ni quiénes son ni qué es lo que

hacen. Su moral está reducida a no hacer **daño** a nadie   *harm*
y a trabajar todo lo que pueda.

(Selección de «España» de Azorín)

Ejercicios _____

I. ¿Cierto o falso? Escuche cada declaración y diga si es cierta o falsa. Corrija las declaraciones falsas.

1. Con la agricultura el hombre pasó a ser un semi-animal.
2. La tierra castellana es perennemente verde y fértil.
3. Azorín dice que la tierra es sagrada porque nos convierte a todos en poetas o artistas.
4. La tierra es la fuente del bienestar económico y espiritual del hombre.
5. El agricultor tradicional tiene una ocupación bien remunerada.
6. El agricultor se levanta temprano y trabaja mucho.

II. Preguntas

1. ¿Por qué ha sido importante el desarrollo de la agricultura?
2. Según los poemas, ¿cómo es la tierra castellana?
3. ¿Cuál es la diferencia entre la tierra castellana y la tierra tropical?
4. ¿Cómo es la vida del agricultor?
5. ¿En qué consiste la moral del agricultor?
6. ¿Por qué la tierra nos inspira sentimientos de amor?

III. En español, por favor

1. The sheep graze in the yellowish fields.
2. "El Cid" gallops to exile, with twelve of his men, across the Castilian plains.
3. The farmer's life is very simple: he gets up before sunrise and goes to bed a few hours after sunset.
4. The peasant's food is very simple: vegetables, potatoes, dark bread, onions, garlic, and meat two or three times a year.
5. The farmer's morality consists of not doing any harm to anyone and working hard.

Terminología comercial _____

1. **Agricultura**   El oficio de cultivar la tierra.
2. **Agricultor(a)**   Persona que tiene por oficio cultivar la tierra.

3. **Tierra laborable**   La parte superior de un terreno, donde se puede cultivar y donde las plantas tienen principalmente sus raíces.
4. **Abono**   Substancia orgánica o inorgánica que se añade a la tierra para fertilizarla.
5. **Estiércol**   Substancia orgánica que se añade a la tierra para fertilizarla.
6. **Siembra**   Acto de enterrar la semilla en el terreno que se ha preparado o acondicionado para recibirla.
7. **Prado**   Tierra en la cual se deja crecer o se siembra el pasto de los ganados.
8. **Huerta**   Terreno destinado al cultivo de árboles frutales o vegetales.
9. **Ganado**   Conjunto de animales que se apacientan y andan juntas. También se aplica el término al ganado vacuno (vacas y bueyes).
10. **Ganadero(a)**   Dueño o persona que cuida ganado.
11. **Granero**   Sitio o lugar, que debe ser muy seco, donde se guarda el grano recogido.
12. **Silo**   Lugar para guardar el heno.
13. **Maquinaria agrícola**   Las máquinas y herramientas que se emplean en labores agrícolas.

la pala	*shovel*
la azada	*hoe*
el rastrillo	*rake*
la hoz	*scythe*
el arado	*plow*
la sembradora	*seeder*
el tractor	*tractor*

Ejercicios

I. **¿Cierto o falso?** Escuche cada declaración y diga si es cierta o falsa. Corrija las declaraciones falsas.

1. El ganado es un instrumento de labor agrícola.
2. El granero es un lugar o sitio donde se guardan los animales.
3. Mezclar la tierra con los abonos y las semillas y cosechar frutas son labores industriales.
4. La siembra es el acto de enterrar la semilla en la tierra.
5. El abono puede ser orgánico o inorgánico.
6. La huerta y la siembra son herramientas agrícolas.
7. Prado y pasto son la misma cosa.

II. **En la finca.** Complete cada oración con un término apropiado.

1. El oficio de cultivar la tierra es la . . . .
2. Las vacas y los bueyes son el . . . vacuno.
3. Guardamos el trigo en el . . . .

4. En el prado crece el . . . para el ganado.
5. El . . . tiene por oficio cultivar la tierra.
6. Algunas herramientas necesarias en las labores agrícolas son: . . . y . . . .

Frases y expresiones

1. Poner estiércol en el terreno.
   To put manure on the field.
2. Abonar el sembrado.
   To fertilize the seeded field.
3. Arar (cultivar) la tierra (el suelo).
   To plow (cultivate) the earth (the soil).
4. Necesitar peones para la cosecha.
   To need farmhands for the harvest.
5. Limpiar el establo (la lechería).
   To clean the stable (the dairy).
6. Ordeñar las vacas cada día.
   To milk the cows each day.
7. Obtener lana de las ovejas.
   To obtain wool from the sheep.
8. Dar de comer (dar el alimento) a los cerditos (pollitos).
   To feed the piglets (chicks).
9. Enganchar el caballo a una carreta para el trabajo.
   To hitch the horse to a cart for work.
10. Comprar un burro y dos bueyes para el arado.
    To buy a donkey and two oxen for the plowing.
11. Cuidar (atender) el ganado del rancho.
    To take care of the livestock on the ranch.
12. Sembrar las semillas (de maíz, de trigo, etc.).
    To plant the (corn, wheat, etc.) seeds.
13. Cortar la caña de azúcar (durante la zafra).
    To cut the sugar cane (during the sugar-harvest season).
14. Recoger la cosecha (de manzanas).
    To harvest the (apple) crop.
15. Producir aguacates sabrosos.
    To produce (grow) delicious avocados.
16. Hacer vino con las uvas durante la vendimia.
    To make wine with grapes during the grape harvest.
17. Escoger (secar) las mejores hojas de tabaco.
    To choose (dry) the best tobacco leaves.
18. Llevar los productos agrícolas (los huevos) al mercado.
    To take the produce (the eggs) to (the) market.
19. Vender trigo y maíz al gobierno.
    To sell wheat and corn to the government.

20. Recibir ayuda federal.
    To receive federal aid.
21. Arreglar (componer) el tractor.
    To fix the tractor.
22. Construir un granero y un silo.
    To construct a barn and a silo.
23. Criar el ganado vacuno.
    To raise beef cattle.
24. Poner huevos al amanecer.
    To lay eggs at dawn.
25. Llenar el silo con heno.
    To fill the silo with hay.
26. Hacer las faenas (tareas) del campo.
    To do the farm chores.
27. Llevar el ganado al matadero.
    To take the cattle to the slaughterhouse.
28. Necesitar acequias en tierras áridas.
    To need irrigation ditches on dry (arid) lands.

Ejercicios

I. **Para completar.** Complete las oraciones con un término apropiado.

   1. Obtenemos lana de . . . .
   2. Se hace . . . con uvas.
   3. Obtienen . . . de las ovejas.
   4. En la lechería . . . las vacas.
   5. Para obtener buenos cigarros se necesitan . . . .
   6. Se emplean peones para . . . .
   7. Hay que . . . la tierra para tener buenos productos agrícolas.
   8. Van a recoger . . . del gallinero (*chicken house*) para el desayuno.

II. **Formas verbales.** Complete las oraciones con una forma correcta de los verbos en paréntesis.

   1. (ordeñar)   Los peones . . . las vacas por la tarde.
   2. (hacer)   Nosotros . . . vino con las mejores uvas de la vendimia.
   3. (construir)   ¿ . . . (tú) un nuevo granero el año pasado?
   4. (recibir)   El agricultor . . . ayuda del gobierno porque no cultivó la mitad de su tierra.
   5. (cortar)   Los campesinos . . . la caña de azúcar para venderla a la central azucarera.
   6. (llenar)   Nosotros . . . el silo con heno el mes pasado.

7. (escoger) Tienen que . . . las mejores hojas de tabaco para hacer buenos cigarros.
8. (dar) Sus ovejas . . . la mejor lana del país.
9. (necesitar) ¿ . . . Ud. labradores para recoger el algodón?
10. (llevar) El agricultor . . . los productos agrícolas al mercado por la mañana temprano.
11. (vender) Los agricultores de esta región no . . . su trigo al gobierno.
12. (comprar) Yo . . . unos bueyes muy fuertes para arar la tierra.
13. (abonar) El labrador . . . el terreno después de sembrar las semillas.
14. (enganchar) Esta tarde (yo) . . . los caballos de trabajo a la carreta.

III. En español, por favor

1. The farmhands milked the cows before feeding the chickens.
2. The farmer had always sold his wheat to the government.
3. Who's feeding the animals today?
4. Did you plant corn or rice?
5. The fruit farmers of the region need many farmhands to pick the oranges because they had a good crop.
6. The Cuban workers have cut the sugar cane, but they haven't sold it yet.
7. Do they take the eggs to the market or do they sell them here on the farm?
8. Did you milk the cows? Did the chickens lay (any) eggs today?
9. The farmer received aid from the government because he didn't cultivate all his land.
10. It's time to take the cattle to the slaughterhouse.

Repaso de gramática

Shortened form of adjectives

Before a singular noun, **grande** becomes **gran**, but the plural remains **grandes**. **Bueno** and **malo** become **buen** and **mal** before masculine singular nouns.

Change of meaning in adjectives

Some adjectives change their meaning according to their position in the sentence.

1. **grande**
   El agricultor es un **hombre grande**. *The farmer is a big (size) man.*
   El agricultor es un **gran hombre**. *The farmer is a great man.*

2. **nuevo**
   Tenemos un **establo nuevo**. *We have a new stable (new, recently acquired).*

   Tenemos un **nuevo establo**. *We have another stable.*

3. pobre

El labrador es un **hombre pobre**.	*The farmhand is a poor man.*
El labrador es un **pobre hombre**.	*The farmhand is an unfortunate man.*

The future tense

A. Future meanings can be conveyed in Spanish by using a present tense form of **ir** + **a** + an infinitive.

Van a sembrar el terreno.	*They're going to plant the field.*

Spanish also has a true future tense, a one-word conjugated form of the verb.

B. Regular forms of the future tense

Infinitive + verb endings: **é, ás, á, emos, án**

-ar verbs *sembrar*	*-er* verbs *vender*	*-ir* verbs *producir*
sembrar**é**	vender**é**	producir**é**
sembrar**ás**	vender**ás**	producir**ás**
sembrar**á**	vender**á**	producir**á**
sembrar**emos**	vender**emos**	producir**emos**
sembrar**án**	vender**án**	producir**án**

Note that the endings are the same for **-ar**, **-er**, and **-ir** verbs.

El agricultor sembrará una sola cosecha.	*The farmer will plant only one crop.*
Los agricultores producirán más trigo este año.	*The farmers will produce more wheat this year.*
Los campesinos venderán los productos agrícolas en el mercado.	*The farmers will sell the produce in the market.*

C. Irregular future forms

Verbs that are irregular in the future show certain changes in the infinitive. Their endings are always regular.

1. Group 1: The vowel in the infinitive ending is dropped.

querer	querér	querré	querrás	querrá	querremos	querrán
haber	habér	habré	habrás	habrá	habremos	habrán
caber	cabér	cabré	cabrás	cabrá	cabremos	cabrán
poder	podér	podré	podrás	podrá	podremos	podrán
saber	sabér	sabré	sabrás	sabrá	sabremos	sabrán

El agricultor pobre no podrá comprar vacas.				The poor farmer won't be able to buy (any) cows.		
Todos los animales no cabrán en el establo.				All the animals won't fit in the stable.		
Habrá mucha gente en el mercado mañana.				There will be many people in the marketplace tomorrow.		

2. Group 2: The vowel in the infinitive ending is replaced with a **d**.

poner	pon␣er^d	pondré	pondrás	pondrá	pondremos	pondrán
salir	sal␣ir^d	saldré	saldrás	saldrá	saldremos	saldrán
tener	ten␣er^d	tendré	tendrás	tendrá	tendremos	tendrán
valer	val␣er^d	valdré	valdrás	valdrá	valdremos	valdrán
venir	ven␣ir^d	vendré	vendrás	vendrá	vendremos	vendrán

Estos caballos valdrán mucho más el año que viene.	These horses will be worth much more next year.
Si compramos el terreno, tendremos cinco acres para sembrar tomates.	If we buy the land, we will have five acres to plant tomatoes.

3. Group 3: The infinitive undergoes other changes.

hacer	ha~~ce~~r	haré	harás	hará	haremos	harán
decir	de~~ci~~r	diré	dirás	dirá	diremos	dirán

Harán las tareas si hace buen tiempo.	They'll do the chores if there's good weather.
El mecánico me dirá cuánto cobra por arreglar el tractor.	The mechanic will tell me how much he'll charge to fix the tractor.

D. Another use of the future tense

The future tense can be used to indicate conjecture or probability about a situation or action in the present.

¿Dónde estará la azada?	I wonder where the hoe is.
Los cerdos están muy gordos. Comerán mucho.	The pigs are very fat. They probably eat a lot.
¿Qué hora será? ¿Será hora de ordeñar las vacas?	I wonder what time it is. Could it be time to milk the cows?

The conditional

A. Like the future tense, the conditional is a simple tense consisting of only one word. It is equivalent to the English *would buy, would sell, would feed*. In Spanish, it is usually followed by **pero** (*but*), or by **si** (*if*) and the subjunctive (which will be discussed in Chapter 13).

B. Regular conditional forms

Infinitive + verb endings: **ía, ías, ía, íamos, ían**

-ar **verbs**	*-er* **verbs**	*-ir* **verbs**
sembrar	*vender*	*producir*
sembraría	vendería	produciría
sembrarías	venderías	producirías
sembraría	vendería	produciría
sembraríamos	venderíamos	produciríamos
sembrarían	venderían	producirían

Note that the endings are the same for **-ar**, **-er**, and **-ir** verbs.

El agricultor sembraría maíz, pero tiene que sembrar alfalfa para las vacas.	*The farmer would plant corn, but he has to plant alfalfa for the cows.*
Los agricultores venderían sus productos en el mercado, pero queda muy lejos.	*The farmers would sell their produce at the market, but it's too far away.*
La tierra produciría mejores cosechas, pero no la cultivan mucho.	*The land would produce better harvests, but they don't cultivate it sufficiently.*
Nos gustaría cosechar frutas tropicales, pero nuestro clima no favorece esas cosechas.	*We would like to grow tropical fruits, but our climate doesn't favor those crops.*

C. Irregular conditional forms

There are three groups of verbs that are irregular in the conditional. The infinitive changes the same way as for the future tense. The endings, however, are the same endings of the regular conditional verbs. For example:

hacer	haría	harías	haría	haríamos	harían
tener	tendría	tendrías	tendría	tendríamos	tendrían

Los labradores harían las tareas, pero va a llover pronto.	*The farmhands would do their chores, but it's going to rain soon.*
El agricultor tendría muchos cerdos, pero no tiene el espacio para criarlos.	*The farmer would have many pigs, but he doesn't have the space to raise them.*

D. Another use of the conditional tense

Just as the future can be used to express probability about the present, the conditional can be used to indicate probability about the past.

Estas tierras valdrían muy poco hace unos años.	*These lands probably were worth very little a few years ago.*
Estos peones ganarían muy poco en su país.	*These farmhands probably earned very little in their country.*
Los animales estaban muy saludables; el campesino los cuidaría muy bien.	*The animals were very healthy; the farmer probably took very good care of them.*

Ejercicios

I. El futuro. Complete las oraciones con la forma correcta del futuro de los verbos en paréntesis.

1. (sembrar) Los campesinos de esta provincia no . . . maíz este año.
2. (vender) Nosotros . . . los productos agrícolas en la feria agrícola.
3. (recibir) ¿ . . . (tú) ayuda federal debido a la sequía?
4. (haber) . . . mucho trigo en el granero a fin de año.
5. (caber) El heno no . . . en el silo.
6. (poder) Los agricultores . . . vender los productos en el mercado y venderle el excedente (*surplus*) al gobierno.
7. (valer) Este becerro (*calf*) . . . mucho en el futuro.
8. (venir) El mecánico . . . a arreglar el tractor esta tarde.
9. (salir) Mañana muy temprano yo . . . al mercado en el camión con los productos.
10. (poner) Las gallinas . . . más huevos porque están contentas.

II. El condicional. Complete las oraciones con la forma correcta del condicional de los verbos en paréntesis.

1. (sembrar) Yo . . . arroz en mi finca, pero la tierra es muy seca.
2. (comprar) El agricultor . . . el tractor, pero no tiene dinero.
3. (ser) ¿Qué hora . . . cuando empezó a llover?
4. (ir) Los labradores . . . a la feria, pero tienen que trabajar.
5. (gustar) ¿Le . . . a usted vivir en el campo?

III. En español, por favor

1. If I sell the produce, I'll be able to buy more hens that will give me more eggs every day.
2. This land will be more valuable in ten years; we'll sell it and we'll buy racehorses (**caballos de carrera**).

3. Will you do the chores today, son, or will you stay in bed?
4. Even though many farmers are poor (men), they are great men.
5. The farmhand would milk the cows, but he has to leave early today.
6. Would you like to feed the animals for a few days?
7. I would like to hitch the horse to the cart and go for a ride.
8. He would feed the chickens now, but the hens are laying eggs.
9. The farmer has money; he probably works very hard.
10. I wonder where the horse is. I wonder where he was this morning.

Nota cultural

Grown in Spanish America

Many agricultural products enjoyed at our table originated in Spanish America. The first Spaniards to set foot on American soil were introduced to such delicacies as chicle (chewing gum), chocolate, potatoes and many varieties of sweet potatoes, plus an abundant selection of tropical fruits such as **mango**, **guayaba** (*guava*), **piña**, **papaya**, **tamarindo**, and spices of all sorts. The coca leaf (used to produce cocaine) was also evident in the Andean villages of Peru, Bolivia, and Colombia.

Perhaps the principal agricultural cash products today, produced in abundance for export, are sugar, tobacco, and bananas. Cuba's vast sugar industry originally produced the popular Bacardi rum, now one of Puerto Rico's most important exports. The finest tobacco leaves are still grown in Cuba. During World War II, Winston Churchill, the British statesman, chomping on his Havana-made cigar, would say "Cuba is always on my lips."

Anuncios

BURROS Y CABALLOS SALVAJES

Si usted tiene tierra y desea adquirir un burro o caballo salvaje, escriba al Centro de Información para el Consumidor, Dept. 33, Pueblo, Colo. 81009, y pida su folleto gratis: *Cómo obtener su burro o caballo salvaje.*

El gobierno federal desea encontrar personas interesadas en los burros y caballos que ha cercado en tierra pública. El folleto le explicará cómo puede adquirir hasta cuatro animales al año. Su animal puede ser su *pet* o su ayudante en las labores agrícolas. Sólo $150.00 por un caballo o $100.00 por un burro. Si la hembra está preñada, el potro será suyo sin costo adicional.

Escriba Hoy Para Pedir
Su Folleto Gratis

cercar *to round up*
preñada *pregnant*
potro *foal*

saludables *healthy*

finca de ceba *breeding farm*

La finca

185

Ejercicios

I. Preguntas

1. ¿Por qué es buena idea adquirir un burro que ofrece el gobierno? ¿Cuesta mucho?
2. ¿Por qué deben los ganaderos comprar alimento Vitarex para sus animales?
3. ¿Cuántas clases de vacas conoce Ud.?
4. ¿Qué quiere decir en inglés: «compre ganado y gane comprando»?
5. ¿Qué requisitos le exigen al administrador de finca? ¿Qué le ofrecen?
6. ¿Le parecen justos los requisitos que piden al administrador de finca?

II. En español, por favor

1. Modernize your farm: buy a tractor—the machine of the 20th century.
2. Your land is asking you for a tractor.
3. The federal government wishes to find people interested in the donkeys and wild horses living in public lands.
4. Your donkey can be your pet or your helper in farm chores.
5. If the animal is pregnant, the foal will be yours at no extra cost.
6. Our animal feed contains all the vitamins and minerals that your livestock needs for their good health (**para su salud**).

III. Composición

1. Escriba Ud. un anuncio para solicitar trabajadores en su finca. Debe incluir en el anuncio los requisitos y los beneficios que ofrece.
2. Escriba Ud. unos párrafos sobre los burros como animales de trabajo y como animalitos de casa (*pets*).

J. SOTOMAYOR Y HNOS.

*Distribuidores de tractores **PREMIO***
y herramientas agrícolas

Avenida La Revolución, 78
Nuevo Laredo, México 88000

12 de noviembre de 1988

Estimado señor agricultor:

¿Todavía usa usted caballos o bueyes para arar sus tierras? Amigo, ya es hora de modernizarse. Estamos ya a fines del siglo XX. Sus cosechas se beneficiarían grandemente con maquinaria agrícola moderna. Por eso adjunta le envío información sobre nuestros últimos modelos de tractores. Como verá, son una maravilla. El PREMIO De Luxe Z 40 tiene 40 caballos de fuerza y es muy fácil de manejar. Es también tan hermoso que le parecerá que va manejando un Cadillac.

La semana que viene estaré por su distrito y me gustaría pasar por su granja para darle una demostración gratis y sin compromiso, de nuestro PREMIO De Luxe Z 40.

Cordialmente,

Carlos E. Sotomayor

*Para Mejores Cosechas, Dele A La Tierra Un **PREMIO***

todavía *still*
ya es hora *it's time, the time has come*
maravilla *wonder*

caballos de fuerza *horsepower*
manejar *to drive*
gratis y sin compromiso *free and without obligation*

Granja Buena Vista
Carretera Nacional, Km. 18
Provincias, México 101

2 de enero de 1988

J. Sotomayor y Hnos.
Avenida La Revolución, 78
Nuevo Laredo, México 88000

Estimados señores:

Hace un mes que su representante estuvo por aquí y me vendió un tractor PREMIO De Luxe Z 40. Aunque es una máquina estupenda, no estoy del todo satisfecho con el negocio. Para comprar el tractor, tuve que vender mi caballo y, aunque he podido arar más tierras con la máquina, echo de menos a mi querido Rocinante. Por esta razón deseo devolverles el tractor para poder volver a comprar a mi rocín. Un tractor será la gran cosa para la tierra, pero un hombre necesita la amistad de su caballo. Las máquinas no tienen alma, señores.

Haga el favor de recoger su tractor y de devolverme el dinero a la mayor brevedad posible para poder recobrar mi caballo pronto.

Atentamente,

Miguel Ortega

---

echar de menos *to miss*

Ejercicios

I. Preguntas

1. ¿Por qué, según el señor Sotomayor, es buena idea tener un tractor?
2. ¿Cuáles son las ventajas del PREMIO De Luxe Z 40?
3. ¿Por qué no está satisfecho con su tractor Miguel Ortega?
4. ¿Por qué desea devolver el tractor Miguel Ortega?
5. ¿Qué preferiría Ud., el tractor o el caballo?

II. En español, por favor

1. For better crops, give your land a tractor.
2. Are you still using a horse or a pair of oxen to plow the land?
3. It's time to get modern; we're at the end of the 20th century.
4. Your crops would benefit greatly from modern agricultural machinery.
5. I am enclosing information about our latest tractors, which are very easy to drive.
6. Next week I shall visit you and I would like to give you a demonstration free and without obligation.
7. I am not totally satisfied with the transaction.
8. A tractor may be the greatest thing for the soil, but it is not the friend of man.

III. Composición

1. Escriba Ud. una carta solicitando una demostración gratis y sin compromiso, de maquinaria agrícola.
2. Escriba Ud. unos párrafos diciendo qué le parece la actitud de Miguel Ortega.
3. Escríbale Ud. una carta al señor Ortega, proponiéndole soluciones a su problema.

Expresión libre

I. Continúe Ud., por favor. Complete cada oración de una manera original. Después prepare otra oración sobre el mismo tema.

1. El agricultor vende sus productos agrícolas hoy día . . .
2. El trigo del estado de Kansas, destruido por el tornado, . . .
3. El café de Colombia . . .
4. El tabaco de Cuba . . .
5. Hay que . . . para tener animales de finca saludables.
6. Las faenas del campo . . .
7. Me gusta el campo, pero no me gusta . . .
8. Mi animal favorito es . . . porque . . .

La finca

II. Preguntas

1. ¿Cree Ud. que vale la pena ser agricultor? Explique.
2. ¿Qué echa de menos el campesino cuando va a la ciudad?
3. ¿Qué echaría Ud. de menos en el campo?

III. Composición oral y escrita

Estudie Ud. cuidadosamente el dibujo. Describa oralmente en clase lo que ve y explique por qué cree Ud. que el peón necesita rifle y balas. Escriba luego una breve composición sobre el tema.

Vocabulario básico

A. Las cosechas
el aguacate
los albaricoques
el algodón

Crops
avocado
apricots
cotton

el arroz	*rice*
la caña de azúcar	*sugar cane*
la cebada	*barley*
las cerezas	*cherries*
las fresas	*strawberries*
las frutas	*fruits*
los garbanzos	*chick peas*
las habichuelas, los frijoles	*beans*
las habichuelas soya	*soy beans*
el heno	*hay*
las legumbres, los vegetales	*vegetables*
el maíz	*corn*
las manzanas	*apples*
los melocotones	*peaches*
las naranjas, las chinas (in Puerto Rico)	*oranges*
las papas, las patatas (in Spain)	*potatoes*
la raíz	*root*
las remolachas	*beets*
el repollo, la col	*cabbage*
el tabaco	*tobacco*
el trigo	*wheat*
las uvas	*grapes*

B. Animales de la finca — *Farm Animals*

el asno, el burro	*donkey*
el buey	*ox*
el caballo	*horse*
la cabra	*goat*
el cerdo	*pig*
el conejo	*rabbit*
el cordero	*lamb*
la gallina	*hen*
el gallo	*rooster*
el ganado	*livestock*
el ganso	*goose*
el gato	*cat*
la manada; el rebaño	*herd; flock*
la mula	*mule*
la oveja	*sheep*
el pato	*duck*
el pavo, el guajalote (in Mexico)	*turkey*
el perro	*dog*
el pollo	*chicken*
el toro	*bull*
la vaca	*cow*

C. La vida del campo

	Farm Life
el abono, el estiércol	*fertilizer*
el agricultor, campesino	*farmer*
el alimento (de los animales)	*feed*
el arado	*plow*
el campesino (la campesina)	*peasant*
el campo	*field, country, rural area*
la casa de campo	*farmhouse*
el corral	*farmyard, barnyard*
el establo, la cuadra	*stable*
la finca, la granja	*farm*
el granero	*barn*
el grano	*grain*
la huerta, el huerto	*vegetable garden, orchard*
el labrador, el peón, el mozo de granja, el campesino	*farmhand*
la leche	*milk*
la lechería	*dairy*
la lluvia	*rain*
el pasto	*pasture*
el prado	*pasture ground, field*
los productos agrícolas	*produce*
el rancho	*ranch*
el rodeo	*roundup*
el sembrado	*field*
la semilla	*seed*
la sequía	*drought*
la siembra	*seedtime; sown field*
la tierra	*land, soil*
el suelo	*soil; floor*
la tormenta, el temporal	*storm*
el tractor	*tractor*

CAPÍTULO 10

El consumidor

The consumer

Lectura

Consejos al consumidor

Todos somos consumidores. Como empleamos dinero para obtener productos y servicios, tenemos **poder adquisitivo** y el privilegio de obtener buenos productos y servicios. **A continuación** aparecen varios consejos para ayudar al consumidor a emplear su dinero **de manera sabia y eficiente**.

purchasing power
Below

wisely and efficiently

1. Examine el producto detenidamente. No tenga prisa. Si tiene un defecto, no lo compre. Si tiene un defecto y usted quiere comprarlo **de todos modos**, hable con el dueño de la tienda o **el encargado** y pídale rebaja.

anyway
person in charge

2. Compare precios y calidad. Vaya a diferentes tiendas a buscar el mejor precio sin sacrificar la calidad. Sin embargo, también es importante la reputación de la tienda o establecimiento.
3. Compre lo que necesita o verdaderamente desea. No se deje influir por los anuncios ni por la presión por parte del vendedor.
4. Lea los anuncios del periódico para saber dónde hay ventas especiales o gangas ese día. Sin em-

bargo, no compre un artículo **tan sólo porque** es *just because*
una ganga si no lo necesita.

5. Trate de **enterarse de** todo lo posible sobre el *to find out about*
   artículo que piensa comprar. Mire las etiquetas
   cuidadosamente para saber el precio, materiales,
   el país de origen y las instrucciones para su uso
   o mantenimiento.

6. Al comprar alimentos debe **averiguar** los ingre- *to find out*
   dientes, aditivos y preservativos (los nombres y
   cantidad de cada uno). También debe leer las
   etiquetas para enterarse del peso, volumen y precio por unidad. Y, por último, debe saber la fecha
   de caducidad o de expiración.

7. Al comprar ropa considere que ésta puede **pasar
   de moda** pronto. Pregúntese: «¿Podré usarla el *to go out of style*
   año próximo?»

8. Recuerde que las tarjetas de crédito no son una
   extensión a su sueldo, sino sólo una **demora** en *delay*
   el pago.

9. No acepte garantías de palabra. Toda garantía
   debe estar escrita.

10. No firme ningún contrato **a la ligera**. Si no lo *quickly, in haste*
    entiende, pregunte. Léalo todo (aun los detalles).
    Nunca firme un contrato con espacios en blanco.
    Si firma un contrato en duplicado, léalo también
    (para saber si es exactamente igual al original).

11. Al llegar a casa, si Ud. cree que ha sido objeto
    de fraude, infórmelo a la oficina que se encarga
    de ayudar al consumidor.

Ejercicios

I. ¿Cierto o falso? Escuche cada declaración y diga si es cierta o falsa. Corrija
las declaraciones falsas.

1. Solamente los ricos son consumidores.
2. Hay que sacrificar la calidad para conseguir buen precio.
3. Ud. debe comprar lo que necesita o verdaderamente desea.
4. Al comprar alimentos debe saber las fechas de caducidad.
5. Las tarjetas de crédito son una extensión al sueldo que una persona gana.
6. Si firma un duplicado de un contrato, no es necesario leerlo, porque
   siempre es igual al original.
7. Debe mirar bien las etiquetas para enterarse de los materiales, las instrucciones de uso y el mantenimiento de un producto.

II. Para completar. Complete las oraciones con una frase apropiada.

1. Lea los anuncios del periódico para saber . . . .
2. Si el artículo tiene un defecto . . . .
3. Mire bien la etiqueta para enterarse de . . . .
4. Si Ud. cree que ha sido objeto de fraude, ...
5. Cuando hay espacios en blanco en el contrato, ...

III. Preguntas

1. ¿Por qué es importante examinar un producto detenidamente antes de comprarlo?
2. ¿Debe el consumidor comprar un artículo sólo porque es una ganga?
3. ¿Qué información nos da la etiqueta?
4. ¿Qué debe saber el consumidor al comprar alimentos?
5. ¿Qué son las tarjetas de crédito?
6. ¿Cómo debe ser la garantía?
7. ¿Qué debe hacer el consumidor antes de firmar un contrato?

IV. En español, por favor

1. Credit cards aren't extensions of your salary.
2. Buy what you need or want, not what is cheap or a bargain.
3. Go to several stores to look for the best price of an item (the best buy) without sacrificing quality.
4. Don't be in a hurry to buy the first article you see.
5. If the article (item) is defective, but you still want to buy it, ask the salesman for a price reduction.
6. Will I be able to wear it next year?

Terminología comercial

1. **Compra** Intercambio de bienes y dinero entre el comprador (consumidor) y el vendedor. Toda compra, no importa cuan pequeña, es un acuerdo entre el vendedor y el comprador. La compra le da al vendedor el derecho al dinero y al comprador le garantiza la calidad del producto.
2. **Consumidor(a)** La persona que usa o consume productos manufacturados, bienes de la tierra o servicios. Toda persona es un consumidor.
3. **Garantía** Promesa o declaración de la calidad de los artículos o servicios ofrecidos, protege al consumidor contra riesgos o daños que podría sufrir a causa de la adquisición de dicho artículo o servicio. La garantía debe ser un documento escrito para tener valor legal.
4. **Etiqueta** Tarjeta o pedacito de tela pegado o adherido a un artículo manufacturado. Una clase de etiqueta dice el precio del artículo y el tamaño. Otra clase de etiqueta da información sobre el origen y composición del artículo.

Este tipo de etiqueta debe decir: quién manufacturó el artículo, dónde se hizo, la cantidad (de los ingredientes o materiales) y cómo usarlo y mantenerlo.

5. **Fraude**   Engaño que se hace a una persona para obtener ventajas.
6. **Precio**   Valor pecuniario de un artículo.
7. **Fecha de caducidad o expiración**   La fecha (día y mes) impresa en los productos perecederos que no pueden ser consumidos después de las fechas marcadas en el envase. Pueden ser alimentos (leche, pan) o medicinas.

Ejercicios

I. ¿Cierto o falso? Escuche cada declaración y diga si es cierta o falsa. Corrija las declaraciones falsas.

1. Compra es el intercambio de bienes y dinero entre un consumidor (comprador) y un fabricante.
2. Toda compra es un acuerdo entre el vendedor y el comprador que le da el derecho al vendedor.
3. Toda garantía debe estar escrita para tener valor legal.
4. La etiqueta le da al consumidor información importante sobre el artículo que compra.
5. El precio es el valor sentimental que se le da a una cosa.
6. Fecha de caducidad y fecha de expiración son la misma cosa.
7. Un fraude es un engaño que se hace para obtener ventajas.

II. Para escoger. Escoja el término apropiado para completar cada oración.

1. El intercambio de bienes y dinero es . . . .
   a) una garantía
   b) una compra
   c) un engaño
2. El valor monetario de un artículo es su . . . .
   a) peso
   b) etiqueta
   c) precio
3. La etiqueta en los artículos ofrece . . . .
   a) un objeto de fraude
   b) la información de venta
   c) la fecha de compra

4. La garantía de un producto es . . . .
   a) una protección al consumidor
   b) una adquisición del artículo
   c) el valor pecuniario
5. Un fraude es . . . .
   a) una venta de liquidación
   b) un engaño al comprador
   c) un documento legal

Frases y expresiones _____

1. Anunciar una venta especial (un baratillo) de zapatos.
   To advertise a sale on shoes.
2. Quejarse de la calidad de la mercancía.
   To complain about the quality of the goods.
3. Garantizar (devolver) el lavaplatos.
   To guarantee (to return) the dishwasher.
4. Pagar al contado (en efectivo) por el vestido.
   To pay cash for the dress.
5. Rebajar (aumentar) el precio.
   To lower (to increase) the price.
6. Negociar (regatear) con el vendedor.
   To negotiate (to bargain) with the salesman.
7. Preguntar cuál es el precio.
   To ask the price.
8. Escoger la mejor marca.
   To select the best brand.
9. Leer la etiqueta (el contrato) con cuidado.
   To read the label (or tag) (the contract) carefully.
10. Fijarse en la mano de obra.
    To pay attention to (to notice) the workmanship.
11. Costar más (menos) en otras tiendas.
    To cost more (less) in other stores.
12. Pedir rebaja (reembolso).
    To ask for a price reduction (reimbursement).
13. Ofrecer buena calidad y servicio.
    To offer good (high) quality and service.
14. Probarse la ropa antes de comprarla.
    To try on clothes before buying them.
15. Malgastar el dinero.
    To waste the money.
16. Esperar las ventas de liquidación.
    To wait for the bargain (liquidation) sales.

Ejercicios

I. El consumidor. Complete cada oración con un término apropiado.

1. El consumidor debe . . . las etiquetas de los productos en venta.
2. Vamos a . . . el precio porque tenemos que pagar más sueldo a los empleados.
3. Hay que escoger la mejor . . . para tener buena calidad.
4. Es conveniente . . . la ropa antes de comprarla.
5. Cuando un artículo está defectuoso debemos pedir una . . . .

II. Para pensar y hablar. Complete cada oración con una frase apropiada.

1. Yo me quejé de . . .
2. Los consumidores deben . . .
3. Ellos pagaron . . . por la mercancía.
4. Yo he escogido . . .
5. Pediremos rebaja porque . . .

III. Formas verbales. Complete las oraciones con una forma correcta de los verbos en paréntesis.

1. (devolver)   Ayer el consumidor . . . el televisor porque no funcionaba.
2. (costar)   Por hoy solamente esta maquinilla . . . menos en ese almacén.
3. (vender)   El dependiente le . . . barato al cliente porque quería hacer más ventas que su compañero.
4. (probarse)   Yo . . . la blusa antes de comprarla.
5. (quejarse)   Nosotros . . . al dueño de la tienda por el maltrato que recibimos.
6. (leer)   El consumidor . . . los anuncios del periódico para saber cuándo había venta especial en El Encanto.
7. (engañar)   El vendedor no . . . al consumidor.
8. (fijarse)   Ellos no . . . en que la fecha de expiración ya había pasado.
9. (garantizar)   El fabricante . . . el producto por escrito.
10. (pedir)   Yo . . . una rebaja, pero los precios son fijos.

IV. En español, por favor

1. Ask the manager for the price of that computer.
2. Ask the salesman for a price reduction.
3. Every wise consumer should read contracts carefully.
4. I can't waste my money because I need money for college.
5. We won't pay more than $20.00 for this radio. Can you lower the price?
6. Don't buy it now; wait for the liquidation sale coming soon.
7. The consumer is probably asking herself if she really needs the article.

Repaso de gramática

Commands

Use commands to ask or tell someone to do or not to do something.

A. Formation of formal commands for **-ar** verbs: Drop the **o** ending from the **yo** form of the present tense and add **-e** for the **usted** command and **-en** for the **ustedes** command.

yo compr∅, yo cierr∅ + e →**compre, cierre**

en →**compren, cierren**

Compre (Ud.) la mercancía.
Cierre (Ud.) el trato.

Compren (Uds.) la mercancía.
Cierren (Uds.) el trato.

Buy the merchandise.
Close the deal.

Look carefully at these formal (**Ud./Uds.**) commands.

comprar	compre (Ud.)	compren (Uds.)
comparar	compare (Ud.)	comparen (Uds.)
trabajar	trabaje (Ud.)	trabajen (Uds.)
tratar	trate (Ud.)	traten (Uds.)
cerrar	cierre (Ud.)	cierren (Uds.)
pensar	piense (Ud.)	piensen (Uds.)
examinar	examine (Ud.)	examinen (Uds.)

B. Formation of formal commands for **-er** and **-ir** verbs:

Drop the **o** ending from the **yo** present tense form and add **-a** for the **usted** command and **-an** for the **ustedes** command.

yo vend∅, yo pong∅ + a→**venda, ponga**

an→**vendan, pongan**

Venda (Ud.) el artículo.
Ponga (Ud.) la fecha al producto.

Vendan (Uds.) los artículos.
Pongan (Uds.) la fecha al producto.

Sell the article.
Put the date on the product.

Look carefully at these formal (**Ud./Uds.**) commands.

vender	venda (Ud.)	vendan (Uds.)
leer	lea (Ud.)	lean (Uds.)
tener	tenga (Ud.)	tengan (Uds.)
poner	ponga (Ud.)	pongan (Uds.)
traer	traiga (Ud.)	traigan (Uds.)
volver	vuelva (Ud.)	vuelvan (Uds.)
hacer	haga (Ud.)	hagan (Uds.)

C. Irregular commands

ir	vaya (Ud.)	vayan (Uds.)
saber	sepa (Ud.)	sepan (Uds.)
ser	sea (Ud.)	sean (Uds.)

D. Commands and object pronouns

Object pronouns and reflexive pronouns come before the verb in negative commands, but must be attached to the end of affirmative commands.

No **lo** compre.	No **me lo** compre.	Cómpre**lo**.	Cómpre**melo**.
Don't buy it.	*Don't buy it for me.*	*Buy it.*	*Buy it for me.*
No **lo** haga.	No **nos lo** haga.	Hága**lo**.	Hága**noslo**.
Don't do it.	*Don't do it for us.*	*Do it.*	*Do it for us.*
No **lo** traigan.	No **me lo** traigan.	Tráigan**lo**.	Tráigan**melo**.
Don't bring it.	*Don't bring it to me.*	*Bring it.*	*Bring it to me.*
No **lo** pongan aquí.	No **se lo** pongan aquí.	Póngan**lo aquí**.	Póngan**selo aquí**.
Don't put it here.	*Don't put it here for him.*	*Put it here.*	*Put it here for him.*
No **las** diga.	No **se las** diga.	Díga**las**.	Dígan**selas**.
Don't say them. (tell)	*Don't tell them to him.*	*Say them.*	*Tell them to him.*
No **los** vendan.	No **se los** vendan.	Véndan**los**.	Véndan**selos**.
Don't sell them.	*Don't sell them to her.*	*Sell them.*	*Sell them to her.*

E. Commands with reflexive verbs

Put **se** at the end of the verb for positive commands. Note the accent marks.

quedarse	quédese	quédense
quejarse	quéjese	quéjense
preguntarse	pregúntese	pregúntense
sentarse	siéntese	siéntense

For negative commands, place **se** before the verbs.

quedarse	no se quede	no se queden
quejarse	no se queje	no se quejen

Word distinction: *pero, sino*

Both **pero** and **sino** mean *but*. However, **sino** means *but rather* or *but on the contrary* in negative sentences when one possibility is rejected and another accepted.

El consumidor no es rico, **sino** muy pobre.
El consumidor es pobre, **pero** compra mucho.
La mercancía no es cara, **sino** barata.
El artículo es caro, **pero** no es muy bueno.

Ejercicios

I. El imperativo. Complete las oraciones con el imperativo de los verbos en paréntesis.

1. (traer) . . . (Uds.) las tarjetas de crédito.
2. (decir) . . . (Ud.) la verdad.
3. (hacer) . . . (Uds.) el trabajo bien.
4. (pensar) Consumidor, . . . (Ud.) antes de comprar.
5. (tener) Señor, . . . (Ud.) cuidado. No . . . prisa.
6. (poner) Muchachos, no . . . los artículos aquí.
7. (comparar) Consumidores, . . . antes de comprar.
8. (firmar) No . . . (Uds.) el contrato todavía.
9. (quejarse) No . . . ; Uds. han hecho un negocio muy bueno.
10. (quedarse) . . . (Ud.) aquí, por favor. El vendedor llegará pronto.
11. (ir) . . . Uds. a esa tienda. Hay venta especial hoy.
12. (sentarse) . . . (Ud.), por favor.
13. (ser) . . . justo y devuélvame el dinero.
14. (tratar) . . . Uds. de saber todo lo posible sobre el artículo.
15. (preguntar) No . . . Ud. el precio; está en la etiqueta.

II. En español, por favor

1. Stay here, please, and I'll bring you the guarantee.
2. Don't sign a contract before reading it carefully.
3. It's a new car, but (it) is not economical.
4. This dishwasher isn't cheap but rather very expensive.
5. Be careful: some salespeople cheat their customers.
6. Buy the suit **(traje)** if it's in style, but don't buy that tie **(corbata)**.
7. Wait for the liquidation sales.
8. I don't have much money, but I spend a great deal of it on food.
9. Complain if you don't get (receive) good service.
10. Return the article if you aren't completely satisfied. Return it soon to get a refund.
11. Don't return them if you don't have the receipt.
12. We received your complaint. Please sit down and wait for the manager.

Nota cultural

How much should I pay?

While contemporary Spanish America has been drawn into the stream of international big business, person-to-person business transactions in the region retain much of their traditional character. Consumers making a purchase should be prepared to bargain. Haggling over the price of an item is standard practice and

El consumidor

expected. The seller will almost invariably quote an inflated figure in anticipation of negotiating a final selling price. A certain amount of bargaining adds zest to the life of the small shopkeeper or craftsman.

North American visitors to Spanish America should bear in mind, however, that this process of offer and counteroffer has its limits. The average vendor's income is extremely modest by North American standards. The desire to drive a good bargain should not blind consumers to the seller's need for a fair return or cause them to slight the seller's personal dignity, very important to even the humblest Spanish American. Bargainers should recognize the point at which to bring the bargaining to a halt and create a fair price for the merchandise.

Anuncios

ANTES DE FIRMAR, PIDA QUE LE ACONSEJEN

pedir que le aconsejen   *to ask for advice*

CORTE RECORTE Y AHORRE

Todas las semanas con los CUPONES DE AHORROS en

el diario/ la prensa

LOS PRECIOS DE LOS ALIMENTOS Y COMESTIBLES ESTÁN MUY ALTOS EN ESTOS DÍAS. PERO USTED PUEDE AHORRAR DINERO Y DISFRUTAR AUN DE SUS PRODUCTOS DE MARCAS FAVORITAS APROVECHÁNDOSE DE LOS CUPONES DE DESCUENTO DE LOS FABRICANTES QUE APARECEN CADA SEMANA EN EL DIARIO—LA PRENSA.
BUSQUE ESTOS CUPONES AHORRADORES DE DINERO CADA MIÉRCOLES Y JUEVES EN LAS PÁGINAS DE COMESTIBLES DE EL DIARIO—LA PRENSA. Y COMPRE MÁS ALIMENTOS POR MENOS DINERO.

recortar   *to clip, to cut out*

26/EL DIARIO/LA PRENSA, MIÉRCOLES 1 DE AGOSTO DE 1984

el diario—la prensa

Notas para el consumidor
CÓMO QUEJARSE

1. La primera queja debe hacerse a la tienda o más directamente a la persona que hizo la venta. No debe olvidarse el recibo de compra y si existe alguna garantía, lleve dicha documentación también.

2. Si ésta no surte ningún efecto, habrá que someter dicha queja a la compañía, primero telefónicamente, luego por escrito.

3. Después debe ponerse en contacto con una de las organizaciones especializadas en disputas relacionadas con la industria, por ejemplo el Better Business Bureau, o con la oficina de Asuntos del Consumidor (Consumer Affairs).

4. O póngase en contacto con una asociación que tenga que ver con el comercio o una agencia Federal, que también recibe quejas de los consumidores y trata de remediarlas.

5. El último recurso a que ha de recurrirse es llevar el caso a la corte de reclamaciones menores o a un abogado privado.

6. Tenga en cuenta que todos los procedimientos de queja han de hacerse por escrito y en inglés para obtener rápidos y efectivos resultados, y no deje de hacer una copia para su archivo personal.

7. Su carta debe contener los siguientes puntos:
a. Su nombre, dirección y número de teléfono.
b. Nombre de la firma manufacturera con dirección correcta.
c. Nombre y dirección de la tienda donde fue adquirida la mercancía.
d. Fecha en que se efectuó la compra.
e. Descripción de la mercancía adquirida, incluyendo estilo, color y número de serie.
f. Un sumario de los problemas ocurridos y los servicios que hasta el presente le fueron ofrecidos para solucionarlo. Copias de recibos, garantías (si existe alguna) y de correspondencia intercambiada con la firma envuelta en su reclamación.

NOTA: No envíe los originales. Sólo copias.

surtir efecto *to have the desired effect*
el último recurso *the last recourse*

When shopping get the guarantee and promises in writing.

Seis maneras de economizar energía

1 Por las ventanas se pierde aire frío o caliente. Esto se puede evitar rellenando las rendijas con material de calafateo o a prueba de intemperie. Así puede mantener su casa más caliente en el invierno y más fresca en el verano, mientras funciona su acondicionador de aire.

2 Las cortinas corridas mantendrán su casa más fresca durante las horas de sol en el verano y más calientes durante la noche en el invierno. Descorra las cortinas durante el día en el invierno y el sol que entra mantendrá más caliente su casa.

3 Los radiadores funcionan mejor cuando no tienen el obstáculo de muebles u otros objetos frente a ellos. Además, los reflectores de metal detrás de los radiadores logran una mejor distribución del calor.

4 Las luces, los televisores y radios deben ser apagados cuando no hay nadie en la habitación.

5 Su cocina le brinda varias oportunidades de economizar energía:
a) No hay necesidad de pre-calentar el horno o el asador.
b) En lugar del horno de tamaño normal, utilice una parrilla o tostador/asador y economice así dos tercios de la energía en cada ocasión.

6 Los extractores de aire eliminarán olores y calor de su horno o estufa en sólo quince minutos. Su uso más prolongado extraerá aire caliente o frío innecesariamente.

PSE&G desea que usted haga la *verdadera* prueba en su hogar. Al economizar energía, usted economiza dinero. El servicio de gas y electricidad es muy conveniente, pero en ocasiones se utiliza sin pensar en su costo. Utilice su energía con discreción y economice.

PSEG PUBLIC SERVICE ELECTRIC & GAS NEWARK, NEW JERSEY

POR FAVOR ENVÍEME EL FOLLETO
"SELLE SU CASA Y AHORRE"—GRATIS.

NOMBRE _____

DIRECCIÓN _____

CIUDAD _____ ESTADO _____ ZIP _____

rellenar *to stuff*
calafateo *caulking*
a prueba de intemperie *weatherproof*
cortinas corridas *drawn curtains*
descorrer *to open*
brindar *to offer*

Ejercicios

I. Preguntas

1. ¿Qué debe hacer el consumidor antes de firmar un contrato?
2. Si la queja dirigida a la tienda (donde compró el artículo defectuoso) no tiene efecto, ¿qué debe hacer el consumidor? Diga los pasos que éste debe seguir.
3. ¿Qué agencias u organizaciones ayudan al consumidor?
4. ¿Qué puede hacer el consumidor para economizar energía? (Diga por lo menos tres cosas.)
5. ¿Qué quiere decir en inglés: «los televisores y radios deben ser apagados cuando no hay nadie en la habitación»?

II. Traducción

1. Traduzca Ud. el anuncio en inglés (al español).
2. Traduzca Ud. al inglés el anuncio sobre los cupones de alimento.

III. Composición

1. Escriba Ud. un anuncio con un consejo al consumidor.
2. Escriba Ud. un anuncio diciendo cómo y dónde se puede obtener queso *(cheese)* gratis.

Cartas comerciales

Sr. Juan J. Martínez Campos
Calle Francia 14-80
Cali, Colombia

2 de febrero de 1988

Sr. Antonio J. Benítez, Presidente
Electrodomésticos DELPAÍS
Paseo de Las Flores, 837
Cali, Colombia

Estimado señor Benítez:

La presente tiene por objeto informarle del mal servicio que he recibido por parte de su compañía desde hace seis meses cuando compré la lavadora de platos marca SOLEIL (modelo BB-34). Enseguida que la instalaron, me di cuenta que no funcionaba bien (tomaba mucho tiempo para lavar los platos y éstos quedaban sucios), pero aunque me he quejado repetidas veces, no he obtenido resultados satisfactorios. Les he dirigido mis quejas personalmente, por teléfono y por carta al vendedor, al jefe del departamento y al empleado encargado de quejas, sin obtener los resultados que merezco como consumidor y buen cliente suyo. Dos veces me han mandado mecánicos y, aunque declaran haber arreglado la máquina, ésta queda aun peor que antes. Como parece que el problema no tiene solución, deseo devolver la mercancía y recibir un reembolso del dinero. A esto se han negado sus empleados, insistiendo en que pueden componer la máquina. Pero francamente, ya yo he perdido la paciencia y sólo deseo *devolver la máquina* (puede recogerla cualquier tarde después de las 3:00) *y recibir el reembolso de mi dinero.*

Le pido a usted justicia, pues si no la recibo, tendré que llevar el caso a la corte.

Muchas gracias por la atención a esta carta. En espera de su pronta respuesta, quedo de usted.

Atentamente,

Juan José Martínez Campos

Juan José Martínez Campos

pronta respuesta *prompt answer*

LUMEN Y QUANTUM, S.A.

Salinas, Venezuela

3 de abril de 1988

Dr. Pedro Manrique
Palmeras, 73
Salinas, Venezuela 1000

Estimado doctor Manrique:

Le agradezco su carta del 13 de marzo en la cual Ud. nos comunica sus observaciones respecto a su nuevo automóvil LUMEN X-10. Me alegra saber que le agrada su fácil manejo y arranque instantáneo, pero lamento mucho el hecho que Ud. no está satisfecho del todo porque gasta mucha gasolina. Primeramente, déjeme asegurarle que su auto está en perfectas condiciones y que es normal para autos nuevos consumir mucha gasolina. Un motor, como un niño recién nacido, siempre está pidiendo alimento, pero a medida que pasa el tiempo, pide menos y menos.

Usted también menciona ciertas vibraciones que le molestan. Esto puede ser resultado de algún tornillo flojo. Todo auto nuevo requiere ajustes menores que estamos dispuestos a hacer en su auto si usted lo trae a nuestro taller. Es conveniente llamar antes para hacer una cita.

Nos complace tener buenos clientes como usted y estamos siempre listos para servirle.

Atentamente,

Héctor Domínguez Prado
Gerente de Ventas

---

me alegra saber *I am pleased to know*
fácil manejo *easy driving*
arranque *start (of a motor)*

niño recién nacido *new-born baby*
ajuste *adjustment*

Ejercicios

I. Preguntas

1. ¿Cuál es el objeto de la carta de J. Martínez Campos?
2. ¿Cree Ud. que J. Martínez está justificado en desear la devolución de la mercancía y el reembolso de su dinero?
3. Según la carta de Martínez Campos, si el consumidor no obtiene justicia, ¿a quién debe acudir?
4. ¿De qué se ha quejado el doctor Manrique?
5. ¿Qué responde Héctor Domínguez?

II. Composición

1. Escriba Ud. una carta quejándose por el mal funcionamiento de una motocicleta (o de una maquinilla, de un tocadiscos o de un estéreo).
2. Escriba una carta contestando la carta de un consumidor que se queja del auto que Ud. le vendió (o del mal trabajo que Ud. le hizo al componerle el televisor).

Expresión libre

I. Continúe Ud., por favor. Complete las oraciones de una manera original. Después prepare otra sobre el mismo tema.

1. Por medio de los anuncios del periódico . . .
2. El consumidor tiene derecho a . . .
3. Es posible comprar . . .
4. El precio de un artículo . . .
5. Las gangas . . .

II. Preguntas y situaciones

1. ¿A qué cosas tiene Ud. derecho como consumidor(a)?
2. Si Ud. puede conseguir buen precio, buena calidad o buen servicio, ¿qué prefiere Ud.? ¿Qué sacrificaría?
3. Después de estar ahorrando por un año, su amigo(a) pudo comprar un estéreo. El aparato no funciona bien. Él/Ella no quiere devolverlo porque es mucho trabajo (*too much bother*) y no sabe cómo ni a quién quejarse.

   a. Convénzale que debe quejarse.
   b. Dígale cómo quejarse, qué debe decir.
   c. ¿A quién debe quejarse?

III. Composición oral y escrita

1. Los norteamericanos que visitan Hispanoamérica creen que deben regatear con todos los vendedores. Explique Ud. oralmente sus propias ideas sobre el regateo y escriba luego una breve composición sobre el tema.

2. ¿Ha hecho Ud. un «trato a ciegas»? *(Have you ever bought "a pig in a poke"?)* Cuente (oralmente) una experiencia propia como consumidor. Después escriba algunos consejos sobre cómo evitar el «trato a ciegas».

Vocabulario básico _____

A. En la tienda
At the store

el anuncio, la propaganda, el aviso	*advertisement*
el artículo	*article, item*
el cajero (la cajera)	*cashier*
la compra	*purchase*
el comprador (la compradora)	*buyer*
al contado	*(in) cash*
el contrato de compraventa	*contract of sale*
la cuenta a cargo, la cuenta abierta	*charge account*
el descuento	*discount, rebate*
el dinero al contado, en efectivo	*cash*
el engaño, el fraude, la trampa	*fraud*
el estilo, la moda	*style*
la etiqueta	*tag, label*
la fecha de entrega	*date of delivery*
fecha de caducidad (expiración), fecha de consumo preferente	*expiration date*
la ganga	*bargain*
la garantía	*guarantee*
el (la) gerente	*manager*
la inflación	*inflation*
los ingredientes	*ingredients*
la marca	*brand*
la mercancía	*merchandise, goods*
la mercancía dañada	*damaged merchandise*
el número de serie	*serial number*
el número del modelo	*model number*
el pago a plazos	*installment payment, installment plan*
el peso	*weight*
el poder adquisitivo (del dinero)	*purchasing power*

el precio al por mayor	*wholesale price*
el precio al por menor	*retail price*
las quejas del consumidor	*customer complaints*
la rebaja de precio	*reduction in price*
el riesgo de crédito	*credit risk*
el sello de aprobación	*seal of approval*
la tarjeta de crédito	*credit card*
el vendedor (la vendedora), el (la) dependiente	*salesperson, clerk*
la venta	*sale*
la vitrina, el escaparate, la vidriera	*shop window*

B. Medidas y envases   *Measurements and packaging*

la bolsa	*bag*
la botella	*bottle*
la caja	*case, box*
la canasta, la cesta	*basket*
el cilindro	*cylinder*
la docena	*dozen*
el galón	*gallon*
la gruesa	*gross*
el jarro, pote	*jar*
la lata	*can*
la libra	*pound*
el litro	*liter*
el paquete	*package*
el pie	*foot*
la pulgada	*inch*
el racimo	*bunch*
la rebanada	*slice*
el rollo	*roll*
el saco	*sack*
el tubo	*tube*
el volumen	*volume*
la yarda	*yard*

CAPÍTULO 11

Importación y exportación

Import–Export

Lectura

12/EL DIARIO-LA PRENSA, DOMINGO 21 DE AGOSTO DE 1983

El trueque es un factor importante en el comercio

(UPI)—El mundo no está por abandonar el efectivo y el crédito a favor del **trueque**, pero esta antigua forma de la compra–venta **se incrementa** de tal manera que emerge como un factor mayor del comercio internacional.

Diversas formas de trueque representan ahora un 20 por ciento del comercio mundial, que **alcanza** a 1.3 billones de dólares.

El trueque florece en épocas de **incertidumbre** y no es una sorpresa que países como Argentina, Brasil, México y Venezuela recurran al procedimiento **en gran escala**.

Brasil cambia gemas y manufacturas por el petróleo y comida. México y Venezuela cambian petróleo por manufacturas y servicios.

Estos y otros países latinoamericanos llegan a arreglos de trueque entre sí y hasta hay rumores de que se podría crear un mercado común latinoamericano de trueque.

trueque	*barter, exchange*	**incertidumbre**	*uncertainty*
incrementarse	*to increase*	**en gran escala**	*on a large scale*
alcanzar	*to reach*		

«El trueque no reemplazará al comercio por efectivo, pero es un instrumento que banqueros, empresas y países pueden usar para facilitar el movimiento de bienes y servicios sin **preocuparse** por las devaluaciones», comentó Larry Inks, presidente de Barter Systems International, que afirma ser una de las mayores firmas del ramo.

«La mitad de (la lista de las mayores) 500 empresas de (la revista) *Fortune* tienen ahora divisiones especiales de trueque», dijo Mac McConnell, presidente de la firma del ramo Business Exchange.

McConnell indicó que la inflación desbocada de fines de la década de 1970 y la reciente recesión internacional han **desencadenado** el **auge** del trueque.

«Cuando hay poco dinero, históricamente la gente ha tratado de intercambiar productos para ahorrar su efectivo», señaló. «Y en épocas de inflación la gente busca una alternativa económica para luchar contra el aumento de los costos».

Los acuerdos de trueque tienen la ventaja de reducir la salida de divisas del país importador. Y con muchas naciones que sufren problemas de deuda o recesión resulta probable que traten de cambiar sus materias primas o productos terminados por importaciones necesarias.

preocuparse *to worry*　　　　　　　　　**auge** *high point, apogee*
desencadenar *to unleash*

Ejercicios

I. **¿Cierto o falso?** Escuche cada declaración y diga si es cierta o falsa. Corrija las declaraciones falsas.

1. El trueque es una forma de compra–venta.
2. El mundo está por abandonar el efectivo y el crédito a favor del trueque.
3. El trueque florece en épocas de incertidumbre.
4. Venezuela cambia gemas por petróleo.
5. Algunos expertos dicen que se podría crear un mercado común latinoamericano de trueque.
6. La inflación desbocada de fines de la década de 1970 y la reciente recesión en los Estados Unidos han desencadenado el auge del trueque.
7. A consecuencia del trueque se puede reducir la salida de divisas del país importador.

II. **Para completar.** Complete las oraciones con una frase apropiada.

1. El trueque emerge como un factor mayor del . . . .
2. El trueque florece en épocas de . . . .
3. Brasil cambia . . . por . . . .

4. México cambia . . . por . . . .
5. Banqueros, empresas y países usan el trueque para facilitar el movimiento de bienes y servicios sin preocuparse por . . . .

III. Preguntas

1. ¿Qué países recurren al trueque en gran escala?
2. ¿Qué países cambian petróleo por manufacturas y servicios?
3. ¿Qué fenómenos han desencadenado el auge del trueque?
4. ¿Qué ventaja tienen los acuerdos del trueque?
5. ¿Qué países de Sudamérica no se mencionan en el artículo?

Terminología comercial

1. **Exportación** Efecto de enviar o vender a un país extranjero los productos de la tierra o de las industrias nacionales.
2. **Importación** Introducción de productos del extranjero en un país para venderlos.
3. **Balanza del comercio (comercial)** La diferencia entre las importaciones y las exportaciones de un país durante un período de tiempo.
4. **Balanza de pago** Informe en el cual se manifiestan las transacciones de un país con otras naciones durante un período de tiempo especificado. Incluye importaciones, exportaciones, inversiones, préstamos, dividendos, embarques, cargamentos de oro, etc.
5. **Letra de cambio** Documento mercantil similar a un cheque en el cual una de las partes (el importador) se compromete a pagar a la otra (el exportador) una cantidad estipulada en un plazo convenido, usando un banco comercial como intermediario.
6. **Carta de crédito** Autorizar a uno por medio de documento para que pueda recibir de otro la cantidad que necesite o hasta cierta suma.
7. **Conocimiento de embarque** Documento expedido por el capitán de un buque en el cual constan las mercaderías embarcadas y sus destinatarios.
8. **Tarifas** Impuestos asignados a artículos importados, que aumentan su precio, para dar a los productos nacionales (del país) ventajas competitivas en el mercado.
9. **Cuotas** Restricciones que limitan la cantidad de productos que se pueden importar en un período de tiempo especificado.
10. **Aduana** Oficina pública donde se registran y examinan los géneros y mercaderías que se importan o exportan, y se cobran los derechos que se adeudan.
11. **Derecho de aduana** Dinero que se paga para que ciertas mercancías puedan entrar o salir de un país.
12. **Almacén de depósito** Lugar donde se guardan temporalmente artículos sujetos a derechos de aduana.

Ejercicios

I. **¿Cierto o falso?** Escuche cada declaración y diga si es cierta o falsa. Corrija las declaraciones falsas.

1. Exportación es el efecto de enviar a un país extranjero los productos nacionales (del país) para exhibirlos.
2. Las tarifas son restricciones que limitan la cantidad de productos que se pueden importar.
3. La balanza del comercio es la diferencia entre las importaciones y las exportaciones.
4. En la aduana se examinan las mercancías que vienen del extranjero y se cobran los derechos.
5. Una letra de cambio es un documento mercantil parecido a un cheque.
6. El almacén de depósito es el lugar donde se vende la mercancía que pasa por la aduana.
7. El documento donde constan las mercaderías embarcadas y sus destinatarios es el conocimiento de embarque.

II. **Importación y exportación.** Complete cada oración con un término apropiado.

1. . . . es la introducción en un país de productos del extranjero con la intención de venderlos.
2. Las cuotas son . . . que limitan la cantidad de productos que se pueden importar.
3. Las tarifas sirven para dar . . . a los productos nacionales (del país).
4. Una letra de cambio es un documento similar a . . . .
5. Una carta de crédito es . . . .
6. . . . es un edificio público donde se examina la mercancía del extranjero.
7. En la balanza de pagos se manifiestan . . . .

Frases y expresiones

1. Importar frutas y aceite de oliva.
   To import fruits and olive oil.
2. Exportar esmeraldas y petróleo.
   To export emeralds and petroleum (oil).
3. Cambiar (negociar) comida por manufacturas.
   To exchange (trade) food for manufactured goods.
4. Usar el trueque como instrumento de comercio internacional.
   To use bartering as an instrument of international trade.
5. Cambiar productos en el mercado internacional.
   To exchange products in the international market.

6. Vender el exceso en el extranjero.
   To sell the surplus overseas.
7. Ofrecer materias primas por productos manufacturados.
   To offer raw materials for manufactured goods.
8. Preocuparse por las devaluaciones de la divisa.
   To worry about currency devaluation.
9. Buscar información sobre el país importador.
   To obtain information about the importing country.
10. Conocer los problemas y las costumbres de los países importadores.
    To know the problems and customs of the importing countries.
11. Ponerse en contacto con el Ministerio de comercio (con el agregado comercial).
    To get in touch with the Trade Commission Office (with the commercial attaché).
12. Especificar los términos de pago.
    To specify the payment terms.
13. Hacer investigación (análisis) sobre las condiciones del mercado extranjero.
    To investigate (analyze) conditions in the foreign market.
14. Modificar el producto antes de exportarlo.
    To modify the product before exporting it.
15. Tratar de reducir los riesgos de transporte.
    To try to reduce the risks of transportation.
16. Encargarse del costo del embarque.
    To pay the shipping costs.
17. Llegar a un acuerdo con la compañía exportadora.
    To reach an agreement with the export company.
18. Mandar representantes al extranjero.
    To send representatives abroad.
19. Facilitar la exportación (la importación) de productos.
    To facilitate the exportation (importation) of products.
20. Imponer restricciones a productos extranjeros.
    To impose restrictions on foreign products.
21. Proteger la industria nacional (del país).
    To protect domestic (home) industry.
22. Asegurar las mercancías por un millón de dólares.
    To insure the merchandise for a million dollars.

Ejercicios

I. Para completar. Complete cada oración con un término apropiado.

1. La nueva ley protege la . . . .
2. Los expertos se preocupan por la devaluación de . . . .
3. El comerciante se puso en contacto con el . . . .
4. Los fabricantes . . . el producto para exportarlo.
5. España exportaba . . . al extranjero.

II. Formas verbales. Complete las oraciones con una forma correcta de los verbos en paréntesis.

1. (importar y exportar) Mi país . . . manufacturas y comida.
2. (proteger) El gobierno . . . la industria nativa por medio de restricciones y tarifas.
3. (usar) Hace tiempo que las naciones . . . el trueque como forma de gobierno.
4. (buscar) Los empleados . . . información sobre las costumbres del país.
5. (cambiar) México . . . petróleo por manufacturas.
6. (conocer) Los comerciantes y yo . . . las costumbres del país importador.
7. (vender) Los árabes . . . petróleo a España.
8. (llegar) El cliente . . . a un acuerdo con la compañía exportadora en la reunión de ayer.
9. (especificar) El exportador no . . . los términos del pago.

III. En español, por favor

1. We got in touch with the commercial attaché.
2. The exporters didn't specify the payment terms.
3. The manufacturer has to improve the product before exporting it.
4. We never worry about the devaluation of the currency.
5. The government imposes restrictions on foreign goods because (it) wants to protect its domestic industry.
6. The government will facilitate the import of manufactured goods.
7. Many countries use bartering as a business transaction.
8. Some countries in South America trade their raw materials for manufactured goods.
9. Do the Arabs have a monopoly on petroleum? What is the oil cartel?
10. United States industrialists and stockholders on Wall Street influence the international market.

ECUADOR INFORMA A OPEC: DIFICULTADES EN PRODUCCIÓN PETROLEO

OPEC acepta propuesta de Venezuela: NO AUMENTO DE PRECIO AHORA

Repaso de gramática

The subjunctive mood (mood of uncertainty and doubt)

The subjunctive usually appears in complex sentences that contain two clauses—a main (independent) clause and a dependent (subordinate) clause. The verb in the subjunctive mood will usually be in the dependent clause.

The present subjunctive

The present subjunctive is formed by dropping the final **-o** from the **yo** form of the present indicative and adding the following endings:

-ar verbs

trabajar	trabajǿ	trabaj	**e**
			es
			e
			emos
			en

El comerciante quiere que

yo	trabaje	en el almacén.
tú	trabajes	
Ud. él }	trabaje	
ella		
nosotros(as)	trabajemos	
Uds. ellos }	trabajen	
ellas		

-er and -ir verbs

escribir	escribǿ	escrib	**a**
			as
hacer	hagǿ	hag	**a**
			amos
poner	pongǿ	pong	**an**

Los importadores prefieren que

yo	traiga	los documentos.
tú	traigas	
Ud. él }	traiga	
ella		
nosotros(as)	traigamos	
Uds. ellos }	traigan	
ellas		

The subjunctive in noun clauses

A. A noun clause is a dependent clause that takes the place of a noun; it is always joined to the main clause by the conjunction **que**. A subjunctive is used in the dependent clause if the verb in the main clause expresses desire (wishing), emotion, doubt, need or request. Each clause must have a different subject.

Need	**necesitar, preferir**
Emotion	**alegrarse** (*to be glad*), **sentir, temer** (*to fear*), **tener miedo**
Request	**pedir, rogar** (*to beg*), **prohibir** (*to forbid*), **esperar**
Desire	**querer, desear**
Doubt	**creer*, pensar***

Yo necesito	que	Ud. **mande** los documentos pronto.
(main clause)		(subordinate clause—verb in the present subjunctive)

Ud. prefiere que nosotros **escribamos** las cartas, ¿verdad?
El comerciante desea que Uds. **hagan** las fotocopias.

B. The subjunctive has various tenses. Use a present subjunctive form in your dependent clause when your verb in the main clause is in the present, the future, or is a command.

The subjunctive with *ojalá*

Ojalá, meaning *hopefully*, is usually followed by the subjunctive, as it expresses a very strong desire.

Ojalá que los inversionistas extranjeros **salgan** del país.
Ojalá que **llueva** para beneficiar los campos de arroz.

Clauses and impersonal expressions used with the subjunctive

Impersonal expressions that express an attitude of uncertainty as to the outcome call for the subjunctive in the dependent clause.

Es extraño que Honduras no **venda** más plátanos.
Es necesario que los países **usen** el trueque como forma de comercio internacional cuando hay escasez de dinero.
Es imposible que **paguemos** nuestra deuda internacional.
Es probable que los Estados Unidos **venda** trigo a la Unión Soviética.
Es mejor que los países de Sudamérica **cultiven** más variedad de productos agrícolas.

***Creer** and **pensar** are followed by verbs in the subjunctive only when used in negative statements (such as **No creo que . . .**) or in positive questions (such as **¿Crees que . . .?**)—otherwise you are expressing a certainty, and you must use an indicative form in your dependent clause.

The Spanish language has many more impersonal expressions such as **es posible**, **es dudoso**, **es urgente**, **es lástima**, etc.

Note that impersonal expressions that express a positive attitude of certainty (such as **es claro**, **es cierto**, **es verdad**) call for the indicative mood.

Es cierto que los tabacos más finos del mundo son de Cuba.
No hay duda (Es indudable) que tendremos una buena cosecha.
Es claro que el ron de Puerto Rico es el mejor del mundo.

The subjunctive in adverbial clauses

Dependent clauses introduced by phrasal conjunctions (usually combined with **que**) call for a verb in the subjunctive when referring to something yet to be accomplished.

Le daré el dinero después que **llegue** la mercancía.
Lograremos conseguir el oro siempre que **sigamos** las instrucciones del banco.
El abogado llamará a los clientes a la oficina para que **firmen** el contrato.

The subjunctive in adjective clauses with indefinite or non-existent antecedents

The subjunctive is used in sentences in which the antecedent is indefinite or unknown.

Busco una secretaria que **conozca** la computadora Wang.
BUT
Busco la secretaria que **conoce** la computadora Wang.

In the first sentence, there is an indefinite or unknown secretary (**una**). In the second sentence, the secretary is a real or known person with identity (**la**).

Ejercicios _____

I. **Para escoger.** Escoja la forma correcta del verbo.

MODELO El importador quiere que Uds. le . . . los documentos en seguida. (envían, envíen, enviar)
El importador quiere que Uds. le **envíen** los documentos en seguida.

1. Los políticos desean que el gobierno . . . restricciones a los productos extranjeros. (imponer, impone, imponga)
2. El inspector de aduana quiere . . . la mercancía que acaba de llegar. (examina, examinar, examine)
3. La compañía exportadora prefiere que sus empleados . . . información sobre el país importador. (buscan, busquen, buscar)

4. Esperamos que nuestro país . . . el trueque como forma de comercio. (usar, usa, use)
5. Creo que nuestro país no . . . el trueque como forma de comercio. (usar, usa, use)
6. Estamos seguros que algunos países de Hispanoamérica . . . piedras preciosas. (exportar, exporten, exportan)
7. Necesitan que el importador . . . los términos del pago cuanto antes. (especificar, especifica, especifique)
8. Los importadores le piden al fabricante que . . . su producto antes de exportarlo. (mejorar, mejora, mejore)
9. España espera . . . miles de toneladas de aceite de oliva al extranjero en este año. (exportar, exporte, exporta)
10. Portugal teme que España . . . demasiado aceite de oliva al extranjero. (exportar, exporta, exporte)

II. **¿Indicativo o subjuntivo?** Complete las oraciones con una forma correcta de los verbos en paréntesis.

1. (importar) Es cierto que los Estados Unidos . . . frutas de Centroamérica.
2. (exportar) Es mejor que nuestro país . . . comestibles a los países del Tercer Mundo.
3. (necesitar) Es dudoso que los países industrializados . . . importar maquinaria agrícola.
4. (ayudar) Es verdad que el gobierno . . . a la industria nacional.
5. (buscar) Es importante que los exportadores . . . la información necesaria sobre el país importador.
6. (necesitar) Es lástima que los países en vías de desarrollo . . . productos manufacturados.
7. (leer) Es necesario que los empleados de la compañía exportadora . . . todos los documentos relacionados con los cargamentos expedidos.
8. (examinar) Es mejor que los inspectores de aduana . . . el cargamento cuanto antes.

III. **Para pensar y completar.** Complete las oraciones con el presente del subjuntivo de un verbo apropiado.

1. Los jefes prefieren que nosotros . . . en la oficina todo el día.
2. Es probable que él . . . a la conferencia del mercado internacional del algodón.
3. No vamos a exportar la mercancía hasta que . . . las deudas a nuestra compañía.
4. En caso que . . . la cristalería debemos notificárselo al comprador.
5. Le enviaremos la mercancía a su compañía con tal de que la . . . antes de fin de año.

6. Abrirán nuevas fábricas en el extranjero para que . . . el nivel de vida de los habitantes.
7. Traigo el dinero con tal que Ud. también lo . . . .
8. Tenemos que pagar los gastos marítimos al capitán del barco antes de que el barco . . . del puerto de Nueva York.
9. Traigo estos documentos para que Ud. los . . . .
10. No se van a vender estas pulseras a menos que nosotros las . . . en las revistas internacionales.

IV. **Formas verbales.** Complete las oraciones con una forma correcta de los verbos en paréntesis.

1. (importar)   Los comerciantes no quieren . . . artículos de lujo.
2. (exportar)   Sentimos que ellos no . . . artículos de lujo.
3. (exportar)   El gobierno no permite que los comerciantes . . . la materia prima.
4. (preocuparse)   Le rogamos que no . . . por las transacciones comerciales internacionales del país.
5. (cambiar)   Muchas naciones desean . . . metales por comida.
6. (cambiar)   Los expertos no quieren que el país . . . petróleo por comida.
7. (ponerse)   Prefiero que Ud . . . en contacto con el agregado comercial.
8. (usar)   Yo no creo que mi país . . . el trueque como forma de comercio.
9. (mejorar)   Espero que la compañía . . . el producto antes de exportarlo.
10. (mejorar)   Creemos que ellos . . . el producto antes de exportarlo.
11. (importar)   Prefieren que yo . . . frutas y lana.
12. (pagar)   Los Estados Unidos duda que los países centroamericanos . . . la deuda internacional.

V. **En español, por favor**

1. Some politicians want to impose quotas on imports.
2. I don't think that Venezuela exports food.
3. We believe that some countries use bartering as a business transaction.
4. The commercial attaché of my country wants to get in touch with the president of the company.
5. The importing country fears that the company may not try to reduce the risks of transportation.
6. Some countries forbid their mining companies to export raw materials.
7. The businessman is glad that the customs officer examines the merchandise as soon as it arrives.
8. I'm searching for an inexpensive Japanese computer that can solve my inventory problems.
9. Our company is advertising for electronic engineers that are willing to work in Costa Rica.
10. I'm looking for the company that sells these automobile parts.

Nota cultural

Sherry

One of Spain's best-known exports is **el jerez** (*sherry*). Sherry is a dry, fortified wine whose color ranges from pale amber to brown. It is made from grapes grown in the region of Jerez de la Frontera (Andalucía).

The fermented wine is fortified with brandy. After maturing in casks for several years, the wine is classed **palma**, very dry; **raya**, full and rich; or **palo cortado**, an intermediate variation. The varieties of sherry include **amontillado** and **manzanilla**, aperitif wines of the **palma** type; the fairly sweet, fruity **oloroso** and **amoroso**, blended from **palo cortado**; and the very sweet golden or brown sherries, **raya** blends.

The next time you see an advertisement that suggests you drink "Bristol Cream" sherry—with a backdrop of England—remember that the sherry wine was actually produced in the Iberian Peninsula. "Sherry," after all, is just the British way of pronouncing **jerez**, which centuries ago Spaniards spelled **Xerez** and pronounced with an /sh/ sound.

Anuncios

guineo *banana*

montura   *setting (jewelry)*

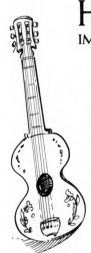
abanico *fan*
castañuelas *castanets*
imagen religiosa *religious image*

Importación y exportación

Ejercicios

I. Preguntas

1. ¿Qué artículos típicamente españoles importa la Casa Hispania?
2. ¿Ha visto Ud. muñecas españolas en las tiendas? ¿Puede describirlas?
3. ¿Qué sabe Ud. de la joyería y las espadas de Toledo?
4. ¿De qué país importamos esmeraldas muy hermosas?
5. ¿De qué país importamos amatistas y aguamarinas?
6. ¿Cuál es su piedra preciosa (o semi-preciosa) favorita? ¿En qué país se encuentra en abundancia?
7. ¿Le gustan a Ud. los vinos de la Península Ibérica? ¿Qué clase y qué marca de vinos prefiere Ud.?
8. ¿Qué frutas tropicales mencionadas en el anuncio ha probado Ud.? ¿Conoce alguna otra fruta tropical no mencionada?
9. ¿Qué información importante para los negociantes se encuentra en la revista *Comercio Internacional*?

II. Composición

1. Escriba Ud. un anuncio para vender joyas de fantasía de los Estados Unidos para exportar a Latinoamérica.
2. Escriba un anuncio para un producto norteamericano que Ud. desea exportar a países de habla española.

Cartas comerciales _____

520 Bond Street
New York, N.Y. 10010
9 de noviembre de 1988

Sr. D. Antonio Gómez
Productos Alimenticios
Avenida de la Marina, 32
Guadalajara, México 44300

Estimado señor:

Tengo el gusto de comunicarle que hace dos días llegó la expedición del azúcar que usted me anunciaba por carta del 26 de octubre. Estoy seguro de que la mercancía corresponde a lo que yo esperaba y que tendrá la aceptación del público.

Sin más por hoy, le saluda

Juan Hernández
Juan Hernández

620 Broadway
New York, N.Y. 10000
15 de junio de 1988

Sres. Herederos de Plutarco H. Robinson
Casilla 375
Guayaquil, Ecuador

Re: Embarque No. 250 Máquinas de coser
Hernán Báez, Cuenca

Muy señores nuestros y amigos:

Por medio de la presente nos es grato participarles que a bordo del vapor Sta. Lucía de la Flota Gran Colombiana, con fecha 13 del corriente, fue despachado el embarque de la referencia. Adjunto les enviamos copia de los documentos pertinentes como la factura consular y el conocimiento de embarque. Los originales han sido enviados directamente al cliente a fin de que pueda tramitar cuanto antes la transportación del puerto a la ciudad.

Tal como le habíamos informado en nuestra correspondencia anterior, debido a un incendio en la fábrica, este pedido ha permanecido pendiente por mucho tiempo y es muy urgente que el cliente reciba la mercancía sin más demora. En vista de lo transcurrido y a fin de minimizar en algo la pérdida que el señor Báez ha sufrido debido a la demora, les rogamos cargar a nuestra cuenta los gastos de aduana.

Anticipándoles nuestro agradecimiento por la pronta atención que se sirvan dispensar a la presente, nos suscribimos de Uds.

Muy Atentos y Ss. Ss.

Luis J. Falcón,
Gerente de Exportación

P.D. Le enviamos al Sr. Báez copia de la presente.

Ejercicios

I. Preguntas

1. ¿Cuál es el motivo de la carta del señor Juan Hernández? ¿Qué producto se vende?
2. ¿Quién es el importador y quién es el exportador de la carta fechada el 15 de junio de 1989?
3. ¿Qué problema han tenido en la fábrica?
4. ¿De qué manera van a compensar al cliente por la pérdida causada por la demora?
5. ¿Qué sabe Ud. de las dos ciudades ecuatorianas, Guayaquil y Cuenca?

II. Composición

1. Escriba Ud. una carta a una compañía de frutas en los Estados Unidos ofreciendo su cosecha de plátanos o bananas.
2. Escriba Ud. una carta explicando la razón de la demora de su casa comercial en enviar las mercancías.

Expresión libre

I. Continúe Ud., por favor. Complete las oraciones de una manera original. Después prepare otra oración sobre el mismo tema.

1. Tengo ganas de vender automóviles a la clientela hispanoamericana porque . . .
2. El importador debe saber . . .
3. El exportador necesita informarse sobre . . .
4. El problema de vender al extranjero es . . .
5. Vale la pena exportar . . .
6. Al graduarme de la universidad . . .
7. Algunas razones del establecimiento de casas comerciales norteamericanas en la América Latina son . . .

II. Preguntas y situaciones

1. Ud. y dos de sus compañeros de clase invirtieron dos mil dólares para establecer una casa importadora de productos latinoamericanos.
   a. ¿Qué van Uds. a vender?
   b. ¿Por qué escogieron Uds. este producto?
   c. ¿Dónde está el mercado?
   d. ¿Qué esperan ganar?
   e. ¿Qué pasa si Uds. fracasan en el negocio?

2. Ud. es un(a) agente de exportación de productos estadounidenses.
    a. ¿Qué productos le interesan a Ud. de las fábricas norteamericanas?
    b. ¿Qué productos puede Ud. vender en los mercados latinoamericanos?
3. Los gobiernos se meten en todos los asuntos de compra y venta internacionales. Explique Ud. por qué.

III. Composición oral y escrita

1. ¿Qué opina Ud. sobre la importación de automóviles?
2. En varios párrafos explique Ud. qué puede hacer la industria de este país (EE.UU.) para competir con los productos del extranjero.

Vocabulario básico

el acuerdo	*agreement*
la aduana	*customhouse*
el (la) agente de aduana	*customs agent*
el agregado comercial	*commercial attaché*
el almacén de depósito	*bonded warehouse*
la balanza del comercio	*balance of trade*
la balanza de pagos	*balance of payments*
el barco	*ship*
los bienes	*goods*
el buque, el vapor	*ship*
la carta de crédito	*letter of credit*
el cartel	*cartel*
el certificado de origen	*certificate of origin*
el conocimiento de embarque	*bill of lading*
el contrabando	*contraband*
las cuotas	*quotas*
la declaración de entrada	*customs entry*
los derechos de aduana	*customs duties*
el despacho de aduana	*custom clearing office*
la devaluación de la divisa	*currency devaluation*
el embarque	*shipment*
el extranjero	*overseas*
la factura consular	*consular invoice*
los gastos de aduana	*customs charges*
los idiomas extranjeros	*foreign languages*
la industria nacional (del país)	*native (domestic) industry*
la letra de cambio	*bill of exchange*
el mercado extranjero	*foreign market*
el monopolio	*monopoly*
el muelle	*dock*

la oficina de comercio extranjero	foreign-trade office
la oficina de patentes	patent office
el país exportador	exporting country
el país importador	importing country
el puerto	port
el puerto libre	free port
el registro de la entrada de barcos	ship's registry on arrival in port
el registro de la salida de barcos	ship's registry on departure from port
los riesgos	risks
el seguro marítimo	marine insurance
las tarifas; los impuestos	tariffs; taxes
los términos de pago	terms of payment
el trueque	barter, exchange

12

Correo, transporte y comunicaciones

Mail, transportation, and communications

Diálogo

Hay que economizar

SRA. ROMÁN: Deseo cinco mil **estampillas** de **correo aéreo**.

EMPLEADO DE CORREO: ¿Tanto escribe usted? ¿O es que tiene un negocio de ventas por correo?

SRA. ROMÁN: Bueno, en realidad no escribo mucho, ni tengo negocio por correo, pero he oído decir que van a subir los precios de las estampillas.

EMPLEADO: ¿Y qué?

SRA. ROMÁN: De esta manera podré economizar. Tendré años de correspondencia a precios bajos.

EMPLEADO: Pero, señora, la cosa no es así. Ud. podrá usar estos sellos siempre, pero tendrá que añadirle más a su carta si el precio sube.

SRA. ROMÁN: ¡Ay, Señor! No hay remedio, el correo siempre tiene razón.

estampillas *stamps* **correo aéreo** *air mail*

Ejercicios

I. **¿Cierto o falso?** Escuche cada declaración y diga si es cierta o falsa. Corrija las declaraciones falsas.

1. La señora Román escribe mucho y por eso necesita muchas estampillas.
2. Las estampillas de correo van a subir de precio.

3. Ella cree que va a tener años de correspondencia a precios bajos.
4. Si suben los precios de las estampillas, ella tendrá que añadirles más estampillas a sus cartas.
5. El correo nunca tiene razón.

II. Preguntas

1. ¿Cuántas estampillas quería comprar la señora Román?
2. ¿Por qué quería comprar tantas estampillas?
3. ¿Pensaba ella que iba a hacer un buen negocio? Explique.
4. ¿Cuánto cuestan 5,000 estampillas si cada una cuesta 25¢?
5. ¿Cree Ud. que son caras las estampillas de correo? ¿Por qué?
6. ¿Colecciona Ud. estampillas? ¿De qué países? ¿Cree Ud. que éste es un buen pasatiempo (*pastime, hobby*)? ¿Cree Ud. que éste es un buen negocio? Explique por qué.

III. En español, por favor

1. I've heard that the price of postage stamps is going up.
2. Will I be able to save money if I buy many stamps?
3. You'll have to add more stamps to your letters.
4. For years we bought stamps at low prices.
5. Is the post office always right?

Terminología comercial

1. **La comunicación** Sistema para mandar o recibir mensajes. Puede ser oral, por señas (*signs*), por escrito, por teléfono, por cable, por radio, por televisión o por satélite.
2. **La computadora** Un aparato electrónico, un sistema moderno para guardar cifras y realizar operaciones matemáticas. Es también el archivo de toda clase de información sobre asuntos comerciales y puede transmitir dicha información.
3. **El correo** Servicio público que tiene por objeto trasladar la correspondencia y paquetes recibidos de un lugar a otro y allí repartirlos o entregarlos a sus destinatarios. También se denomina o llama así la oficina misma donde se presta el servicio, al igual que la correspondencia que se despacha o recibe.
4. **El franqueo** El costo, según el peso, del transporte por correo.
5. **El matasellos** Estampilla o seña con que se inutilizan los sellos de las cartas.
6. **La mudanza** El acto o efecto de cambiar la dirección o residencia.
7. **La radio** La comunicación por medio de ondas electromagnéticas. La radio-comunicación incluye una serie de formas, como la telegrafía, la telefonía sin hilos o radiotelefonía, la radiodifusión y la televisión.
8. **El satélite transmisor** Un satélite, cuando no es un fenómeno natural, es un objeto hecho por el hombre que se envía al espacio por medio de un

cohete y que se mantiene en órbita alrededor de la tierra. Hay satélites destinados a pronosticar el tiempo *(weather)* y otros a transmitir ondas de radiocomunicación. Éstos hacen posible la transmisión instantánea y simultánea a puntos distantes del planeta de acontecimientos importantes y de interés general.

9. **El sello de correos (estampilla)** Pequeño pedazo de papel emitido por el gobierno, que tiene un diseño de un lado y goma por el otro y que se adhiere a una carta o paquete para mostrar que se ha pagado el derecho postal por la cantidad señalada en el frente.

10. **El teléfono** Un conjunto de aparatos e hilos conductores que sirven para transmitir a distancia la voz por medio de la electricidad. La transmisión por teléfono también puede ser sin hilos, por medio de la radiocomunicación.

11. **La televisión** Sistema para enviar y recibir imágenes de objetos, personas y acciones con los sonidos correspondientes. (**El televisor** es el aparato que recibe la comunicación.)

12. **El transporte** Conjunto de medios destinados al traslado de personas o mercancías. Puede ser por tierra, mar o aire y se lleva a efecto en camiones, ferrocarriles, buques o aviones.

Ejercicios _____

I. **¿Cierto o falso?** Escuche cada declaración y diga si es cierta o falsa. Corrija las declaraciones falsas.

1. La comunicación puede llevarse a cabo por medio de un satélite natural.
2. El teléfono es una forma de comunicación por señas.
3. La radio es la comunicación por medio de ondas electromagnéticas.
4. Un satélite transmisor está en órbita alrededor de la tierra y hace posible transmisiones por televisión que pueden verse simultáneamente en Tokío y en Bogotá.
5. El correo tiene por objeto recibir, trasladar y entregar la correspondencia y paquetes.
6. El correo es un edificio público donde se compran estampillas y se determina el franqueo.
7. El franqueo depende del dinero de la persona que necesita el transporte aéreo.
8. El matasellos inutiliza el sello.
9. La transportación y la comunicación son la misma cosa porque ambas tienen que ver *(deal with)* con «eliminar» las distancias.
10. El sello de correo es un pedacito de papel que muestra que se ha pagado el derecho postal.

II. Correo, transporte y comunicaciones. Complete cada oración con un término apropiado.

1. La comunicación es un sistema de . . . o . . . mensajes.
2. La comunicación puede ser por . . . , por . . . o por . . . .
3. Por medio del teléfono podemos . . . las voces de nuestros parientes que viven lejos.
4. La radio es la comunicación por medio de . . . .
5. Por medio de . . . podemos enviar y recibir imágenes además del sonido.
6. El correo es un servicio público que tiene por objeto . . . .
7. El correo también es . . . y paquetes.
8. El acto o efecto de cambiar de residencia es la . . . .
9. El franqueo varía según el . . . de los documentos que Ud. manda por correo.
10. El transporte de mercancía se lleva a cabo por . . . , por . . . o por . . . . El transporte por . . . es el más barato aunque también tiene la desventaja de ser . . . .
11. La . . . archiva la información pertinente a los negocios.
12. El . . . transmite noticias de un país a otro.

Frases y expresiones

1. Mandar la carta por correo certificado.
   To send the letter by certified mail.
2. Poner la dirección (las señas) en el sobre.
   To address the envelope.
3. Escribir la dirección del remitente en el sobre.
   To write the return address on the envelope.
4. Enviar el paquete por correo aéreo (en vez de por barco).
   To send the package by air mail (instead of by boat).
5. Determinar el franqueo según el peso.
   To determine the postage according to weight.
6. Pagar el sobrepeso; pagar la falta de franqueo.
   To pay the overweight; to pay the postage due.
7. Repartir la correspondencia.
   To deliver (distribute) the letters.
8. Añadir una posdata (P.D.).
   To add a postscript (P.S.).
9. Poner un cable en seguida.
   To send a cable right away.
10. Transportar el cargamento por tierra.
    To transport the cargo by land.

11. Mudarse a otro vecindario.
    To move to another neighborhood.
12. Sacar la cinta de la grabadora.
    To take the tape out of the tape recorder.
13. Transmitir buenos programas (las noticias) en español.
    To broadcast good programs (news) in Spanish.
14. Mirar las telenovelas en el canal 45.
    To watch soap operas on Channel 45.
15. Prender el radio (el televisor).
    To turn on the radio (TV).
16. Apagar el televisor (el radio).
    To turn off the television set (radio).
17. Cambiar la estación.
    To change the station.
18. Seleccionar el canal.
    To select the channel.
19. Subir (bajar) el volumen.
    To turn up (down) the volume.
20. Escuchar el estéreo.
    To listen to the stereo.
21. Oír sonar el teléfono.
    To hear the telephone ring.
22. Colgar el receptor.
    To hang up the receiver.
23. Hacer una llamada a larga distancia (de persona a persona).
    To make a long-distance (person-to-person) call.
24. Encontrar la línea ocupada.
    To get a busy signal.
25. Marcar el número.
    To dial the number.

Ejercicios

I. Para completar. Complete cada oración con un término apropiado.

1. Miramos las noticias y las telenovelas en el . . . 45.
2. Quiero hablar con el señor García que está en España, por eso hago una llamada . . . .
3. Además de la dirección del destinatario, ponemos en el sobre la dirección del . . . .
4. Hay que poner la . . . en la grabadora para grabar la conversación.
5. En esa . . . de radio transmiten . . . en español.
6. La línea estaba . . . y no pudimos hacer . . . .

II. Para escoger. Complete las oraciones con una de las frases en paréntesis.

1. Escribimos (las señas del empleado de correo/la dirección del remitente) en el sobre por si acaso se pierde la carta.
2. El empleado de correo determina el franqueo según (el barco/el peso/el destinatario).
3. Enviamos el paquete (por barco/por correo aéreo/por larga distancia) porque es necesario que llegue a España cuanto antes.
4. Es necesario (transmitir buenos programas/prender el radio) para el beneficio de la comunidad hispana.
5. Por favor, saque (la cinta/el cable) de la grabadora, pues deseo usarla.
6. Prefiero que (apagues/prendas) el radio porque tengo dolor de cabeza y me molesta el ruido.
7. Como deseo vivir cerca de la oficina, voy a (transportar/mudarme) a este barrio.
8. El señor Cuevas le ruega que (envíe/envía) el paquete (por correo aéreo/por barco) porque es más rápido.

III. Formas verbales. Use una forma correcta de los verbos en paréntesis.

1. (hacer)   Mi jefe prefiere que yo . . . la llamada en seguida.
2. (enviar)   Es mejor que Ud. nos . . . el paquete por correo aéreo.
3. (poner)   Es urgente que los clientes nos . . . un cable en cuanto llegue la mercancía.
4. (apagar)   Es necesario . . . el radio a medianoche para no molestar a los vecinos.
5. (sacar)   El jefe le pide a la secretaria que . . . la cinta de la grabadora.
6. (transmitir)   La gerente de la emisora les dice a sus empleados que . . . buenos programas.
7. (mirar)   El jefe no permite que sus empleados . . . telenovelas en horas de trabajo.
8. (prender)   El señor Marín no quiere . . . el radio ahora porque está ocupado.

IV. En español, por favor

1. Send the package by certified mail instead of by regular mail.
2. García & Company will move to another building next month.
3. We're going to send a cable to our new customer in Montevideo right away. I hope that he gets it (receives it) tomorrow.
4. Watch the news on Channel 48 instead of Channel 32.
5. The company wants to transport the cargo by railroad because it's the cheapest mode (modo) of transportation.
6. The new secretary didn't write the return address on the envelope because she doesn't think it's necessary.
7. Channel 28 broadcasts news in Spanish every evening at 10:00. It's important that we hear the latest stock reports.
8. Our company ships its merchandise by railroad, by cargo ship, by air, and by truck.

Repaso de gramática

Use of indefinite and negative expressions

A. Common expressions

algo	*something, anything*	nada	*nothing*
alguien	*someone, somebody*	nadie	*nobody, no one*
siempre	*always*	nunca	*never*
alguno(a)	*someone, somebody*	jamás	*ever*
también	*also*	ninguno(a)	*none, no one*
		tampoco	*either*

B. Position

1. The indefinite or negative expressions may precede or follow the verb.

   { El locutor siempre dice algo interesante. } *The announcer always says*
   { El locutor dice siempre algo interesante. } *something interesting.*

2. When you place a negative word at the end of your sentence, place **no** before the verb. The double negative that results is idiomatically correct in Spanish.

   El cartero nunca lleva paquetes
     a su casa.   *The postman never delivers*
   El cartero no lleva paquetes a su   *packages to his house.*
     casa nunca.

   Nada vemos en la pantalla.   *We don't see anything on*
   No vemos nada en la pantalla.   *the screen.*

3. Shorten **alguno** and **ninguno** to **algún** and **ningún** when you use them before a singular masculine noun.

   ¿Hay algún programa interesante   *Is there an interesting program*
     esta noche?   *tonight?*
   No hay ninguno.   *There isn't any.*

Uses of *para* and *por*

A. Uses of **para**

1. Destination or physical goal (*for*)

   La carta nocturna es para el jefe de la compañía.
   Los paquetes van para el extranjero.

2. Purpose or intention (*in order that, so that*)

   Traiga el paquete para que lo pese el empleado de correo.
   Lleven la mercancía para que la examine el inspector.
   ¿Para qué necesita tantos sellos?

3. Use or function

Usan el satélite para mandar mensajes a otros planetas.
El teléfono sirve para transmitir la voz a distancia.

4. To indicate a point in time (*by*)

Los necesitamos para mañana.
Lo espero para el miércoles.
¿Para cuándo quiere la mudanza?

B. Uses of **por**

1. Means or manner (*by*)

Mandarán los libros por barco.
La carta salió ayer por correo aéreo (para San Juan).

2. Agent (*by*)

La carta fue escrita por el presidente de la estación de radio.
Está firmada por el empleado.

3. Cause or reason for the action

No pudo ver el programa por falta de tiempo.
Miramos los anuncios televisados por necesidad.

4. To show price or to multiply

Compraron la estación por un millón de dólares.
Pagué tres dólares por el seguro.
Cinco por cuatro son veinte.

5. Duration of time

Trabajamos horas extra por dos semanas durante las Navidades.
Estuvieron en fila (*in line*) por hora y media antes de llegar a la ventanilla (para comprar sellos).

6. *Through*

Los paquetes que vienen del extranjero entran en el país por ese muelle.
Los empleados del correo entran en su oficina por la puerta que da a (*faces*) la calle principal.

7. Vague location

No están por aquí.
Se encuentran por el extranjero.

8. *For the sake of*

Trabajan en el correo por los beneficios que reciben los empleados federales.
Se muda a la ciudad por las oportunidades que ésta le ofrece.

Correo, transporte y comunicaciones

9. Agent or intermediary (*for*)

El empleado firma la carta por el jefe.
Hizo la llamada por nosotros.
Esperó en fila por su madre por dos horas (para comprar estampillas).

The present perfect subjunctive

A. The present perfect subjunctive is formed with the present subjunctive of *haber* (as auxiliary) plus a past participle.

haya	hayamos		
hayas		+	past participle
haya	hayan		

B. Usage

After main clauses that require the subjunctive in the dependent clause, Spanish uses the present perfect subjunctive as an equivalent for English *have* or *has* + past participle.

Espero que los mensajeros hayan pagado el franqueo debido.
¡Ojalá que el programa haya tenido éxito!
No creo que el cartero haya llevado la carta a otro edificio.

Ejercicios _____

I. **Expresiones indefinidas y negativas.** Complete cada oración con **nada**, **nadie**, **alguien**, **algún**, **alguno(a)**, **siempre**, **nunca**, **también** o **tampoco**.

1. No hay . . . en la estación de radio.
2. Los empleados de correo son muy amables conmigo . . . .
3. No veo a mis amigos en el correo . . . .
4. . . . los veo en la estación de radio.
5. El dueño de la estación de televisión . . . está tratando de presentar programas buenos a la comunidad.
6. No hay . . . satélite transmitiendo noticias a ese país en este momento.
7. ¿Tienes . . . dinero para comprar anuncios de televisión?
8. Siempre hay . . . interesante en la telenovela que miro todos los días.
9. En la telenovela que ustedes miran no hay . . . personaje interesante. Es verdad, no hay . . . .
10. No me gustan los anuncios comerciales por televisión. Ni a mí . . . .

II. *¿Para o Por?*

1. Mandaron los paquetes . . . barco, por eso se demoran tanto.
2. ¿Cuántos son ocho . . . nueve?

3. Los empleados entran . . . la puerta principal.
4. Esperamos su llamada . . . mañana.
5. Las cartas estarán en el buzón . . . varias horas.
6. ¿ . . . quién es el telegrama?
7. ¿ . . . dónde van las cartas?
8. ¿ . . . qué sirve la telegrafía sin hilos?
9. El teléfono sirve . . . transmitir a distancia la voz de nuestros amigos.
10. El teléfono transmite la voz . . . medio de la electricidad.
11. Traiga el paquete a esta ventanilla . . . asegurarlo.
12. ¿Cuánto pagaron . . . la estación de televisión?
13. Este folleto fue escrito . . . nosotros.
14. Como estábamos ocupados, ella estuvo en fila . . . nosotros.
15. El artículo sobre el trueque fue escrito . . . un periodista de *La Prensa*.

III. En español, por favor

1. There's nothing inside the package that someone delivered here.
2. No one knows how to fix the TV set.
3. We need the merchandise by tomorrow.
4. They'll send the packages (by) air mail.
5. Bring the package so that the employee can weigh it and determine the postage.
6. Is there any interesting program on TV this early?
   No, there's none.
7. I'm going to work at the post office for three weeks.
8. She waited in line for an hour in order to buy stamps.
9. We hope that the letter carrier has delivered the letter on time.
10. I don't think that he's called the office yet.

Nota cultural _____

On the telephone

People involved in business transactions make great use of the telephone. In looking up names of individuals and companies, certain peculiarities of the Spanish alphabet must be kept in mind. **Ch** is a separate letter, and, as such, appears after the **c** in directories and telephone books. The same is true of **ll**, which is listed after **l**. The **ñ** is separate from, and listed after **n**.

Having finally reached someone on the telephone, the caller will discover that Spanish speakers answer the phone in a variety of ways, depending on their nationality. In many Spanish-American countries, especially Puerto Rico, people answer with a rather casual **Aló**. In Argentina, people say **Hola**, and in Cuba, **Digo** or **¿Qué hay?** A Mexican business contact will say **Bueno**, while a Colombian will answer with **¿A ver?** In Spain, a telephone call is answered with **Diga** or **Dígame**.

Ejercicios _____

I. Preguntas

1. ¿Le gustaría a Ud. mirar el «especial» en el Canal 28? ¿Por qué? Si Ud. ve el programa, ¿qué cosas puede averiguar sobre Rosa Sábado?
2. ¿Por qué es Radio LAT la «número uno» entre los hispanos? ¿Qué le brinda esa emisora a los radioyentes?
3. ¿Por qué le interesaría a Ud. sintonizar Radio LAT?
4. ¿Qué servicios importantes ofrece Medi-Cuba? ¿Qué opina Ud. de la labor que hace esta organización? Explique.
5. ¿Cómo es el servicio de Panamericana? ¿A qué ciudades lleva carga esta compañía? ¿En qué países están estas ciudades?

II. Composición

1. Escriba Ud. un anuncio original para:
    a. un programa de música popular (mencionando las estrellas que van a participar, el canal y la hora en que va a tener lugar).
    b. una telenovela (mencionando las estrellas y el argumento o el tema).

170 W. 74th Street
New York, N.Y. 10000

2 de febrero de 1988

Mudanzas La Luna
13 Pacific Street
Bronx, N.Y. 10400

Señores:

He visto su anuncio en los clasificados de El Imparcial y deseo
solicitar su servicio de estimados gratis que ofrecen en dicho anuncio.
Yo estoy interesada en mudarme en seguida de N.Y.C. a Humacao,
Puerto Rico, donde me espera un puesto muy bueno en una fábrica de
ropa interior.

Mi mobiliario consiste en un juego de sala, comedor, dormitorio
y varias camitas y gaveteros de niños. Además de esto, tengo un par
de estantes de libros que contienen unos 2,000 volúmenes. Sería
necesario empacarlos en cajas y cajones muy fuertes y enviarlos a
Puerto Rico por barco antes de la mudanza. También tengo mucha
cristalería fina que habría que embalar con muchísimo cuidado. Y
debo advertirle que vivo en un quinto piso en un edificio sin ascensor.

Les agradecería su pronta respuesta, ya que me urge mudarme
pronto. Para hacer el estimado pueden venir a mi casa cualquier día
de esta semana después de las 6:00. Pueden llamarme al (212) 472-
5517.

Atentamente,

Josefina T. Maldonado

5 Washington Mews
New York, N.Y. 10000

6 de marzo de 1988

Presidente Radioemisora WLAT
509 Avenue of the Americas
New York, N.Y. 10010

Estimado señor:

Acabo de ganarme el primer premio en la lotería y me gustaría
usar parte del dinero para beneficio de la comunidad hispana en esta
ciudad. Como su estación es "la estación hispana número uno de Nueva
York" y tantas personas la escuchan diariamente, deseo asignar una
cierta cantidad de dinero para transmitirle buenos programas a
nuestra comunidad.

Primeramente, desearía un programa semanal de música clásica
ejecutada por las mejores orquestas del mundo. También me gustaría
transmitirle al público unas horas de verdadero drama (bien sea la
tragedia clásica griega, Shakespeare, Calderón o René Marqués) en vez
de las telenovelas de que ahora goza. Finalmente me gustaría
brindarles a los hispanos un programa donde se les dé a los recién
llegados información sobre empleo, ciudadanía y viviendas razonables.

Espero que mi proyecto sea de su agrado y espero también
sugerencias de su parte para poder llevar a cabo esta labor cuanto
antes.

Atentamente,

Plácido Vargas Rosas

Ejercicios

I. Preguntas

1. ¿Qué solicita J. T. Maldonado en su carta?
2. ¿En qué consiste su mobiliario?
3. ¿Qué necesita para empacar sus libros? ¿Qué método de transporte debe usarse para sus libros? ¿Por qué?
4. Además de muebles y libros, ¿qué otra cosa tiene la señora Maldonado? ¿Cómo debe embalarse esto? ¿Por qué?
5. ¿Qué cosa le advierte la señora Maldonado a Mudanzas Luna? ¿Por qué es importante esta información para personas que hacen mudanzas?
6. ¿Cuál es el objeto de la carta del señor Vargas?
7. ¿Qué clase de programas desea transmitir para la comunidad? (Diga las tres clases de programas que él menciona.)
8. ¿Qué clase de drama desea él presentarle al público? ¿Cuáles son sus dramaturgos favoritos? ¿Los conoce Ud.?
9. ¿Qué clase de dramas no le gusta al señor Vargas?
10. ¿Qué clase de información desea que la emisora les transmita a los hispanos recién llegados?
11. ¿Cree Ud. que el proyecto del señor Vargas tiene mérito? ¿Por qué?

II. Composición

1. Escriba Ud. una carta a una agencia de mudanzas solicitando un estimado gratis. Debe decir adónde se muda y en qué consiste su mobiliario. También debe decir qué problemas hay en su edificio que puedan dificultar la mudanza.
2. Escríbale Ud. una carta al presidente de una radio emisora o estación de televisión, diciéndole qué le parecen los programas que están actualmente presentándole al público. Dígale cuáles le gustan y cuáles no le gustan.
3. Ud. ha ganado un millón de dólares en la lotería. ¿Le gustaría beneficiar a la comunidad con buenos programas? Escriba una carta de varios párrafos al presidente de una estación de radio o televisión, diciéndole qué clase de programa desea Ud. patrocinar para beneficio de la comunidad.

Expresión libre

I. Para pensar y hablar. Complete las oraciones de una manera original.

1. Un buen programa de televisión . . .
2. Me gusta escuchar la radio . . .
3. Tengo que ir al correo para . . .
4. En la ventanilla de correo . . .

5. Al mudarse hay que tener en cuenta *(one has to keep in mind)* . . .
6. A veces cuando uso un teléfono público . . .
7. Cuando quiero enviar un mensaje urgente . . .
8. El telex es útil en los negocios porque . . .

II. Preguntas y situaciones

1. Su amigo(a) desea dar a conocer su negocio al público. Aconséjele sobre las ventajas y desventajas de anunciarse en la televisión y en la radio.
2. Su amigo(a) acaba de llegar a este país y quiere pasar la noche mirando la televisión. ¿Qué programas le recomienda Ud.? ¿Por qué? ¿Cuáles no le recomienda Ud.? ¿Por qué?

III. Composición oral y escrita

1. Complete Ud. el aviso (anuncio) del locutor en el dibujo. Añada tres oraciones (por lo menos).
2. Escriba Ud. un diálogo original que ocurre entre un(a) cliente y un(a) empleado(a) del correo.

Y ahora, estimados radioyentes, tenemos muy buenas noticias para los comerciantes que nos escuchan. De hoy en adelante...

Vocabulario básico

el aviso, anuncio	*announcement*
el barco	*ship, boat*
el buzón	*mailbox*
el cable, el cablegrama	*cable*
el camión	*truck*
el canal (de televisión)	*TV channel*
la carretera	*road, highway*
la carta certificada	*certified letter*
la carta nocturna	*night letter*
el cartero	*postman*
la cinta	*tape*
la comunicación	*communication*
el correo	*mail; post office*
el correo aéreo	*air mail*
el correo certificado	*certified mail*
el correo de primera clase	*first-class mail*
el correo marítimo	*transoceanic mail*
el correo registrado	*registered mail*
la dirección, las señas	*address*
el disco	*record*
la emisora (estación)	*broadcasting station*
la entrega inmediata	*special delivery*
la entrevista	*talk show; interview*
la estampilla, el sello	*stamp*
el estéreo	*stereo*
el ferrocarril	*railroad*
el franqueo	*postage*
el giro postal	*postal money order*
la grabadora	*tape recorder*
la llamada	*phone call*
la llamada a larga distancia	*long-distance call*
el locutor (la locutora)	*the announcer*
el matasellos	*postmark*
el membrete	*letterhead*
el mensaje	*message*
la meta, el destino	*destination*
el micrófono	*microphone*
la mudanza	*move*
las noticias	*news*
el pago a la entrega	*C.O.D. (Cash on Delivery)*
la pantalla de televisión	*television screen*
el paquete	*package*
el paquete postal	*parcel post*
el peso	*weight*

el (la) radio	radio
el radio portátil	portable radio
el sobre	envelope
el sobrepeso	overweight
la tarjeta postal	postcard
el telediscado	direct dialing
el teléfono	telephone
la telegrafía sin hilos	wireless telegraph
el telegrama	telegram
la televisión	television
el televisor	television set
el telex	telex
el tocadiscos	record player
la transmisión	broadcast
el transporte (por aire, tierra o mar; por ferrocarril)	transportation (by air, land, or sea; by railroad)
la voz	voice

CAPÍTULO **13**

Viajes de negocios

Business travel

Diálogo

Viaje al Perú

EN UNA **AGENCIA DE VIAJES**

SR. FLORES: Deseo un **pasaje de ida y vuelta** a Lima.

AGENTE DE VIAJES: ¿Cuál es la fecha de partida y la de regreso?

SR. FLORES: Quiero partir el día 14 de este mes y regresar el día último.

AGENTE DE VIAJES: ¿Desea que le reserve **alojamiento** en un hotel de lujo en Lima o prefiere una pensión?

SR. FLORES: En un hotel de lujo, pero sólo para los días 14 y 15 y 28 y 29.

AGENTE DE VIAJES: Muy bien. Espere un momento. Tengo que usar la computadora para verificar a qué hora son los **vuelos** de Nueva York a Lima y de Lima a Nueva York en las fechas indicadas. También para saber qué **hoteles de lujo** tienen cuartos disponibles para esas fechas.

SR. FLORES: De acuerdo.

AGENTE DE VIAJES: Permítame una pregunta, por curiosidad. ¿Por qué sólo desea alojamiento por cuatro días? ¿Qué va a hacer el resto del tiempo?

SR. FLORES: Los días que voy a pasar en Lima, voy a estar ocupado como representante de mi compañía en conferencias interamericanas de negocios. El resto

agencia de viajes *travel agency*
pasaje de ida y vuelta *round–trip ticket*

alojamiento *lodging*
vuelo *flight*
hotel de lujo *luxury hotel*

249

del tiempo me gustaría visitar algunos otros lugares de interés. ¿Qué me recomienda Ud.?

AGENTE DE VIAJES: ¿Por qué no va Ud. a Machu Picchu, la ciudad perdida de los incas? Allí puede ver los monumentos y edificios indígenas conservados maravillosamente. También podría visitar Iquitos, que es una ciudad al noroeste del Perú en medio de la selva del Amazonas.

SR. FLORES: ¿Cómo es el clima allí?

AGENTE DE VIAJES: Como está situada en el mismo ecuador, tiene un clima tropical—caliente y húmedo con lluvias frecuentes.

SR. FLORES: No conozco ese lugar.

AGENTE DE VIAJES: La llamaban «la perla del Amazonas» porque a principio del siglo era un gran centro de actividad y comercio debido a las cosechas de caucho de la región.

SR. FLORES: Parecen lugares muy interesantes. Recuerdo bien la leyenda de «las amazonas». Así que voy a hacer un viaje de negocios y de placer a la vez.

Ejercicios

I. ¿Cierto o falso? Escuche cada declaración y diga si es cierta o falsa. Corrija las declaraciones falsas.

1. El señor Flores desea un pasaje sencillo (pasaje de ida).
2. El señor Flores va a pasar todo el tiempo en Lima.
3. El agente de viajes usa la computadora para obtener información sobre los vuelos y el alojamiento.
4. Machu Picchu es un gran centro comercial.
5. Iquitos es la ciudad perdida de los incas.
6. Iquitos está situada en la jungla del Amazonas.
7. Iquitos era un centro de actividad comercial a principio del siglo por sus cosechas de caucho.
8. El clima de Iquitos es tropical.

II. Preguntas

1. ¿Qué desea el señor Flores?
2. ¿Qué ciudades va a visitar el viajero?
3. ¿Para qué sirve la computadora que hay en la agencia de viajes?
4. ¿Qué va a hacer el señor Flores en Lima?
5. ¿Por qué es interesante Machu Picchu?
6. ¿Sabe Ud. algo sobre los incas?
7. ¿Por qué es interesante Iquitos?
8. ¿Dónde está Iquitos? ¿Cómo es su clima? ¿Qué se cosechaba en la región a principio del siglo?
9. ¿Qué ciudad peruana desearía visitar Ud.? ¿Por qué?

10. ¿Sabe Ud. algo de la selva del Amazonas?
11. ¿Cuál es la diferencia entre «el ecuador» y «el Ecuador»? ¿«El Amazonas» y «las amazonas»?
12. Nombre Ud. algunas ciudades peruanas.

III. En español, por favor

1. I'm going to spend five days in Lima as the representative of my company in business meetings.
2. We wish to reserve lodging in a luxury hotel in Arequipa for two weeks.
3. Mr. Suárez wishes to depart the 20th of this month and return the 30th.
4. Do you wish to buy a round-trip ticket to Cuzco, the capital of the Inca empire?
5. Do you want to see the beautiful temples and monuments of the Inca civilization?
6. Iquitos is located in the Amazonian jungle, and (it) has a tropical climate.
7. Do you know why Iquitos was called the "pearl of the Amazon"?
8. I would like to take a pleasure trip to Peru.

Terminología comercial

1. **Agencia de viajes** Oficina o despacho que se dedica a prestar servicios relacionados con viajes como (por ejemplo) vender pasajes, preparar itinerarios y reservar alojamiento.
2. **Consulado** Oficina del gobierno de un país en ciudades importantes del extranjero que tiene a su cargo la protección de las personas e intereses de los ciudadanos del país que representa.
3. **Desayuno continental** Consiste en café, tostadas y jugo (zumo) de frutas.
4. **Equipaje** Todas las maletas, maletines y bolsas que lleva el viajero en su viaje.
5. **Extranjero** Nación o naciones que no son la propia. También persona que es o viene de otro país.
6. **Itinerario** Ruta que sigue un viajero en su viaje.
7. **Oficina de turismo** Oficina del gobierno que imprime los folletos, carteles, mapas e información general para atraer viajeros al país.
8. **Pasaje de primera clase (de lujo)** Pasaje que da derecho a asientos más grandes y cómodos, servicio continuo, comidas exquisitas y bebidas gratis.
9. **Pasaporte** Documento o licencia que permite pasar libre y seguramente de un país a otro. Lo concede, por muy poco dinero, el gobierno del país del cual el solicitante es ciudadano.
10. **Pullman (coche cama)** El carro del ferrocarril que tiene literas para dormir o cuartitos reservados.
11. **Visa, visado** Autorización que permite la entrada legal a algunos países del extranjero. Este permiso ha sido emitido por el gobierno del país adonde se va a entrar.

Ejercicios

I. **¿Cierto o falso?** Escuche cada declaración y diga si es cierta o falsa. Corrija las declaraciones falsas.

1. La agencia de viajes vende pasajes y prepara itinerarios para los viajeros.
2. La agencia de viajes cobra poco dinero por el pasaporte.
3. Necesitamos un pasaporte para ir de un país a otro.
4. Pasaporte y visa son la misma cosa.
5. Una persona que es o viene de otro país es un equipaje.
6. La ruta del viajero es el itinerario.
7. El cónsul dominicano en Buenos Aires protege los intereses de los ciudadanos de la República Dominicana en dicha ciudad.
8. El alojamiento en algunos hoteles incluye el desayuno continental. Esto significa que puede desayunarse con jugo de naranja, cereal, tostadas, tocineta (*bacon*) o salchichas (*sausage*), huevos y café.

II. **Los viajes.** Complete cada oración con un término apropiado.

1. Mi agente de viajes me vendió el . . . para México. También me preparó el . . . y me . . . en un hotel de lujo en la Ciudad de México.
2. Para visitar algunos países necesito una . . . además del pasaporte.
3. Nos gusta viajar en primera clase porque tenemos derecho a . . . .
4. El cónsul de Francia en Caracas representa los intereses de . . . en . . . .
5. El viajero en el extranjero va a la . . . para obtener mapas e información general sobre el país en que se encuentra.

Frases y expresiones

1. Llamar al agente de viajes.
   To call the travel agent.
2. Comprar un pasaje de ida y vuelta a Caracas.
   To buy a round-trip ticket to Caracas.
3. Reservar alojamiento en un hotel (motel) de lujo.
   To reserve lodging in a luxury hotel (motel).
4. Pedir una habitación (un cuarto) con cama doble (sencilla).
   To request (ask for) a room with a double (single) bed.
5. Cancelar la reservación en un parador.
   To cancel the reservation at a (government-sponsored) inn.
6. Confirmar la reservación.
   To confirm the reservation.
7. Obtener el pasaporte (la visa).
   To obtain the passport (visa).

8. Llegar al aeropuerto a tiempo.
   To arrive at the airport on time.
9. Salir (partir) en el vuelo de las ocho de la mañana.
   To depart on the 8:00 A.M. flight.
10. Preguntar cuándo sale el próximo vuelo a Tegucigalpa.
    To ask when is the next flight to Tegucigalpa.
11. Hacer un viaje de negocios a Santiago de Chile.
    To take a business trip to Santiago, Chile.
12. Viajar en primera clase por barco a San Juan.
    To travel first class by ship to San Juan.
13. Tener un buen viaje.
    To have a good trip.
14. Pasar por la aduana rápidamente.
    To go through customs quickly.
15. Recoger el equipaje.
    To pick up the luggage.
16. Alquilar un auto que gaste poca gasolina.
    To rent an economical car (that uses little gas).
17. Estacionar el auto en la zona de aparcamiento (de parqueo).
    To park the car in the parking area.
18. Cargar las maletas a la habitación.
    To carry the suitcases to the room.
19. Descansar en un cuarto con aire acondicionado.
    To rest (relax) in an air-conditioned room.
20. Ser extranjero(a) en ese país.
    To be a foreigner in that country.
21. Esperar a los compañeros de viaje en el vestíbulo.
    To wait for fellow travelers in the lobby.
22. Dar una propina al botones (a la camarera).
    To give a tip to the bellboy (to the chambermaid or waitress).
23. Tomar un coctel (un trago).
    To have a cocktail (a drink).
24. Pedir ensalada con aceite y vinagre.
    To order salad with oil and vinegar.
25. Preferir la carne poco asada (a medio asar) (bien cocida).
    To prefer meat rare (medium) (well done).
26. Llamar para reservar una mesa en el cabaret.
    To call to reserve a table at the cabaret (nightclub).
27. Tomar una bebida, darse un trago, echar un trago.
    To have a drink.
28. Acostarse tarde.
    To go to bed late.
29. Levantarse temprano para ir a la conferencia.
    To get up early to go to the meeting.
30. Desayunar(se) en la cama.
    To eat breakfast in bed.

31. Reunirse en la oficina del presidente de la compañía.
To meet in the office of the president of the company.
32. Perder el pasaporte (los cheques de viajero).
To lose the passport (traveler's checks).
33. Pagar los gastos de viaje.
To pay the traveling expenses.
34. Pasar tres días en la ciudad para asistir a las conferencias.
To spend three days in the city to attend the meetings.

Ejercicios

I. Para completar. Complete las oraciones con un término apropriado.

1. Hay que comprar un . . . de ida y . . . a Santiago.
2. El viajero reservó . . . en un hotel de lujo.
3. Debemos llegar al aeropuerto . . . .
4. Los hombres de negocio salen en el . . . de las diez.
5. El botones llevó mi . . . a la habitación.
6. Siempre dejamos una buena . . . para el camarero.
7. Después de acabar las conferencias, los hombres de negocios fueron a un cabaret para darse un . . . .

II. Para escoger. Complete las oraciones con una de las frases en paréntesis.

1. Los hombres de negocios se levantan temprano para ir a (un cabaret/una conferencia/una reservación).
2. Ellos (cancelan/se levantan/se reúnen) en la oficina del presidente.
3. La compañía pagó (las conferencias/los gastos/el equipaje).
4. Necesitamos un (vuelo/pasaporte/desayuno) para viajar al extranjero.
5. Esperábamos a nuestros compañeros en el (parador/botones/vestíbulo) del hotel cuando recibimos el telegrama.
6. Llamó para reservar (una cama/un trago/una mesa) en el cabaret.
7. Pasamos una semana en Caracas para (pagar/pedir/asistir) a las conferencias.

III. Formas verbales. Use una forma correcta de los verbos en paréntesis.

1. (obtener) El señor Rojas . . . el pasaporte antes de llamar al agente de viajes.
2. (comprar) Yo . . . un pasaje de ida y vuelta para Buenos Aires, pero ahora dice el jefe que tengo que quedarme allí permanentemente.
3. (reservar) ¿Dónde . . . (tú) alojamiento?
4. (salir) El avión . . . hace una hora.
5. (preguntar) Tenemos que . . . cuándo sale el próximo vuelo.

6. (llamar) Mi secretaria . . . a la agente de viajes para reservar pasaje para el día último del corriente.
7. (cargar) El botones no me . . . las maletas, por eso no le di propina.
8. (alquilar) Es necesario . . . un auto al llegar al aeropuerto.
9. (estacionar) Prefieren que Ud. . . . el auto en la calle.
10. (pedir) Prefiero . . . un refresco ahora.
11. (pagar) Me alegro que la compañía . . . los gastos de viaje.
12. (perder) Siento que Ud. . . . el pasaporte.
13. (reservar) Es mejor que su secretaria le . . . cuanto antes un cuarto con aire acondicionado en un hotel de lujo.
14. (viajar) Les aconsejamos que . . . en primera clase.
15. (estacionar) Nos prohiben que . . . el auto en ese solar.

IV. En español, por favor

1. I want to reserve a room with a double bed in the hotel because my boss is taking his wife on this business trip.
2. My employer wants me to leave on the early flight.
3. He wants me to rent an economical car because the company has many business expenses.
4. We're going to meet in the lobby and then go to the meeting in the vice-president's office.
5. Call to reserve a table for eight in the restaurant nearby. Also, reserve a table at the best nightclub in town.
6. We should go to bed early tonight because we have to get up early to go to the meeting.
7. I don't think you should attend the meeting tomorrow.
8. We hope that you find your passport and traveler's checks. Ask the bellboy for help.

Repaso de gramática _____

The imperfect subjunctive

A. Forming the imperfect subjunctive

Infinitive	3rd person plural preterit	Minus -*on* ending	Plus these endings
comer	comieron	comier	a
viajar	viajaron	viajar	as
hacer	hicieron	hicier	a
decir	dijeron	dijer	amos
poner	pusieron	pusier	an
traer	trajeron	trajer	

Imperfect subjunctive endings are the same for **-ar**, **-er**, and **-ir** verbs.

comiera	viajara	hiciera
comieras	viajaras	hicieras
comiera	viajara	hiciera
comiéramos	viajáramos	hiciéramos
comieran	viajaran	hicieran

dijera	pusiera	trajera
dijeras	pusieras	trajeras
dijera	pusiera	trajera
dijéramos	pusiéramos	trajéramos
dijeran	pusieran	trajeran

B. Uses of the imperfect subjunctive

1. The imperfect subjunctive is used in the dependent clause under the same circumstances as the present subjunctive. However, the main verb is usually in the past:

   Present subjunctive:

Espero que el agente de viajes me reserve un pasaje de ida y vuelta.	*I hope that the travel agent will reserve a round-trip ticket for me.*

   Imperfect subjunctive:

Esperaba que el agente de viajes me reservara un pasaje de ida y vuelta.	*I was hoping that the travel agent would reserve a round-trip ticket for me.*

   The imperfect subjunctive must be used in the dependent clause when a past tense is used in the main clause and a subjunctive is required.

El comerciante desea que	su secretaria le **compre** el pasaje.
The businessman wishes	*that his secretary buy the ticket for him.*
main clause	dependent clause
verb of desire in the present	present subjunctive

El comerciante deseaba	que su secretaria le **comprara** el pasaje.
The businessman wished	*that his secretary would buy the ticket for him.*
main clause	dependent clause
verb of desire in the past	imperfect subjunctive

2. The imperfect subjunctive may also be used when the main clause is in the present but the subordinate clause refers to the past.

Siento que Ud. no fuera a la reunión de ayer.	*I'm sorry you didn't go to yesterday's meeting.*

3. The imperfect subjunctive is used after the conditional + **si** (to show willingness to do something if a certain condition is met).

Yo iría a la convención si la
compañía me pagara el viaje.

*I would go to the convention if the
company would pay for the trip.*

4. The imperfect subjunctive is used in polite or softened statements. For the sake of courtesy, to soften a request or personal preference, the verbs of desire or preference should be in the imperfect subjunctive.

Yo quisiera un cuarto con vista al mar.   *I would like a room with a sea view.*
El jefe debiera pagar los gastos
de viaje.

*The boss should pay (my) travel
expenses.*

Note that statements like the preceding could also be expressed by the conditional tense.

Me gustaría un cuarto con vista al mar.
El jefe debería pagar los gastos de viaje.

Review of prepositional phrases

A. a

a caballo	*on horseback*
a pie	*on foot*
a causa de	*because of*
a menos que	*unless*
a cargo de	*in charge of*
a fin de que	*so that*
a fuerza de	*by*
a menudo	*often, frequently*
a favor de	*in favor of*
a veces	*sometimes*
a punto de	*on the verge of, about to*
a mano	*by hand*
a máquina	*by machine; typed*
a la semana	*weekly*
a la noche	*tonight*
paso a paso	*step by step*
poco a poco	*little by little*

B. de

de ahora en adelante	*from now on*
de vez en cuando	*from time to time*
de mala gana	*reluctantly*
de pie	*standing*
de golpe	*all of a sudden*
de balde	*free of charge*
de día	*daytime*
de noche	*nighttime*

de ninguna manera	*in no way, by no means*
de tal manera	*in such a way*
de manera que	*so that, so as to*
de todas maneras	*at any rate*
de todos modos	*anyway*

C. en

en cuanto	*as soon as*
en vez de	*instead of*
en balde	*in vain*
en broma	*in jest*
en contra	*against*
en serio	*seriously*
en caso de	*in case of*
en vía de	*in the process of*
en seguida	*right away*
en mangas de camisa	*in shirt-sleeves*
en tanto	*in the meantime*
en punto	*on the dot, sharp*

D. para

para que	*so that, in order that*
¿para qué?	*for what purpose?*
para siempre	*forever*

E. por

por ahora	*for the present, for now, for the time being*
punto por punto	*in detail*
por lo general	*usually*
por ciento	*percent*
por poco	*almost*
por lo tanto	*therefore*
por completo	*totally, completely*
por docena	*by the dozen*
por escrito	*in writing*
por si acaso	*just in case*
por eso	*that's why*
¡por supuesto!	*of course!*
por favor	*please*
por fin	*finally, at last*
por lo menos	*at least*
por desgracia	*unfortunately*
por las nubes	*sky-high; (to praise) to the skies*
por medio de	*by means of*
por lo pronto	*for the time being*
por cierto	*indeed*
¡por Dios!	*heavens!, for heaven's sake!*
por decirlo así	*so to speak*

por excelencia	*par excellence*
al por mayor	*wholesale*
al por menor	*retail*
por la mañana	*in the morning*
por la tarde	*in the afternoon*
por la noche	*in the evening*
¿por qué?	*why?*
porque	*because*

Ejercicios

I. El imperfecto del subjuntivo. Complete las oraciones con el imperfecto del subjuntivo de los verbos en paréntesis.

1. (reservar) Los viajeros deseaban que el agente les . . . habitaciones en hoteles de lujo.
2. (hacer) El jefe le pidió a su secretaria que le . . . una reservación en el vuelo de las ocho.
3. (viajar) Yo esperaba que mi jefe . . . en primera clase.
4. (llegar) Los comerciantes querían que el avión . . . a tiempo.
5. (descansar) Era necesario que nosotros . . . un rato en un cuarto con aire acondicionado antes de ir a la reunión.
6. (pagar) Nos alegramos que la compañía nos . . . los gastos del viaje.
7. (levantarse) Era necesario que nosotros . . . temprano para llegar a tiempo a las reuniones.
8. (cancelar) Me pidieron que . . . las reservaciones para Buenos Aires porque vamos a reunirnos en Panamá.
9. (llamar) Los viajeros necesitaban que Ud. los . . . a las seis para despertarlos.
10. (recoger) El viajero me pidió que le . . . el equipaje porque él tenía prisa.
11. (cancelar) Sentí que Ud. . . . la reservación.
12. (acostarse) Les pedí que (Uds.) no . . . tarde.
13. (comprar) Ellos me prohibieron que . . . un pasaje de ida y vuelta.
14. (llamar) Queríamos que (tú) . . . al agente de viajes antes de recibir el pasaporte.
15. (salir) Deseaba que yo . . . por la noche.

II. Formas verbales. Complete las oraciones con el infinitivo o con un tiempo subjuntivo de los verbos en paréntesis.

1. (comprar) Mi jefe deseaba que yo le . . . un pasaje de ida y vuelta a Montevideo.
2. (pasar) Es necesario que Ud. . . . dos días en la Ciudad de México y dos días en Quito.
3. (cargar) Prefiero que el botones me . . . las maletas a mi habitación.

4. (tener) Me alegré mucho que Uds. . . . un buen viaje.
5. (llegar) La jefa y sus empleados sintieron que su avión . . . retrasado y que Ud. perdiera su reservación.
6. (estacionar) Nos prohiben que . . . el auto en esta zona.
7. (alquilar) El cliente prefiere . . . un auto que gaste poca gasolina.
8. (ser) No deseo . . . un extranjero en ese país porque la policía vigila mucho a los extranjeros.
9. (hacer) La compañía petrolera me pidió que . . . un viaje a Caracas para asistir a una conferencia.
10. (pedir) Deseamos . . . el menú ahora y tomar un trago después en la cantina del hotel.
11. (encontrar) El agente de viajes duda que tú . . . el pasaporte.
12. (reunirse) Mis colegas preferirían que (nosotros) . . . en el vestíbulo del hotel.

III. **Para traducir.** Complete las oraciones traduciendo las frases preposicionales al español.

1. Las blusas que compré están hechas (*by hand*) . . . por los indios del Perú, pero la chompa (*sweater*) está hecha (*by machine*) . . . .
2. Estamos (*about to*) . . . aterrizar en el nuevo aeropuerto.
3. El empleado gana $300.00 (*weekly*) . . . .
4. Siempre viajamos (*at night*) . . . porque podemos dormir en el avión y tener el resto del día para los negocios.
5. (*From now on*) . . . viajaré por barco porque es más cómodo.
6. (*From time to time*) . . . es conveniente quedarse en un parador porque hay muy buen servicio.
7. (*In no way*) . . . irá el señor García (*on foot*) . . . al centro comercial.
8. Viajaremos (*at night*) . . . y descansaremos (*in the daytime*) . . . .
9. Los comerciantes viajan al extranjero (*often*) . . . . (*That's why*) . . . estudian idiomas.
10. (*Unfortunately*) . . . la esposa del presidente de la compañía perdió su pasaporte.
11. Deseo tener su número de teléfono (*in case of*) . . . perder su dirección.
12. Los precios están (*sky-high*) . . . en las tiendas elegantes de Caracas.
13. El mozo nos sirvió (*in such a way*) . . . que no pudimos saborear la comida.
14. El autobús estaba tan lleno que tuvieron que ir (*standing*) . . . todo el tiempo.
15. Póngalo todo (*in writing*) . . . si desea que tome sus palabras (*seriously*) . . . .
16. En ese país sólo un cinco (*percent*) . . . de la población es analfabeta.
17. (*Usually*) . . . doy una buena propina al camarero si me sirve bien.
18. La secretaria me contó (*in detail*) . . . lo que pasó en la reunión.
19. Los turistas llegaron a la plaza mayor de la ciudad (*in shirt-sleeves*) . . . y (*right away*) . . . preguntaron por la cantina.
20. Debemos llegar al palacio a los ocho (*sharp*) . . . , (*in order that*) . . . el gobernador nos reciba.

Nota cultural

A new climate for business

Today's international businesspeople do not simply travel from office to office. They are often obliged to visit new frontiers of resource development and potential markets, and need to keep in mind the tremendous variations in climate and environment that can be encountered in Spanish America. The tropical heat of the Caribbean countries contrasts sharply with the cold weather of the Andean regions. Business trips may lead to the desert areas of Mexico and Chile or to the Amazonian jungles of Ecuador and Peru. A business traveler leaving New York in the midst of a July heat wave will experience a shock when stepping off the plane in Buenos Aires several hours later in the midst of a winter chill, as the seasons are reversed in the Southern Hemisphere.

Another point to remember is that many cities in Spanish America are built at high altitudes. Mexico City, La Paz, Quito, Cerro de Pasco, and other commercial centers can catch newcomers off guard if they attempt to proceed at their usual pace before adjusting to the higher altitude. Like the intense humidity of many Central American towns, the thin air of "mile-high" cities needs a period of adaptation. Many tourists suffer minor discomfort from high-altitude sickness **(soroche)**.

Thus, businesspeople must be prepared to modify their wardrobes and lifestyles as well as their business strategies when visiting Spanish America.

Anuncios

$200
diarios
por persona
en habitación
doble.
Mínimo por 2
noches, válido
de Junio 20 a
Agosto 31*

* Incluye:
—2 Desayunos continentales
—Impuesto de turismo
—Alojamiento gratis para 2 niños menores de 12 años en la misma habitación
—T.V. a color y películas en circuito cerrado en su habitación
—Posibilidad de disfrutar de 10 RESTAURANTES Y BARES, y de nuestra completísima área recreativa: Piscina, Baños turcos, Sauna, Gimnasio, Yacuzzi y Tenis.

HOTEL CALI

*Roberto Cotresí (Cophresí) fue un famoso pirata puertorriqueño del siglo XIX.

Reprinted by permission of Cophresí Travel.

Iberia impone el gran récord México-Madrid en vuelo directo sin escalas

Por primera vez, a partir de noviembre, Iberia lo llevará a Madrid todos los domingos, en sólo 10 horas. 15 minutos de vuelo directo, sin escalas.

El "Gran Récord" de Iberia, implantado el 2 de mayo, se hace al fin realidad con dos horas menos que cualquier otro vuelo a Madrid, facilitándole así las conexiones a otras ciudades de Europa y África.

Este récord lo realiza Iberia con el Jumbo 747-256 B, el avión de cabina ancha más moderno del mundo, dotado de autonomía para vuelos de largo alcance. Velocidad y confort que unidos al servicio y la tradicional hospitalidad de Iberia, le permitirán disfrutar de una buena compañía en su propio idioma.

Consulte a su Agente de Viajes, es un experto.

Eastern, las alas de América.

Las alas de Eastern cubren los puntos más distantes y diversos a través de América. Volamos a **más de 120 ciudades en 23 países** — más que ninguna otra línea aérea — brindando a más pasajeros la comodidad de viajar con una sola aerolínea a través de todo el continente americano.

En vuelos a Latinoamérica, Eastern le brinda su exclusivo servicio **El InterAmericano**. En Clase Económica usted disfruta gratuitamente de películas en inglés y español, música estereofónica,* menús de alta cocina y vinos selectos. Si esta es la Clase Económica, ¡¡imagínese la Primera Clase! Para viajar dentro de los Estados Unidos o de un extremo a otro de nuestro continente basta con **una sola llamada, una sola reservación y una sola línea aérea.** Consulte a su Agente de Viajes o a Eastern.

*Vuelos L-1011 Whisperliner®

EASTERN
Las alas de América

© 1984 Eastern Air Lines, Inc.

Ejercicios

I. Preguntas

1. ¿Qué servicios le ofrece la agencia Cophresí?
2. ¿Quién era Roberto Cofresí?
3. ¿Qué ventajas, servicios y diversiones le ofrece el Plan Cali por $200.00 diarios?
4. ¿Qué le parece? (¿Razonable? ¿Atrayente? ¿Caro?)
5. ¿En qué consiste «el gran record» de Iberia?
6. ¿Qué clase de aviones tiene Iberia? ¿Cómo son?
7. En viajes a Latinoamérica, Eastern le brinda su exclusivo servicio «El InterAmericano». ¿Qué le ofrece en «Clase Económica»?
8. ¿Qué cree Ud. que Eastern ofrece en su «Primera Clase»?

II. Composición

1. Escriba Ud. un anuncio original para un hotel de lujo. Describa los servicios y amenidades (lujos) que ofrece y los precios por día por persona.
2. Escriba Ud. un anuncio para ofrecer su ciudad como lugar ideal para convenciones y conferencias. Explique por qué las personas de negocios estarían muy bien en la ciudad.

Cartas comerciales _____

173 Main Street
San Pedro, Texas 78500

2 de septiembre de 1988

Sra. Ángela Delgado
Agencia de Viajes La Universal
703 Moon Street
San Antonio, Texas 78200

Estimada señora Delgado:

Adjunto le envío un cheque por la cantidad de $150.00 como pronto para reservar un pasaje de ida y vuelta (primera clase) para Barcelona, España. La fecha de partida es el día 18 del corriente y la fecha de regreso deseo dejarla imprecisa en estos momentos. En seguida que reciba el pasaje, le enviaré el balance ($500.00).

También le agradeceré que me facilite información sobre la conversión de dólares a pesetas.

En espera de su pronta respuesta, quedo de usted

Atentamente.

Julio R. Torres

Julio R. Torres

Agencia de Viajes La Universal

703 Moon Street
San Antonio, Texas 78200

5 de septiembre de 1988

Sr. Julio R. Torres
173 Main Street
San Pedro, Texas 78500

Estimado señor Torres:

Acuso recibo de su cheque con fecha 3 de septiembre por la cantidad de $150.00. También adjunto le envío su pasaje de ida y vuelta para Barcelona en la Aerolínea Popular con fecha de partida para el día 18 de septiembre. Sírvase mandarme el balance de $500.00 cuanto antes, para que esté en mi poder por lo menos tres días antes de la fecha de partida. Cuando Ud. desee fijar la fecha de regreso debe llamar, con una semana de anticipación, a la oficina de la Aerolínea Popular, cuyo teléfono es (6) BA 4-5525.

Adjunto también le envío un folleto en el cual aparecen las últimas cotizaciones de la moneda internacional, así como direcciones de lugares donde Ud. puede hacer cambio de dólares a pesetas cuando guste.

Le deseo un viaje feliz y espero poder seguir sirviéndole en el futuro. Quedo de Ud.

Atentamente,

Ángela Delgado

Ejercicios

I. Preguntas

1. ¿Qué desea el señor Torres?
2. ¿Cuándo desea el señor Torres partir y cuándo desea regresar?
3. ¿Cuándo le mandará el balance a la agencia de viajes?
4. ¿Qué información le pide el señor Torres a su agente de viajes? ¿Puede Ud. darle esta información al señor Torres en este momento?
5. ¿Cuándo desea la señora Delgado recibir el balance?
6. ¿Qué debe hacer el señor Torres cuando tenga la fecha de regreso?
7. ¿Qué cosas importantes le envía la señora Delgado al señor Torres?

II. Composición

1. Escríbale una carta a un agente de viajes solicitando información sobre hoteles, moneda y mapa de un país latinoamericano que Ud. desea visitar. Mencione algunas ciudades que están en su itinerario.
2. Escríbale Ud. una carta a una persona de negocios argentina que está en Nueva York (o San Francisco o Boston o Houston) diciéndole qué cosas interesantes en dicha ciudad él/ella debe visitar.

Expresión libre

I. Continúe Ud., por favor. Complete las oraciones de una manera original. Después prepare otra oración sobre el mismo tema.

1. El agente de viajes siempre . . .
2. El viajero debe . . .
3. Un viaje de negocios puede ser . . .
4. La compañía para la cual trabajo me va a mandar a . . .
5. Los hoteles de lujo . . .
6. Los moteles y los paradores . . .
7. El servicio en un buen restaurante . . .

II. Situaciones

1. Su jefa va a hacer un viaje de negocios a la Argentina, pero no sabe español. ¿Qué le aconseja Ud.?
2. Ud. ha perdido su cartera con su pasaporte y su dinero dentro. ¿Qué hace Ud.?

III. Composición oral y escrita

1. Escriba Ud. unos párrafos sobre las diferentes maneras (o modos) de viajar. Exprese su modo favorito y diga por qué lo es.
2. ¿Cree Ud. que los viajeros de negocios deben viajar con sus animalitos? Explique su posición a un(a) compañero(a) y pregúntele su opinión sobre el particular.
3. Ud. está viajando por España. ¿Le gustaría alojarse en un hotel de lujo, en una posada o en un castillo? Explique su preferencia y diga las ventajas y desventajas de cada uno de los tres.

Vocabulario básico

A. El viaje

	Travel
el aeromozo (la aeromoza, la azafata)	*flight attendant, stewardess*
el aeropuerto	*airport*
la agencia de viajes	*travel agency*
el (la) agente de viajes	*travel agent*
el autobús, el bus, el ómnibus, la guagua (in the Caribbean)	*bus*
el automóvil, el auto, el carro, el coche	*car*
la bandeja	*tray*
el baúl	*trunk*
el billete (boleto)	*ticket*
el carnet de identidad	*ID card*
el comisario de abordo	*purser*
el equipaje	*baggage*
la estación de ferrocarril	*railroad station*
la estadía	*stay; cost of a stay*
la excursión	*tour*
el extranjero	*overseas; foreigner*
los gastos de viaje	*traveling expenses*
el itinerario	*itinerary*
la línea aérea (aerolínea)	*airline*
la llegada	*arrival*
la maleta; valija	*suitcase; valise*
el maletero	*porter*
el manual para (la guía de) viajeros	*guidebook; guide*
el pasaje	*airline ticket (fare)*
el pasaje de ida y vuelta	*round-trip ticket (fare)*
el pasajero (la pasajera)	*passenger*
el paseo turístico	*sightseeing*
la reservación	*reservation*
la tarifa	*fare*

la vacuna	vaccination, innoculation
el viaje	trip, travel, tour
el viajero (la viajera)	traveler
el (la) viajante	business traveler
el vuelo	flight
el vuelo de largo alcance	long-distance flight
el vuelo sin escalas	nonstop flight

B. El alojamiento — *Lodging*

el ascensor, el elevador	elevator
la bañera (bañadera); la ducha	tub; shower
el botones; la camarera	bellboy; chambermaid (or waitress)
el cepillo de dientes	toothbrush
el cuarto con aire acondicionado	air-conditioned room
el espejo	mirror
el garaje	garage
el hotel (motel) de lujo	luxury hotel (motel)
el inodoro; el lavamanos (el lavabo)	toilet; sink
el jabón	soap
la llave	key
la máquina de afeitar	electric razor
la navaja de afeitar	razor blade; straight razor
el papel higiénico	toilet paper
el parador, la posada, el mesón	inn
la pasta de dientes	toothpaste
la piscina	pool
el piso	floor
la propina	tip
el servicio (de las habitaciones)	room service
la toalla	towel
el vestíbulo	lobby

C. El restaurante, el bar (la cantina), el cabaret (club nocturno)

el almuerzo	lunch
el azúcar	sugar
la bebida	drink
el bocadillo (el bocadito), el emparedado, el sándwich	sandwich
la carne	meat
la cena	supper
la comida	dinner
la cubierta	cover charge
los cubiertos	the silverware
la cuchara	spoon
el tenedor	fork
el cuchillo	knife
el desayuno	breakfast
la ensalada	salad

la fruta	*fruit*
la función, el "show"	*show*
la langosta	*lobster*
las legumbres, los vegetales, las verduras	*vegetables*
la lista de vinos	*wine list*
el marisco	*shellfish*
los mariscos	*seafood*
el mínimo	*minimum charge*
el pescado	*fish*
el plato	*plate, platter, dish*
el postre	*dessert*
el queso	*cheese*
la sal y la pimienta	*salt and pepper*
la servilleta	*napkin*
la sopa	*soup*
la tapa, el aperitivo	*appetizer*
la taza de café (té)	*cup of coffee (tea)*
el vaso de agua	*glass of water*

Prueba

I. Vocabulary quiz

A. Give the Spanish equivalent.

1. produce
2. feed
3. label
4. reimbursement
5. workmanship
6. raw materials
7. surplus
8. shipment
9. TV screen
10. overseas

B. Give the English equivalent.

1. granero
2. alimento
3. matadero
4. marca
5. muelle
6. carretera
7. emisora
8. noticias
9. propina
10. vuelo

C. Match the synonyms.

1. agricultor
2. dirección
3. granja
4. anuncio
5. fraude
6. estampilla
7. azafata
8. dependiente
9. ganga
10. meta

a) venta especial
b) aviso
c) engaño
d) sello
e) campesino
f) vendedor
g) finca
h) destino
i) aeromoza
j) señas
k) suelo
l) tornillo
m) posada

D. Match the antonyms.

1. salida
2. productos agrícolas
3. importación
4. extranjero
5. comprador
6. lluvia
7. exceso
8. rebaja
9. mínimo
10. bienestar

a) vendedor
b) privaciones
c) aumento
d) escasez
e) llegada
f) manufacturas
g) máximo
h) sequía
i) exportación
j) tarifa
k) país propio
l) fonda
m) matador

II. Supply an appropriate business term.

1. La substancia que se añade a la tierra para fertilizarla es el . . . .
2. El . . . es el conjunto de vacas y bueyes en la finca.
3. La persona que usa los bienes de la tierra, manufacturas o servicios es un . . . .
4. La compra es la adquisición de bienes a cambio de . . . .
5. La . . . es la promesa de buena calidad de un producto.
6. La diferencia entre las importaciones y las exportaciones de un país durante un período de tiempo es la . . . .
7. Los impuestos asignados a artículos importados con el fin de proteger la industria del país son las . . . .
8. En la . . . se registra y examina la mercancía importada para cobrar derechos.
9. El franqueo es el costo, según el . . . , del transporte por correo.
10. La comunicación puede ser oral, por . . . , por . . . , por . . . y por . . . .
11. Su agente de viajes le puede ofrecer los siguientes servicios: . . . , . . . y . . . .
12. La ruta que sigue un viajero en su viaje es el . . . .

III. Complete each sentence with the correct form of the verb in parentheses, using either the future or the conditional tense.

1. (haber) . . . escasez de frutas si continúa la sequía.
2. (caber) Todos los caballos no . . . en el establo, porque es muy pequeño.
3. (vender) El agricultor . . . el exceso de grano a la industria, pero el gobierno se lo prohibe.
4. (devolver) El consumidor . . . el artículo porque está dañado, pero no sabe adónde ir.
5. (quejarse) Los consumidores . . . por el mal servicio recibido, pero no tienen tiempo porque tienen que tomar el tren de las 2:00.

6. (importar) Mi país . . . manufacturas, pero necesita productos agrícolas con más urgencia.
7. (usar) Muchas naciones . . . el trueque como forma de comercio en el futuro.
8. (mejorar) La compañía . . . el producto antes de importarlo.

IV. Complete each sentence with a correct form of the verb in parentheses. Use either the subjunctive, the indicative, or the infinitive. Be sure to use the appropriate tense.

1. (hacer) Esperamos que los labradores . . . las tareas temprano porque va a llover por la tarde.
2. (cobrar) Es posible que el mecánico me . . . poco por arreglar el tractor.
3. (decir) ¿Dudas que el dependiente . . . la verdad?
4. (ser) No creo que el comerciante . . . justo y me devuelva el dinero.
5. (saber) Debemos . . . todo lo posible sobre el artículo antes de comprarlo.
6. (devolver) Mi socia y yo queríamos que el comerciante nos . . . el dinero porque la máquina no funcionaba.
7. (encender) Le prohibo que . . . la luz en el almacén cuando los empleados no están trabajando.
8. (averiguar) Espero que Ud. . . . si tiene derecho a los cupones de alimento.
9. (fumar) Les prohibieron a sus empleados que . . . durante las horas de trabajo.
10. (leer) Era necesario que los empleados de la compañía exportadora . . . todos los documentos relacionados con los cargamentos expedidos.
11. (proteger) Creían que era importante . . . la industria nacional contra la competencia extranjera.
12. (conocer) Necesitamos un empleado que . . . la computadora Apple III.
13. (llegar) Le enviaré el dinero después que . . . la mercancía.
14. (venir) Es cierto que los mejores vinos del mundo . . . de España.
15. (viajar) Mi jefe me prohibió que . . . en primera clase.

V. Supply the correct preposition to complete the following sentences.

1. Estas cartas son . . . Ud.
2. Las cartas están firmadas . . . el presidente de la compañía.
3. El informe tiene que estar en el escritorio del jefe . . . el lunes.
4. ¿ . . . cuándo quiere la mudanza?
5. . . . favor, no fume en esta oficina.
6. ¿Cuántos son ocho . . . ocho?
7. A veces, cuando la jefa está ocupada, yo firmo las cartas . . . ella.
8. La compañía de seguros pagó seis millones . . . el edificio nuevo.
9. Son las once . . . punto.
10. . . . lo general los empleados llegan a la oficina a las 8:30.
11. . . . ahora trabajo en un taller pero luego trabajaré en una oficina.

12. Los empleados estaban . . . mangas . . . camisa porque no era día de trabajo.
13. Los empleados que no recibieron aumentos (de sueldo) hicieron el trabajo . . . mala gana.
14. El corredor de bienes raíces nos cobró como comisión el tres . . . ciento del valor de la propiedad.
15. Estamos . . . punto de comunicarnos con nuestra sucursal en Santiago.
16. Ponga su pasaporte en la cartera . . . si acaso se pierde el equipaje.
17. La compañía está . . . vía de abrir una sucursal en Colón.
18. ¡ . . . fin encontró su pasaporte!
19. . . . seguida que nos paguen, les enviaremos la mercancía.
20. . . . poco pierden el tren porque estaban en la conferencia.

VI. Give the Spanish equivalent.

1. I would like a room with an ocean view in a luxury hotel.
2. I hope that the messenger has paid the postage due.
3. I'll send you the money after the merchandise arrives.
4. The company should pay the travel expenses.
5. Everybody knows that some Latin American countries export gems to the United States.
6. Take the package to that window so that the post office employee can weigh it and determine the postage.
7. Is there any interesting program on TV tonight? No, there's none.
8. We hope that the letter carrier has delivered the letter on time.
9. The boss wants us to stay in the office all day.
10. The secretary will bring the documents so that you can sign them.
11. Don't sign the contract in haste. Read it all first.
12. Remember that credit cards are not an extension to your paycheck, but merely a delay in payment.

VII. Answer the following questions.

1. ¿Quién es y qué hace el agricultor?
2. ¿Cuál es la diferencia entre la tierra castellana y la tierra tropical?
3. ¿Qué son las tarjetas de crédito?
4. ¿Qué información nos revela la etiqueta de un artículo?
5. ¿Qué productos exporta España?
6. ¿Cuál es la función de las cuotas?
7. ¿Cuál es la función de la aduana?
8. ¿Qué relación tienen los satélites con las comunicaciones?
9. ¿Qué es el matasellos?
10. ¿Por qué prefiere Ud. viajar en primera clase?

Apéndice:
Verb Conjugations

Apéndice:

Verb Conjugations

Conjugation of Regular *-ar* Verbs

INFINITIVE MOOD			
SIMPLE FORMS		COMPOUND FORMS	
SIMPLE INFINITIVE	**comprar**	COMPOUND INFINITIVE	**haber comprado**
SIMPLE GERUND (PRESENT PARTICIPLE)	**comprando**	COMPOUND GERUND	**habiendo comprado**
PAST PARTICIPLE	**comprado**		

INDICATIVE MOOD: SIMPLE FORMS

	SINGULAR		PLURAL	
PRESENT	yo	compro	nosotros(as)	compramos
	tú	compras	vosotros(as)	compráis
	Ud. ⎱		Uds. ⎱	
	él ⎬	compra	ellos ⎬	compran
	ella ⎰		ellas ⎰	
IMPERFECT	yo	compraba	nosotros(as)	comprábamos
	tú	comprabas	vosotros(as)	comprabais
	Ud. ⎱		Uds. ⎱	
	él ⎬	compraba	ellos ⎬	compraban
	ella ⎰		ellas ⎰	
PRETERIT	yo	compré	nosotros(as)	compramos
	tú	compraste	vosotros(as)	comprasteis
	Ud. ⎱		Uds. ⎱	
	él ⎬	compró	ellos ⎬	compraron
	ella ⎰		ellas ⎰	
FUTURE	yo	compraré	nosotros(as)	compraremos
	tú	comprarás	vosotros(as)	compraréis
	Ud. ⎱		Uds. ⎱	
	él ⎬	comprará	ellos ⎬	comprarán
	ella ⎰		ellas ⎰	

INDICATIVE MOOD: COMPOUND FORMS

	SINGULAR		PLURAL	
PRESENT PERFECT	yo	he comprado	nosotros(as)	hemos comprado
	tú	has comprado	vosotros(as)	habéis comprado
	Ud. ⎱		Uds. ⎱	
	él ⎬	ha comprado	ellos ⎬	han comprado
	ella ⎰		ellas ⎰	
PLUPERFECT	yo	había comprado	nosotros(as)	habíamos comprado
	tú	habías comprado	vosotros(as)	habíais comprado
	Ud. ⎱		Uds. ⎱	
	él ⎬	había comprado	ellos ⎬	habían comprado
	ella ⎰		ellas ⎰	
PRETERIT PERFECT	yo	hube comprado	nosotros(as)	hubimos comprado
	tú	hubiste comprado	vosotros(as)	hubisteis comprado
	Ud. ⎱		Uds. ⎱	
	él ⎬	hubo comprado	ellos ⎬	hubieron comprado
	ella ⎰		ellas ⎰	
FUTURE PERFECT	yo	habré comprado	nosotros(as)	habremos comprado
	tú	habrás comprado	vosotros(as)	habréis comprado
	Ud. ⎱		Uds. ⎱	
	él ⎬	habrá comprado	ellos ⎬	habrán comprado
	ella ⎰		ellas ⎰	

CONDITIONAL MOOD		
	SINGULAR	PLURAL
SIMPLE CONDITIONAL	yo **compraría** tú **comprarías** Ud. ⎫ él ⎬ **compraría** ella ⎭	nosotros(as) **compraríamos** vosotros(as) **compraríais** Uds. ⎫ ellos ⎬ **comprarían** ellas ⎭
COMPOUND CONDITIONAL	yo **habría comprado** tú **habrías comprado** Ud. ⎫ él ⎬ **habría comprado** ella ⎭	nosotros(as) **habríamos comprado** vosotros(as) **habríais comprado** Uds. ⎫ ellos ⎬ **habrían comprado** ellas ⎭

SUBJUNCTIVE MOOD		
	SINGULAR	PLURAL
SIMPLE FORMS		
PRESENT	yo **compre** tú **compres** Ud. ⎫ él ⎬ **compre** ella ⎭	nosotros(as) **compremos** vosotros(as) **compréis** Uds. ⎫ ellos ⎬ **compren** ellas ⎭
IMPERFECT*	yo **comprara** tú **compraras** Ud. ⎫ él ⎬ **comprara** ella ⎭	nosotros(as) **compráramos** vosotros(as) **comprarais** Uds. ⎫ ellos ⎬ **compraran** ellas ⎭
COMPOUND FORMS		
PRESENT PERFECT	yo **haya comprado** tú **hayas comprado** Ud. ⎫ él ⎬ **haya comprado** ella ⎭	nosotros(as) **hayamos comprado** vosotros(as) **hayáis comprado** Uds. ⎫ ellos ⎬ **hayan comprado** ellas ⎭
PLUPERFECT*	yo **hubiera comprado** tú **hubieras comprado** Ud. ⎫ él ⎬ **hubiera comprado** ella ⎭	nosotros(as) **hubiéramos comprado** vosotros(as) **hubierais comprado** Uds. ⎫ ellos ⎬ **hubieran comprado** ellas ⎭

IMPERATIVE MOOD				
	SINGULAR		PLURAL	
compra	**no compres**	tú	**(no) compremos** **comprad,** **no compréis**	nosotros(as) vosotros(as)
compre	**no compre**	Ud.	**(no) compren**	Uds.

*Alternate use: **-se** form

Apéndice

Conjugation of Regular *-er* Verbs _____

INFINITIVE MOOD			
SIMPLE FORMS		**COMPOUND FORMS**	
SIMPLE INFINITIVE	**vender**	COMPOUND INFINITIVE	**haber vendido**
SIMPLE GERUND (PRESENT PARTICIPLE)	**vendiendo**	COMPOUND GERUND	**habiendo vendido**
PAST PARTICIPLE	**vendido**		

INDICATIVE MOOD: SIMPLE FORMS				
	SINGULAR		**PLURAL**	
PRESENT	yo tú Ud. él ella	**vendo** **vendes** **vende**	nosotros(as) vosotros(as) Uds. ellos ellas	**vendemos** **vendéis** **venden**
IMPERFECT	yo tú Ud. él ella	**vendía** **vendías** **vendía**	nosotros(as) vosotros(as) Uds. ellos ellas	**vendíamos** **vendíais** **vendían**
PRETERIT	yo tú Ud. él ella	**vendí** **vendiste** **vendió**	nosotros(as) vosotros(as) Uds. ellos ellas	**vendimos** **vendisteis** **vendieron**
FUTURE	yo tú Ud. él ella	**venderé** **venderás** **venderá**	nosotros(as) vosotros(as) Uds. ellos ellas	**venderemos** **venderéis** **venderán**

INDICATIVE MOOD: COMPOUND FORMS		
SINGULAR		**PLURAL**
PRESENT PERFECT	yo **he vendido** tú **has vendido** Ud. él **ha vendido** ella	nosotros(as) **hemos vendido** vosotros(as) **habéis vendido** Uds. ellos **han vendido** ellas
PLUPERFECT	yo **había vendido** tú **habías vendido** Ud. él **había vendido** ella	nosotros(as) **habíamos vendido** vosotros(as) **habíais vendido** Uds. ellos **habían vendido** ellas
PRETERIT PERFECT	yo **hube vendido** tú **hubiste vendido** Ud. él **hubo vendido** ella	nosotros(as) **hubimos vendido** vosotros(as) **hubisteis vendido** Uds. ellos **hubieron vendido** ellas
FUTURE PERFECT	yo **habré vendido** tú **habrás vendido** Ud. él **habrá vendido** ella	nosotros(as) **habremos vendido** vosotros(as) **habréis vendido** Uds. ellos **habrán vendido** ellas

CONDITIONAL MOOD		
SINGULAR		**PLURAL**
SIMPLE CONDITIONAL	yo **vendería** tú **venderías** Ud. él **vendería** ella	nosotros(as) **venderíamos** vosotros(as) **venderíais** Uds. ellos **venderían** ellas
COMPOUND CONDITIONAL	yo **habría vendido** tú **habrías vendido** Ud. él **habría vendido** ella	nosotros(as) **habríamos vendido** vosotros(as) **habríais vendido** Uds. ellos **habrían vendido** ellas

SUBJUNCTIVE MOOD		
SINGULAR		**PLURAL**
SIMPLE FORMS		
PRESENT	yo **venda** tú **vendas** Ud.⎫ él ⎬ **venda** ella⎭	nosotros(as) **vendamos** vosotros(as) **vendáis** Uds.⎫ ellos ⎬ **vendan** ellas⎭
IMPERFECT*	yo **vendiera** tú **vendieras** Ud.⎫ él ⎬ **vendiera** ella⎭	nosotros(as) **vendiéramos** vosotros(as) **vendierais** Uds.⎫ ellos ⎬ **vendieran** ellas⎭
COMPOUND FORMS		
PRESENT PERFECT	yo **haya vendido** tú **hayas vendido** Ud.⎫ él ⎬ **haya vendido** ella⎭	nosotros(as) **hayamos vendido** vosotros(as) **hayáis vendido** Uds.⎫ ellos ⎬ **hayan vendido** ellas⎭
PLUPERFECT*	yo **hubiera vendido** tú **hubieras vendido** Ud.⎫ él ⎬ **hubiera vendido** ella⎭	nosotros(as) **hubiéramos vendido** vosotros(as) **hubierais vendido** Uds.⎫ ellos ⎬ **hubieran vendido** ellas⎭

IMPERATIVE MOOD				
SINGULAR			**PLURAL**	
vende	**no vendas**	tú	**(no) vendamos** **vended,** **no vendáis**	nosotros(as) vosotros(as)
venda	**no venda**	Ud.	**(no) vendan**	Uds.

*Alternate use: **-se** form

Conjugation of Regular -*ir* Verbs _____

INFINITIVE MOOD			
SIMPLE FORMS		COMPOUND FORMS	
SIMPLE INFINITIVE	**recibir**	COMPOUND INFINITIVE	**haber recibido**
SIMPLE GERUND (PRESENT PARTICIPLE)	**recibiendo**	COMPOUND GERUND	**habiendo recibido**
PAST PARTICIPLE	**recibido**		

INDICATIVE MOOD: SIMPLE FORMS			
SINGULAR		PLURAL	
PRESENT	yo **recibo** tú **recibes** Ud. ⎫ él ⎬ **recibe** ella ⎭	nosotros(as) **recibimos** vosotros(as) **recibís** Uds. ⎫ ellos ⎬ **reciben** ellas ⎭	
IMPERFECT	yo **recibía** tú **recibías** Ud. ⎫ él ⎬ **recibía** ella ⎭	nosotros(as) **recibíamos** vosotros(as) **recibíais** Uds. ⎫ ellos ⎬ **recibían** ellas ⎭	
PRETERIT	yo **recibí** tú **recibiste** Ud. ⎫ él ⎬ **recibió** ella ⎭	nosotros(as) **recibimos** vosotros(as) **recibisteis** Uds. ⎫ ellos ⎬ **recibieron** ellas ⎭	
FUTURE	yo **recibiré** tú **recibirás** Ud. ⎫ él ⎬ **recibirá** ella ⎭	nosotros(as) **recibiremos** vosotros(as) **recibiréis** Uds. ⎫ ellos ⎬ **recibirán** ellas ⎭	

INDICATIVE MOOD: COMPOUND FORMS

	Singular		Plural
PRESENT PERFECT	yo **he recibido** tú **has recibido** Ud. él } **ha recibido** ella	nosotros(as) **hemos recibido** vosotros(as) **habéis recibido** Uds. ellos } **han recibido** ellas
PLUPERFECT	yo **había recibido** tú **habías recibido** Ud. él } **había recibido** ella	nosotros(as) **habíamos recibido** vosotros(as) **habíais recibido** Uds. ellos } **habían recibido** ellas
PRETERIT PERFECT	yo **hube recibido** tú **hubiste recibido** Ud. él } **hubo recibido** ella	nosotros(as) **hubimos recibido** vosotros(as) **hubisteis recibido** Uds. ellos } **hubieron recibido** ellas
FUTURE PERFECT	yo **habré recibido** tú **habrás recibido** Ud. él } **habrá recibido** ella	nosotros(as) **habremos recibido** vosotros(as) **habréis recibido** Uds. ellos } **habrán recibido** ellas

CONDITIONAL MOOD

	Singular		Plural
SIMPLE CONDITIONAL	yo **recibiría** tú **recibirías** Ud. él } **recibiría** ella	nosotros(as) **recibiríamos** vosotros(as) **recibiríais** Uds. ellos } **recibirían** ellas
COMPOUND CONDITIONAL	yo **habría recibido** tú **habrías recibido** Ud. él } **habría recibido** ella	nosotros(as) **habríamos recibido** vosotros(as) **habríais recibido** Uds. ellos } **habrían recibido** ellas

SUBJUNCTIVE MOOD	
SINGULAR	PLURAL

	SIMPLE FORMS	
PRESENT	yo **reciba** tú **recibas** Ud. él } **reciba** ella	nosotros(as) **recibamos** vosotros(as) **recibáis** Uds. ellos } **reciban** ellas
IMPERFECT*	yo **recibiera** tú **recibieras** Ud. él } **recibiera** ella	nosotros(as) **recibiéramos** vosotros(as) **recibierais** Uds. ellos } **recibieran** ellas

	COMPOUND FORMS	
PERFECT	yo **haya recibido** tú **hayas recibido** Ud. él } **haya recibido** ella	nosotros(as) **hayamos recibido** vosotros(as) **hayáis recibido** Uds. ellos } **hayan recibido** ellas
PLUPERFECT*	yo **hubiera recibido** tú **hubieras recibido** Ud. él } **hubiera recibido** ella	nosotros(as) **hubiéramos recibido** vosotros(as) **hubierais recibido** Uds. ellos } **hubieran recibido** ellas

IMPERATIVE MOOD				
SINGULAR			PLURAL	
recibe	**no recibas**	tú	**(no) recibamos** **recibid,** **no recibáis**	nosotros(as) vosotros(as)
reciba	**no reciba**	Ud.	**(no) reciban**	Uds.

*Alternate use: **-se** form

Frequently used Irregular Verbs _____

The following verbs have irregular forms. These irregular forms are in **bold** type.

andar   *to walk, to go*

Present participle	andando
Past participle	andado
Present indicative	ando, andas, anda, andamos, andan
Present subjunctive	ande, andes, ande, andemos, anden
Preterit	**anduve, anduviste, anduvo, anduvimos, anduvieron**
Imperfect subjunctive	**anduviera, anduvieras, anduviera, anduviéramos, anduvieran**
	anduviese, anduvieses, anduviese, anduviésemos, anduviesen

caber   *to fit*

Present participle	cabiendo
Past participle	cabido
Present indicative	**quepo**, cabes, cabe, cabemos, caben
Present subjunctive	**quepa, quepas, quepa, quepamos, quepan**
Preterit	**cupe, cupiste, cupo, cupimos, cupieron**
Imperfect subjunctive	**cupiera, cupieras, cupiera, cupiéramos, cupieran**
	cupiese, cupieses, cupiese, cupiésemos, cupiesen
Future	**cabré, cabrás, cabrá, cabremos, cabrán**
Conditional	**cabría, cabrías, cabría, cabríamos, cabrían**

caer   *to fall*

Present participle	**cayendo**
Past participle	caído
Present indicative	**caigo**, caes, cae, caemos, caen
Present subjunctive	**caiga, caigas, caiga, caigamos, caigan**
Imperfect subjunctive	**cayera, cayeras, cayera, cayéramos, cayeran**
	cayese, cayeses, cayese, cayésemos, cayesen

conducir   *to conduct; to drive*

Present participle	conduciendo
Past participle	conducido
Present indicative	**conduzco**, conduces, conduce, conducimos, conducen
Present subjunctive	**conduzca, conduzcas, conduzca, conduzcamos, conduzcan**
Preterit	**conduje, condujiste, condujo, condujimos, condujeron**
Imperfect subjunctive	**condujera, condujeras, condujera, condujéramos, condujeran**
	condujese, condujeses, condujese, condujésemos, condujesen

dar   *to give*

Present participle	dando
Past participle	dado
Present indicative	**doy**, das, da, damos, dan
Present subjunctive	**dé**, des, **dé**, demos, den
Preterit	**di, diste, dio, dimos, dieron**
Imperfect subjunctive	**diera, dieras, diera, diéramos, dieran**
	diese, dieses, diese, diésemos, diesen

decir   *to say, to tell*

Present participle	**diciendo**
Past participle	**dicho**
Present indicative	**digo, dices, dice,** decimos, **dicen**
Present subjunctive	**diga, digas, diga, digamos, digan**
Preterit	**dije, dijiste, dijo, dijimos, dijeron**
Imperfect subjunctive	**dijera, dijeras, dijera, dijéramos, dijeran**
	dijese, dijeses, dijese, dijésemos, dijesen
Future	**diré, dirás, dirá, diremos, dirán**
Conditional	**diría, dirías, dirías, diríamos, dirían**
Imperative	**di, diga, digamos, digan**

errar   *to err*

Present participle	errando
Past participle	errado
Present indicative	**yerro, yerras, yerra,** erramos, **yerran**
Present subjunctive	**yerre, yerres, yerre,** erremos, **yerren**
Imperative	**yerra, yerre,** erremos, **yerren**

estar   *to be*

Present participle	estando
Past participle	estado
Present indicative	**estoy, estás, está,** estamos, **están**
Present subjunctive	**esté, estés, esté,** estemos, **estén**
Preterit	**estuve, estuviste, estuvo, estuvimos, estuvieron**
Imperfect subjunctive	**estuviera, estuvieras, estuviera, estuviéramos, estuvieran**
	estuviese, estuvieses, estuviese, estuviésemos, estuviesen
Imperative	**está, esté,** estemos, **estén**

haber   *to have*

Present participle	habiendo
Past participle	habido
Present indicative	**he, has, ha, hemos, han**
Present subjunctive	**haya, hayas, haya, hayamos, hayan**
Preterit	**hube, hubiste, hubo, hubimos, hubieron**
Imperfect subjunctive	**hubiera, hubieras, hubiera, hubiéramos, hubieran**
	hubiese, hubieses, hubiese, hubiésemos, hubiesen
Future	**habré, habrás, habrá, habremos, habrán**
Conditional	**habría, habrías, habría, habríamos, habrían**
Imperative	**he, haya, hayamos, hayan**

hacer   *to make, to do*

Present participle	haciendo
Past participle	**hecho**
Present indicative	**hago**, haces, hace, hacemos, hacen
Present subjunctive	**haga, hagas, haga, hagamos, hagan**
Preterit	**hice, hiciste, hizo, hicimos, hicieron**
Imperfect subjunctive	**hiciera, hicieras, hiciera, hiciéramos, hicieran**
	hiciese, hicieses, hiciese, hiciésemos, hiciesen
Future	**haré, harás, hará, haremos, harán**
Conditional	**haría, harías, haría, haríamos, harían**
Imperative	**haz, haga, hagamos, hagan**

ir   *to go*

Present participle	**yendo**
Past participle	ido
Present indicative	**voy, vas, va, vamos, van**
Present subjunctive	**vaya, vayas, vaya, vayamos, vayan**
Preterit	**fui, fuiste, fue, fuimos, fueron**
Imperfect indicative	**iba, ibas, iba, íbamos, iban**
Imperfect subjunctive	**fuera, fueras, fuera, fuéramos, fueran**
	fuese, fueses, fuese, fuésemos, fuesen
Imperative	**ve, vaya, vayamos, vayan**

jugar   *to play*

Present participle	jugando
Past participle	jugado
Present indicative	**juego, juegas, juega**, jugamos, **juegan**
Present subjunctive	**juegue, juegues, juegue, juguemos, jueguen**
Preterit	**jugué**, jugaste, jugó, jugamos, jugaron
Imperative	**juega, juegue, juguemos, jueguen**

oír *to hear*

Present participle	**oyendo**
Past participle	oído
Present indicative	**oigo, oyes, oye, oímos, oyen**
Present subjunctive	**oiga, oigas, oiga, oigamos, oigan**
Preterit	**oí, oíste, oyó, oímos, oyeron**
Imperfect subjunctive	**oyera, oyeras, oyera, oyéramos, oyeran**
	oyese, oyeses, oyese, oyésemos, oyesen
Imperative	**oye, oiga, oigamos, oigan**

oler *to smell*

Present participle	oliendo
Past participle	olido
Present indicative	**huelo, hueles, huele**, olemos, **huelen**
Present subjunctive	**huela, huelas, huela**, olamos, **huelan**
Imperative	**huele, huela**, olamos, **huelan**

poder *to be able, can*

Present participle	**pudiendo**
Past participle	podido
Present indicative	**puedo, puedes, puede**, podemos, **pueden**
Present subjunctive	**pueda, puedas, pueda**, podamos, **puedan**
Preterit	**pude, pudiste, pudo, pudimos, pudieron**
Imperfect subjunctive	**pudiera, pudieras, pudiera, pudiéramos, pudieran**
	pudiese, pudieses, pudiese, pudiésemos, pudiesen
Future	**podré, podrás, podrá, podremos, podrán**
Conditional	**podría, podrías, podría, podríamos, podrían**

poner *to put, to place*

Present participle	poniendo
Past participle	**puesto**
Present indicative	**pongo**, pones, pone, ponemos, ponen
Present subjunctive	**ponga, pongas, ponga, pongamos, pongan**
Preterit	**puse, pusiste, puso, pusimos, pusieron**
Imperfect subjunctive	**pusiera, pusieras, pusiera, pusiéramos, pusieran**
	pusiese, pusieses, pusiese, pusiésemos, pusiesen
Future	**pondré, pondrás, pondrá, pondremos, pondrán**
Conditional	**pondría, pondrías, pondría, pondríamos, pondrían**
Imperative	**pon, ponga, pongamos, pongan**

querer   *to wish, to want; to love*

Present participle	queriendo
Past participle	querido
Present indicative	**quiero, quieres, quiere,** queremos, **quieren**
Present subjunctive	**quiera, quieras, quiera,** queramos, **quieran**
Preterit	**quise, quisiste, quiso, quisimos, quisieron**
Imperfect subjunctive	**quisiera, quisieras, quisiera, quisiéramos, quisieran**
	quisiese, quisieses, quisiese, quisiésemos, quisiesen
Future	**querré, querrás, querrá, querremos, querrán**
Conditional	**querría, querrías, querría, querríamos, querrían**
Imperative	**quiere, quiera,** queramos, **quieran**

saber   *to know*

Present participle	sabiendo
Past participle	sabido
Present indicative	**sé**, sabes, sabe, sabemos, saben
Present subjunctive	**sepa, sepas, sepa, sepamos, sepan**
Preterit	**supe, supiste, supo, supimos, supieron**
Imperfect subjunctive	**supiera, supieras, supiera, supiéramos, supieran**
	supiese, supieses, supiese, supiésemos, supiesen
Future	**sabré, sabrás, sabrá, sabremos, sabrán**
Conditional	**sabría, sabrías, sabría, sabríamos, sabrían**
Imperative	sabe, **sepa, sepamos, sepan**

salir   *to go out, to leave*

Present participle	saliendo
Past participle	salido
Present indicative	**salgo**, sales, sale, salimos, salen
Present subjunctive	**salga, salgas, salga, salgamos, salgan**
Future	**saldré, saldrás, saldrá, saldremos, saldrán**
Conditional	**saldría, saldrías, saldría, saldríamos, saldrían**
Imperative	**sal, salga, salgamos, salgan**

ser   *to be*

Present participle	siendo
Past participle	sido
Present indicative	**soy, eres, es, somos, son**
Present subjunctive	**sea, seas, sea, seamos, sean**
Preterit	**fui, fuiste, fue, fuimos, fueron**
Imperfect indicative	**era, eras, era, éramos, eran**
Imperfect subjunctive	**fuera, fueras, fuera, fuéramos, fueran**
	fuese, fueses, fuese, fuésemos, fuesen
Imperative	**sé, sea, seamos, sean**

tener   *to have*

Present participle	teniendo
Past participle	tenido
Present indicative	**tengo, tienes, tiene,** tenemos, **tienen**
Present subjunctive	**tenga, tengas, tenga, tengamos, tengan**
Preterit	**tuve, tuviste, tuvo, tuvimos, tuvieron**
Imperfect subjunctive	**tuviera, tuvieras, tuviera, tuviéramos, tuvieran**
	tuviese, tuvieses, tuviese, tuviésemos, tuviesen
Future	**tendré, tendrás, tendrá, tendremos, tendrán**
Conditional	**tendría, tendrías, tendría, tendríamos, tendrían**
Imperative	**ten, tenga, tengamos, tengan**

traer   *to bring*

Present participle	**trayendo**
Past participle	traído
Present indicative	**traigo,** traes, trae, traemos, traen
Present subjunctive	**traiga, traigas, traiga, traigamos, traigan**
Preterit	**traje, trajiste, trajo, trajimos, trajeron**
Imperfect subjunctive	**trajera, trajeras, trajera, trajéramos, trajeran**
	trajese, trajeses, trajese, trajésemos, trajesen
Imperative	**trae, traiga, traigamos, traigan**

valer   *to be worth*

Present participle	valiendo
Past participle	valido
Present indicative	**valgo,** vales, vale, valemos, valen
Present subjunctive	**valga, valgas, valga, valgamos, valgan**
Future	**valdré, valdrás, valdrá, valdremos, valdrán**
Conditional	**valdría, valdrías, valdría, valdríamos, valdrían**
Imperative	vale, **valga, valgamos, valgan**

venir   *to come*

Present participle	**viniendo**
Past participle	venido
Present indicative	**vengo, vienes, viene,** venimos, **vienen**
Present subjunctive	**venga, vengas, venga, vengamos, vengan**
Preterit	**vine, viniste, vino, vinimos, vinieron**
Imperfect subjunctive	**viniera, vinieras, viniera, viniéramos, vinieran**
	viniese, vinieses, viniese, viniésemos, viniesen
Future	**vendré, vendrás, vendrá, vendremos, vendrán**
Conditional	**vendría, vendrías, vendría, vendríamos, vendrían**
Imperative	**ven, venga, vengamos, vengan**

ver *to see*

Present participle	viendo
Past participle	**visto**
Present indicative	**veo**, ves, ve, vemos, ven
Present subjunctive	**vea, veas, vea, veamos, vean**
Imperfect indicative	**veía, veías, veía, veíamos, veían**
Imperfect subjunctive	**viera, vieras, viera, viéramos, vieran**
	viese, vieses, viese, viésemos, viesen
Imperative	ve, **vea, veamos, vean**

Vocabulario

Español–Inglés

Vocabulario

A

abastecer to purvey, to supply

abonar to fertilize; to credit with

el abono fertilizer

el abrecartas letter opener

abrir to open

acabar to finish

acabar de (+ inf.) to have just (+ past part.)

acaparar to monopolize, to control (the market)

el accidente accident

la acción share

las acciones stock

las acciones comunes (ordinarias) common stock

las acciones de primera categoría "blue chip" stock (shares)

las acciones preferidas (de prioridad) preferred stock

el, la accionista shareholder

acreditar to credit

las actas minutes, recorded proceedings

el acuerdo agreement

adelantar to advance; to prepay

adjuntar to enclose

la aduana customhouse, customs

el aduanero, la aduanera customhouse officer

advertir to notify; to warn

la aerolínea airline

el aeromozo, la aeromoza flight attendant, stewardess

el aeropuerto airport

la agencia agency

la agencia de empleos employment agency

la agencia de viajes travel agency

el, la agente agent

el, la agente de bienes raíces real-estate agent

el, la agente de bolsa stockbroker

el, la agente de viajes travel agent

agradecer to thank; to acknowledge a favor; to express gratitude

el agregado, la agregada attaché; farmhand

agregar to add

el agricultor, la agricultora farmer

el aguacate avocado

ahorrar to save, to economize

ajustar to adjust, to regulate

el albaricoque apricot

la alcoba bedroom

el algodón cotton

el alimento feed

los alimentos food

el almacén stock room; warehouse; department store

el almacén de depósito bonded warehouse

el almacenamiento storage

almacenar to store

el almuerzo lunch

el alojamiento lodging, accommodations

alquilar to rent, to hire

el alquiler rent

los altibajos ups and downs (of stock prices)

el alza en las cotizaciones rise (in price)

amenazar to threaten

amortizar to amortize; to redeem or pay debts

los animales de la finca farm animals

anticipar to advance (payment)

el anticipo advance, advance payment

la anualidad annuity

anunciar to advertise
el anuncio advertisement
  el anuncio de bienes
  raíces real-estate ad,
  classified ad
añadir to add
los aparatos eléctricos
  appliances
el apartamento apartment
el aprendizaje apprenticeship
aprovechar to take advantage
el arado plow
archivar to file
el archivo file cabinet
arreglar to arrange; to fix
arrendar to rent; to lease
el arrendatario, la
  arrendataria lessee, tenant
el arriendo rent
el arroz rice
el artículo article, item,
  object, thing
ascender to ascend, to rise
el ascenso promotion
el ascensor elevator
el asegurado, la asegurada
  policyholder
asegurar to insure
asegurarse to get insured
el, la asistente de vuelo
  flight attendant
el asno donkey
asociarse to associate; to
  establish a partnership
el ático attic
aumentar to increase
el aumento increase
el auto car
el autobús bus
el automóvil car
avaluar to estimate; to
  appraise
el aviso announcement, ad
ayer yesterday
ayudar to help, to assist
la azafata stewardess, flight
  attendant
el azúcar sugar

B
la baja en las cotizaciones
  drop (in price)
bajar to lower, to decrease

la balanza scale; balance
  la balanza de pagos
  balance of payments
  la balanza del comercio
  balance of trade
el balcón balcony, porch
el banco de ahorros savings
  bank
bajar to fall, to come down,
  to reduce (the price)
la bandeja tray
el banquero, la banquera
  banker
la bañera (bañadera) bathtub
el baño bathroom
el bar bar
el baratillo sale, bargain sale,
  clearance sale
el barco ship, boat
el barril barrel, cask
el baúl trunk
la bebida drink
el beneficiario, la
  beneficiaria beneficiary
el beneficio benefit
  los beneficios de empleo
  fringe benefits
  los beneficios del seguro
  insurance benefits
los bienes goods
  los bienes inmuebles real
  estate
  los bienes raíces real estate
el billete ticket; bill, note
  el billete de banco bank
  note
el bocadillo (bocadito)
  sandwich
el boletín oficial de
  cotización "Big Board"
  (stock exchange)
el boleto ticket
el bolígrafo ballpoint pen
la bolsa bag; purse; stock
  market
  la bolsa de valores stock
  market (or exchange)
el, la bolsista stockbroker
el bono bond, certificate
borrar to erase
botar to throw away; to
  squander
la botella bottle
el botones bellboy
el buey ox

el buhonero, la buhonera
  peddler
el buque ship
el burro burro, donkey
el bus bus
buscar to look for
la butaca de cuero leather
  armchair
el buzón mailbox

C
el caballo horse
el cabaret nightclub
el cable (cablegrama) cable,
  cablegram
la cabra goat
caducar to lapse
la caja case, box, crate
  la caja de seguridad safe-
  deposit box
el cajero, la cajera teller;
  cashier
el cajón case, carton, big box
la calculadora calculator
calcular to calculate
la camarera chambermaid;
  waitress
cambiar to change, to
  exchange
el camión truck
el campesino, la campesina
  farmer; peasant
el campo field; rural area
el canal channel
la canasta basket
cancelar to cancel
la cantidad quantity
la cantina bar
la caña de azúcar sugar cane
el, la capataz foreman
el capital capital stock; funds;
  principal
  el capital comercial stock
la capital capital (of a
  country)
la carga cargo, load
el cargamento cargo,
  shipment
cargar to load; to charge on
  account
la carne meat
el carnet de identidad
  identification card
la carpeta reservation desk;
  portfolio

la carrera   career
la carretera   road, highway
el carro   car
la carta   letter
  la carta certificada   certified letter
  la carta de crédito   bill of credit
  la carta nocturna   night letter
el cartel   cartel; trust; poster
la cartera   purse; wallet; portfolio
el cartero   postman
la casa   house, home
  la casa con pisos en niveles distintos   split-level house
  la casa de apartamentos   apartment house
  la casa de dos pisos (casa de dos plantas)   two-story house
  la casa de un piso (casa de una planta, casa terrera)   ranch house
el casero   landlord
el caset   cassette
la casilla del corredor   trading booth
la cebada   barley
la cena   supper
el centro comercial   shopping center
el cepillo de dientes   toothbrush
el cerdo   pig
la cereza   cherry
cerrar   to close
el certificado de origen   certificate of origin
la cesta   basket
el cesto   wastepaper basket
el cheque   check
la chequera   checkbook
los cheques de viajero   traveler's checks
el cilindro   cylinder
la cinta   tape, ribbon
  la cinta para la máquina de escribir   typewriter ribbon
la cita   appointment; date
citar   to make an appointment
el clasificado   want ad
el club nocturno   nightclub
cobrar   to collect; to cash

los cobros   charges
la cocina   kitchen; stove
el coche   car
el, la co-firmante   cosigner
el colateral   collateral
colocar   to place, to put; to invest
el comedor   dining room
el, la comerciante   businessperson; retailer; dealer
comerciar   to trade, to deal; to traffic
el comercio   trading; commerce
los comestibles   food
la comida   dinner; food
el comisario de abordo   purser
la comisión   commission
la compañía de seguros   insurance company
la competencia   competition
componer   to repair; to adjust
la compra   purchase
  la compra de acciones   purchase of shares
el comprador, la compradora   buyer
comprar   to buy, to purchase
el comprobante   voucher
la computadora   computer
la comunicación   communication
conceder   to grant; to allow
el, la concesionista   concessionaire
el condominio   condominium
el conejo   rabbit
confiar   to trust, to confide
confirmar   to confirm; to ratify; to verify
el conocimiento de embarque   bill of lading
construir   to build
el contrabando   contraband
el contrato de seguro   insurance contract
las contribuciones   taxes
convenir   to agree
la copiadora   copier
copiar   to copy
el corral   farmyard, barnyard
el corredor, la corredora   broker

el corredor, la corredora de bolsa (bursátil)   stockbroker
el corredor, la corredora de seguros   insurance broker
el correo   mail; post office
  el correo aéreo   air mail
  el correo certificado   certified mail
  el correo de primera clase   first-class mail
  el correo marítimo   transoceanic mail
  el correo registrado   registered mail
cosechar   to harvest, to reap
costar   to cost
el coste   cost, expense
el costo   cost, price, charge
la cotización   market price, value; quotation
  la cotización a la apertura (de la bolsa)   opening price
  la cotización al cierre (de la bolsa)   closing price
el crédito   credit
el cuaderno de taquigrafía   stenographer's pad
el cuadro telefónico   switchboard
el cuarto   room, bedroom
  el cuarto con aire acondicionado   air-conditioned room
  el cuarto de correos   mailroom
la cubierta   cover; cover charge
los cubiertos   silverware
cubrir   to cover
la cuchara   spoon
el cuchillo   knife
la cuenta   account; bill, invoice
  la cuenta abierta   charge account
  la cuenta corriente   checking account
  la cuenta de banco   bank account
la cuerda   rope
la cuota   quota
el cupón   coupon

D

dañar to damage; to hurt
el daño damage, loss
  el daño corporal bodily injury
  los daños de temporal storm damage
dar to give
deber to owe
el deber duty
la declaración de entrada bill of entry
dejar to leave behind; to give up
la demanda demand
demandar to demand; to sue
la demora delay
demorar to delay
el departamento department; apartment
el, la dependiente store clerk; employee
depositar to deposit
el depósito deposit; down payment
el derecho law; right; fee
los derechos de aduana customs duties
el desayuno breakfast
el descuento discount; rebate
el desempleado unemployed
designar to designate, to appoint
despachar to dispatch, send; to fire (an employee)
el despacho de aduana customs office
despedir to dismiss; to fire (an employee)
el destino destination
el desván attic
el, la detallista retailer
la deuda debt
la devaluación de la divisa currency devaluation
devolver to give back; to return (merchandise)
el dinero al contado (en efectivo) cash
la dirección address; guidance; direction
el director, la directora de personal personnel director
dirigir to direct; to send; to manage; to guide; to address

el disco record
la distribución distribution
los dividendos dividends
dividir to divide
la divisa currency
la docena dozen
el domicilio house, home
donar to donate
el dormitorio bedroom
la ducha shower
el dueño, la dueña owner; landlord

E

economizar to save
el edificio de apartamentos apartment building
los efectos eléctricos appliances
los electrodomésticos appliances
el elevador elevator
el embalaje packing, bailing
el embarque shipment
la emisión de acciones issuance of shares
la emisora broadcasting station
empaquetar to pack, to bale
el emparedado sandwich
empeñar to pawn
empezar to start, to begin
el empleado, la empleada employee
emplear to hire, to employ
el empleo employment, job
  el empleo parcial part-time job
  el empleo por horas part-time job
encargar to order
encontrar to find; to meet
endosar to endorse
la energía energy, power
engañar to deceive
el engaño fraud, deception
el engranaje gear adjustment
el engrase lubrication, oiling, greasing
la ensalada salad
la entrega inmediata special delivery
entregar to deliver
la entrevista interview; talk show

el envase container
enviar to send
el equipaje baggage
equivocarse to make a mistake
la escalera mecánica escalator
el escaparate shop window
escribir to write
el escritorio desk
el escrito document; manuscript
la escritura deed
la especulación speculation
especular to speculate
el espejo mirror
la esquela note; announcement; short letter
el establo stable
la estación season; station
  la estación de radio radio station
  la estación de ferrocarril railroad station
la estadía stay; cost of a stay
el estado de cuenta statement of account
la estampilla stamp
el estante shelf; bookcase; cabinet
el estéreo stereo
el estiércol fertilizer
el estilo style
la etiqueta tag, label
la evaluación appraisal
el examen físico physical examination
la excursión tour, excursion
la exhibición display
exhibir to exhibit
exportar to export
el extranjero overseas; foreign

F

la fábrica factory
la fabricación construction; building; manufacturing
el, la fabricante factory owner; maker, manufacturer
fabricar to make, manufacture; to build
la factoría factory
la factura invoice
  la factura consular consular invoice

la fecha date
  la fecha de caducidad o expiración (fecha de consumo preferente) expiration date
  la fecha de entrega date of delivery
fechar to date (a document)
el ferrocarril railroad
la finca farm
la firma signature
firmar to sign
el flete por toneladas freight per ton
el fondo de inversión mutual fund
el formulario form, slip
  el formulario de depósito deposit slip
  el formulario de retiro withdrawal slip
frágil fragile
el franqueo postage
el fraude fraud
las fresas strawberries
las frutas fruits
la fuente de agua water fountain, water cooler
la función show; function; duty
funcionar to work, to operate, to function
fundar to found, to establish

G
el gacebo gazebo
el galón gallon
la gallina hen
el gallo rooster
el ganado livestock
la ganancia profit, earnings
ganar to earn; to win
la ganga bargain
el ganso goose
el garaje garage
la garantía guarantee
los garbanzos chick peas
gastar to spend (money); to waste (money)
el gasto expense, cost, charge
  los gastos de aduana customs charges
  los gastos de almacenaje warehouse charges

los gastos de manipulación (de manejo) handling charges
los gastos de transporte transportation charges
los gastos de viaje traveling expenses
el gato cat
los géneros commodities
el, la gerente manager
el giro postal money order
el gomígrafo rubber stamp
gozar to enjoy
la grabadora tape recorder
el granero barn
el grano grain
la grapadora stapler
las grapas staples
la gruesa gross
la guagua bus
el guajolote turkey
la guía telefónica telephone directory
gustar to like, to please

H
haber to have (aux. verb)
el haber assets, property
las habichuelas beans
  las habichuelas soya soy beans
la habitación room, bedroom
hacia toward
  hacia abajo down
  hacia arriba up
la hacienda fortune, wealth; estate; farm; plantation
el heno hay
el heredero, la heredera inheritor, heir
la herencia inheritance
la herramienta tool
la hipoteca mortgage
la hoja leaf; slip
  la hoja de depósito deposit slip
  la hoja de retiro withdrawal slip
hospedar to lodge
el hotel (motel) de lujo luxury hotel (motel)
hoy today
la huelga strike
la huerta vegetable garden, orchard
los huevos eggs

I
los idiomas extranjeros foreign languages
ignorar to be ignorant of
importar to import; to matter
el impuesto tax
  el impuesto de la propiedad real-estate tax
  los impuestos (o contribuciones) sobre ingresos income tax
incluir to include; to enclose
la indemnización doble double indemnity
el índice Dow Jones Dow Jones index
la industria nacional (del país) native (domestic) industry
los industriales industrial stock
la inflación inflation
el ingeniero, la ingeniera engineer
los ingredientes ingredients
el inodoro toilet
el inquilino, la inquilina tenant
el interés interest
la inundación flood
el inventario inventory
la inversión investment
el, la inversionista investor
invertir to invest
el itinerario itinerary

J
el jabón soap
el jardín garden
el jarro jar
el jefe (la jefa) boss
la junta directiva board of directors

L
el labrador, la labradora farmer, farmhand
labrar to till, to plow
la lámpara de escritorio desk lamp
la langosta lobster
la lata can
el lavamanos (lavabo) sink, lavatory
la leche milk
la lechería dairy

leer to read
las legumbres vegetables
la letra de cambio bill of exchange
la libra pound
la libreta de banco bankbook, passbook
el libro book
  el libro de citas appointment book
  el libro mayor ledger
la línea line
  la línea aérea airline
  la línea de montaje assembly line
la lista de vinos wine list
el litro liter
el locutor, la locutora announcer

LL

la llamada (telefónica) phone call
  la llamada a larga distancia long-distance call
llamar to call
la llave key
la llegada arrival
llegar to arrive
llenar to fill; to fill out
la lluvia rain

M

el maíz corn
la maleta suitcase, valise
el maletero porter
malgastar to waste, to squander
la manada herd, flock
mandar to send; to order
manejar to drive; to handle
las maniobras bursátiles exchange manipulations
la mano de obra labor, labor force; workmanship
  la mano de obra disponible available manpower
  la mano de obra especializada skilled labor
el mantenimiento maintenance
el manual para (la guía de) viajeros guidebook

la manufactura manufacturing; manufactured article
manufacturar to manufacture
el manufacturero, la manufacturera manufacturer
la manzana apple
la máquina machine
  la máquina de afeitar electric razor
  la máquina de mimeógrafo mimeograph
  la máquina de sumar adding machine
  la máquina eléctrica de escribir electric typewriter
  la máquina para duplicar (de mimeógrafo) ditto machine
  la máquina Xerox Xerox machine, photocopier
la maquinaria machinery
la marca brand
  la marca de fábrica trademark, brand
el marisco shellfish
  los mariscos seafood
el matasellos postmark
la materia matter
  la materia prima raw material
el material material
el, la mayorista wholesaler
la mecanografía typing
el mecanógrafo, la mecanógrafa typist
la medida measure
la mejora improvement
los melocotones peaches
el membrete letterhead
el mensaje message
el mercado market
  el mercado de valores stock market
  el mercado extranjero foreign market
  el mercado financiero money market
  el mercado sin cotización over-the-counter market
la mercancía merchandise, goods
  la mercancía dañada damaged merchandise
el mesón inn
la meta destination; goal

el micrófono microphone
el mínimo minimum charge
las minutas minutes, record of proceedings
el mobiliario furniture
la moda style, fashion
molestar to annoy
la moneda coin, currency
el monopolio monopoly
la monta amount, sum, total
el mostrador counter
mostrar to show
mover to move
la mudanza move
el mueble piece of furniture
el muelle dock
la muestra sample
el muestrario sampler
multiplicar to multiply

N

las naranjas oranges
la navaja de afeitar shaver
la nave ship, vessel
negar(se) to deny; to refuse
negociar to negotiate; to trade; to do business
nombrar to name, to nominate, to appoint
notar to notice; to observe
las noticias news
el número number
  el número de la seguridad social social security number
  el número de serie serial number
  el número del modelo model number

O

el objeto object, thing; purpose, end, aim
obligar to compel, to force
obligarse to bind oneself
el obrero, la obrera worker
ocurrir to happen
la oferta y la demanda supply and demand
la oficina office
  la oficina de comercio extranjero office of foreign trade
  la oficina de patentes patent office

Vocabulario

la opción option
las operaciones de bolsa
  stock-exchange transactions

P
la paga wages, pay
pagar to pay
el pagaré promissory note
  (I.O.U.)
el pago payment
  el pago a la entrega
  C.O.D. (cash on delivery)
  el pago de la prima
  premium payment
  el pago inicial down
  payment
  el pago mensual monthly
  payment
  los pagos médicos (de
  incapacidad) medical
  (disability) payments
  los pagos a la unión union
  dues
el país country
el país exportador exporting
  country
el país importador importing
  country
la pantalla de televisión
  television screen
las papas, las patatas
  potatoes
el papel higiénico toilet
  paper
la papeleta ballot
el paquete package
  el paquete postal parcel
  post
el parador inn
parar to stop
el pasaje airline ticket; fare
  el pasaje de ida y vuelta
  round-trip ticket
pasar to spend (time)
el paseo turístico sightseeing
la pasta de dientes toothpaste
el pasto pasture
el patio patio, yard
el pato duck
el patrón, la patrona boss
el pavo turkey
el pedido order, shipment
pedir to ask for, to request
la pérdida loss
permutar to barter, to
  exchange

pesar to weigh
el pescado fish
el peso weight
el pie foot
la pimienta (black) pepper
la piscina pool
el piso floor; flat, apartment
la pizarra telefónica
  switchboard
el plan de familia family
  plan
el plato plate, platter, dish
el plazo (del pago) time
  (payment)
el pleito lawsuit, litigation
poder to be able to
el poder power
  el poder adquisitivo
  purchasing power
el pollo chicken
la póliza policy
  la póliza a término o a
  plazo fijo term insurance
  policy
  la póliza caducada lapsed
  policy
  la póliza de seguros
  insurance policy
  la póliza de seguro de
  automóvil
  (automovilístico)
  automobile insurance policy
  la póliza de seguro de
  enfermedad (de
  incapacidad) health
  (disability) insurance policy
  la póliza de seguro de
  vida life insurance policy
  la póliza dotal endowment
  policy
el portador, la portadora
  bearer
el portapliegos portfolio
el portón gate
la posada inn
poseer to own, to possess
el postre dessert
el pote jug, jar
la potencia power, capacity
el prado pasture, field
el precio price
  el precio al por mayor
  wholesale price
  el precio al por menor
  retail price
preguntar to ask

el préstamo loan
prestar to lend
el presupuesto budget
el principal principal, capital
el principio principle; start,
  beginning
  (al principio) at first
el probador dressing room,
  fitting room
probar to try; to test; to taste
probarse to try on
el producto product
  los productos agrícolas
  produce
la profesión profession,
  career
la propiedad property
las propiedades
  characteristics; properties
el propietario, la propietaria
  owner
la propina tip
la protección protection
el puerto libre free port
el puesto position,
  employment; place
  el puesto de contratación
  trading post
las pulsaciones del mercado
  the ups (rise) and downs
  (fall) of the market (stock
  prices)
los puntos points

Q
quebrar to become bankrupt,
  to fail
quedarse to remain, to stay
quejarse to complain
las quejas del consumidor
  customer complaints
el queso cheese

R
el racimo bunch (fruit or
  flowers)
el radio radio (instrument or
  set)
  el radio portátil portable
  radio
la radio radio (station),
  broadcasting station
la raíz root
el rancho ranch
el rastrillo gate; rake

la **rebaja** reduction, mark-down

  la **rebaja de precio** reduction in price

la **rebanada** slice

el **rebaño** flock, herd

el **recipiente** container

la **reclamación del seguro** insurance claim

la **recompensa** reward; fee

recordar to remember

rechazar to reject

la **reducción** decrease

reemplazar to replace

la **referencia** reference

el **regateo** haggling, bargaining

registrar to inspect, to examine; to investigate

el **registro** registry

rehusar to refuse

las **remolachas** beets

la **renta** rent; annuity; tax; income

el **repollo, la col** cabbage

la **reservación** reservation

responder to answer

restar to subtract

el **restaurante** restaurant

retirar to withdraw

la **revista mercantil** stock report

el **riesgo** risk

  el **riesgo de crédito** credit risk

el **rollo** roll

romper to break

la **ropa** clothes

el **rótulo** label

S

saber to know

el **sacapuntas** pencil sharpener

sacar to pull, to draw; to take out

el **saco** bag, sack

la **sal** salt

la **sala** living room

  la **sala de conferencias** conference room

el **salario** salary

el **saldo** bank balance

salir to leave

el **salón de juegos** den, game room

el **sándwich** sandwich

el **seguro** insurance

  el **seguro contra choque** collision insurance

  el **seguro contra daños de agua** water damage (flood) insurance

  el **seguro contra daños de temporal** storm insurance

  el **seguro contra incendio** fire insurance

  el **seguro contra robo** theft insurance

  el **seguro contra vandalismo** vandalism insurance

  el **seguro de casa** home insurance

  el **seguro marítimo** marine insurance

  el **seguro total** comprehensive insurance

el **sello** postage stamp

  el **sello de aprobación** seal of approval

el **sembrado** field

la **semilla** seed

sentir to feel; to regret

las **señas** address

la **sequía** drought

el **servicio de las habitaciones** room service

la **servilleta** napkin

la **siembra** seedtime; sown field

la **silla** chair

la **sobra** excess, surplus

el **sobre** envelope

el **sobrepeso** overweight

la **sociedad anónima (S.A.)** corporation (Inc.)

el **socio, la socia** partner

la **soga** rope

el **solar** lot, plot

solicitar to request

la **solicitud de empleo** job application

la **sopa** soup

soportar to endure

el **sótano** basement, cellar

substraer to subtract

el **sueldo** pay, salary

  el **sueldo bruto o completo (sin deducciones)** gross pay

  el **sueldo neto** net pay

la **sumadora** adding machine

sumar to add

el **suministrador, la suministradora** supplier

el **surtido** supply, stock

T

el **tabaco** tobacco; cigar

el **tablón de anuncios** bulletin board

el **talón** stub

  el **talón de venta** sales slip

el **talonario** stub book

la **talla** size (of dress)

el **taller** workshop

el **tamaño** size

la **tapa** appetizer; cover (of jar)

la **tapia** wall, fence

la **taquigrafía** shorthand

la **tarifa** fare

las **tarifas** tariffs, taxes

la **tarjeta** card

  la **tarjeta de crédito** credit card

  la **tarjeta postal** postcard

la **taza de café (té)** cup of coffee (tea)

el **telediscado** direct dialing

el **teléfono** telephone

la **telegrafía sin hilos** wireless telegraph

el **telegrama** telegram

la **televisión** television

el **televisor** television set

el **telex** telex

temer to fear

el **temporal** storm

los **términos de pago** terms of payment

la **tienda** store, shop

  la **tienda por departamentos** department store

la **tierra** land, soil

el **título de acciones** stock certificate

la **toalla** towel

el **tocadiscos** record player

la **tonelada** ton

el **tonelaje** tonnage

la **tormenta** storm

el **tornillo** screw

trabajar to work

el **trabajo** work, job

el **tractor** tractor

el, la **traficante** dealer

traficar to traffic, to trade
la trampa trap, deceit, fraud
la transacción volume, transactions
la transmisión broadcast
el transporte (por aire, tierra o mar; por ferrocarril) transportation (by air, land, or sea; by railroad)
el trigo wheat
el trueque exchange, barter
el tubo tube
la tuerca nut

U
las uvas grapes

V
la vacuna vaccination, innoculation
valer to be worth
la valija suitcase, valise
el valor value, worth; price

los valores securities, stocks, bonds
los valores ordinarios (corrientes) common stock
los valores de primera categoría "blue chip" stocks
el vapor ship
el vaso (de agua) glass (of water)
vencer to overcome
el vendedor, la vendedora salesperson, seller
el vendedor, la vendedora ambulante peddler
vender to sell
vender al por mayor to sell wholesale
vender al por menor to sell retail
la venta sale
la venta al contado, a crédito, a plazos sale for cash, on credit, on time
la venta especial bargain sale, clearance sale

la verja fence
el vestíbulo vestibule, entrance; lobby
el, la viajante business traveler
el viaje trip, travel, tour
el viajero, la viajera traveler
la vidriera, la vitrina shop window
el volante slip (of paper)
el volante de depósito deposit slip
el volante de retiro withdrawal slip
el volumen volume
la voz voice
el vuelo flight
el vuelo de largo alcance long-distance flight
el vuelo sin escalas nonstop flight

Y
la yarda yard

Vocabulario

Inglés–Español

Vocabulario

A
above arriba; citado, lo citado
absence la ausencia
accept aceptar
acceptance la aceptación
account la cuenta
accountant el contador, la contadora
accounting la contabilidad
acknowledge acusar; reconocer; admitir
acknowledgment el acuse de recibo, el reconocimiento
acquire adquirir
add añadir, agregar, sumar (*math*)
agenda la orden del día
agree convenir en, estar conforme con
agreement el acuerdo
agriculture la agricultura
aid el auxilio, la ayuda
air el aire
  air conditioning el acondicionamiento de aire
  air transport el transporte por aire (aéreo)
allow permitir; abonar; conceder
allowance la concesión
amicably amistosamente

amount la suma, la cantidad
analysis el análisis
annuity la anualidad, la pensión
answer contestar; la respuesta
antitrust antimonopolio
appeal la apelación
appear aparecer; salir a luz (*publication*)
appliance el aparato, el efecto eléctrico, el electrodoméstico
application la solicitud
apply solicitar, dirigirse a
appoint nombrar, designar
appointment la cita
appraisal el avalúo
appraise valorar, tasar, avaluar
appreciate apreciar; agradecer
apprise informar, enterar
approval la aprobación
approximate aproximado
arrange arreglar, cerrar (una operación)
arrival la llegada
arrive llegar
article el artículo
ask pedir, suplicar, rogar; preguntar
assistant el, la ayudante
assortment el surtido

assure asegurar, afirmar
attach unir, juntar
attain alcanzar, lograr
attention la atención
attorney el, la apoderado; el abogado, la abogada
attribute atribuir
auction la subasta
auditor el auditor, la auditora
authority la autoridad
authorize autorizar
automobile el automóvil, el auto, el carro (P.R.), el coche (Spain)
average el promedio
avoid evitar
await esperar, estar en espera de
B
bad malo, defectuoso
bail la fianza
balance el saldo; el resto, el restante, el balance
bale el fardo
bank el banco
  bank note el billete de banco
bankrupt la bancarrota, la quiebra
barter el trueque
be able to poder

bear market las bajas en el mercado de valores
beauty la hermosura
  beauty parlor el salón de belleza, la peluquería
beg suplicar, rogar, pedir
beginning el principio
behind detrás; con retraso
benefit el provecho, la ventaja
best el (la, lo) mejor
big grande
bill la factura, el billete
  bill of lading el conocimiento de embarque
billboard la cartelera
black market el mercado negro
blame culpar; la culpa
board of directors la junta directiva
board of trade el tribunal de comercio
boat el buque, el barco
bond el bono
bookkeeper el tenedor, la tenedora de libros
boss el jefe (la jefa)
both ambos
bother molestar
box la caja, el cajón
branch la sucursal (*business*)
brand la marca
break romper
bring traer
broken roto
broker el cambista; el corredor, la corredora; el, la agente
brokerage el corretaje
building el edificio
bulk el volumen, el tamaño, la masa
business el negocio; el asunto
  business law el derecho mercantil
busy ocupado
buy comprar
buyer el comprador, la compradora
by-laws los estatutos

C
cable, cablegram el cablegrama
calculate calcular

call llamar; la llamada
can la lata
cancel anular, cancelar
canceled cancelado
capital el capital (*money*); la capital
car el auto, el carro, el automóvil
card la tarjeta
card catalog (file) el fichero
cardboard la cartulina, el cartón
care el cuidado
careful cuidadoso
carefully cuidadosamente
carelessness el descuido
carry llevar
  carry out llevar a cabo, realizar
case la caja; el caso
cash cambiar, cobrar; el dinero en efectivo
cashier el cajero, la cajera
catalog el catálogo
cattle el ganado
cause causar; la causa, el motivo
cease cesar de, dejar de
ceiling price el precio máximo
cent el centavo
certain cierto, seguro
certified aprobado
change cambiar, modificar; el cambio
channel el canal
charge cobrar; cargar; el cargo; el precio; los gastos
charter la escritura, el título; la carta de privilegio
cheap barato
check el cheque
checkbook la chequera
cigar el puro, el tabaco, el cigarro
circular la circular
city la ciudad
civil laws el derecho civil
claim la reclamación, la demanda
class la clase
clause la cláusula
clear claro
clearance sale la liquidación
clerk el, la dependiente
client el, la cliente

close cerrar
closing el cierre
cloth la tela
clothes la ropa
code el código
coding la codificación
coffee el café
collect cobrar, hacer colecta
collection la colección, el cobro, la cobranza
color el color
come venir, llegar
commerce el comercio
commercial comercial, mercantil
commission la comisión
commit cometer
commodity la mercancía, los géneros
communicate comunicar, ponerse en contacto
company la compañía
compel obligar, forzar
complain quejarse de
complete completar; completo
compliance la conformidad
comptroller el contralor, la contralora
computer la computadora, el computador
concerning acerca de, tocante a
conclude concluir; inferir
condition la condición, el estado
confidence la confianza
confirm confirmar
confiscate confiscar
conformity la conformidad
connection la relación
consequence la consecuencia
consider considerar
considerable considerable
consideration la consideración
consign consignar
consignee el consignatario, la consignataria
consignment la consignación
consist of consistir en
consular consular
consume consumir
consumer el consumidor, la consumidora
contact el contacto
contain contener
contents el contenido

continue continuar
continuous continuo
contract el contrato
control controlar
convenience la conveniencia
convenient conveniente
convince convencer
copy copiar; el ejemplar
correct corregir; correcto
correctly correctamente
correspond corresponder
cosigner el, la co-firmante
cost el costo, el coste
cotton el algodón
count contar
counterfeit falsificar
country el país; el campo
course el curso
  of course por supuesto
courtesy la cortesía
cover cubrir; la cubierta
crate el canasto, el embalaje de tablas
credit acreditar, abonar en cuenta; el crédito
  credit report el informe de crédito
creditor el acreedor, la acreedora
crude crudo
  crude oil el petróleo crudo
currency la moneda, la divisa
current corriente
curriculum vitae el expediente personal
custom la costumbre
customer el, la cliente
customhouse, customs la aduana
  customhouse inspector el aduanero, la aduanera
cut cortar
cycle el ciclo

D
damage averiar; la avería, el daño
dare atreverse
data los datos, la información
date la fecha
day el día
deal el negocio, la operación
dealer el, la comerciante; el distribuidor, la distribuidora

debit el débito
  debit and credit el debe y el haber
debt la deuda
decide decidir
declaration la declaración
defect el defecto
defendant el acusado, la acusada
defer aplazar
deficit el déficit
definite definitivo
definitely definitivamente
defray costear, subvenir
delay demorar, retardar; la demora, el retraso
deliver entregar
delivery la entrega
demand exigir; la demanda
department el departamento
depend depender
depletion la deflación
deposit depositar; el depósito
depositor el, la depositante
depository el depositario
description la descripción
deserve merecer, ser digno de
design el dibujo; el diseño
desire desear, querer, necesitar; el deseo
desk el escritorio
destination el destino
detail el detalle
determine determinar
different diferente, distinto
difficulty la dificultad
direct directo
direction la dirección
directly directamente
director el director, la directora
disagreeable desagradable
disbursement el gasto, el desembolso
discount el descuento
dispatch despachar, enviar, remitir
display el despliegue, la exhibición
disposal la disposición
dissatisfied descontento
distribute distribuir
district la región, el distrito
distrust la desconfianza, el recelo

do hacer
dock el muelle
dockage el muellaje
document el documento
dollar el dólar
domestic doméstico, interior, nacional
  domestic market el mercado nacional, el mercado nativo
doubt dudar; la duda
dozen la docena
draft redactar; el giro; la letra, la libranza
due debido; vencido
duplicate duplicar; el duplicado, la copia
duplicating machine (Xerox) la duplicadora, la copiadora
durability la duración, la durabilidad
duty los derechos, el impuesto; el deber
dye teñir

E
each cada
early temprano; pronto
earnings ingresos
easy fácil
edition la edición
efficient eficaz, competente
efficiently con competencia
effort el esfuerzo
electric eléctrico
elementary elemental
employ emplear
employee el empleado, la empleada
employment el empleo
enable permitir
enclose acompañar, adjuntar, incluir
enclosed adjunto, incluso
encourage animar, alentar
encouragement el incentivo, el estímulo
end el fin, el final
endorse endosar
endorsement el endoso, el aval
engineer el ingeniero, la ingeniera
English el inglés
enjoy gozar de
enormous enorme

enough bastante
enterprise la empresa
entire entero
entirely enteramente
entry el asiento; la entrada
equipment el equipo
error el error
(in) escrow en custodia
especially sobre todo
essential indispensable
establish establecer
establishment establecimiento
estate los bienes; la herencia, el patrimonio
estimate el cómputo, el estimado
everything todo
everywhere en todas partes
evident claro, evidente
exactly exactamente
examination el examen
examine examinar
exceed pasar de, exceder, sobrar
exceedingly sumamente, mucho
excellent excelente, ventajoso
exceptional excepcional, superior
excessive excesivo
exchange el cambio, el intercambio
exclusively exclusivamente
excuse dispensar; la excusa
execute ejecutar, tramitar
executive el ejecutivo, la ejecutiva
executor el, la albacea
exhibit exhibir
expense el gasto
experience experimentar; sentir; la experiencia
experiment el ensayo, el experimento
export exportar; la exportación
exporter el exportador, la exportadora
express expreso
extend conceder
extended largo
extension la extensión, la prórroga
extensive extenso
extremely en extremo, mucho

F
fabric la tela
face value el valor nominal
fact el hecho
factory la fábrica, la factoría
fair la feria; justo, imparcial
fall caer; la caída
fancy de lujo, de fantasía
farm la finca
farmer el agricultor, la agricultora; el campesino, la campesina
fashion la moda
favor favorecer; el favor
favorable favorable
fear temer, tener miedo de; el temor, el miedo
feasible factible
feature el rasgo; la ventaja
feel sentir
fees los honorarios; la retribución; la recompensa
filing card la ficha
fill llenar
finances las finanzas
financial financiero
find encontrar, hallar, descubrir
fine (penalty) la multa
fire el incendio, el fuego
firm la firma, la casa comercial
F.O.B. (Free on Board) franco a bordo (F.A.B.)
folder la carpeta
follow seguir
following siguiente
food los víveres, los alimentos, los comestibles
foreign extranjero, exterior
  foreign debt deuda exterior
  foreign exchange cambio extranjero
  foreign trade comercio exterior
foreigner el extranjero, la extranjera
foreman el, la capataz
forget olvidar
form la forma
formerly anteriormente
forthcoming estar listo, venidero

forward despachar, remitir, expedir
forwarder el, la agente expedidor(a)
fraud la estafa, el fraude
free libre, desocupado
  free enterprise la libre empresa, la empresa privada
  free goods los bienes gratuitos
  free of charge gratis, libre de cargos, sin cargos
freight el flete
freighter el fletador
frequently a menudo, frecuentemente
fruit store la frutería
fulfill cumplir, desempeñar
full completo, lleno
  full settlement el pago total
funds los fondos
furnish suministrar, facilitar; amueblar
future el porvenir, el futuro

G
gain ganar; la ganancia; el beneficio
garage el garaje
geographical geográfico
get lograr, conseguir, obtener
give dar
  give an order hacer un mandato
  give in ceder, consentir
  give up abandonar
glass el vidrio
go ir
gold el oro
good bueno
goods los géneros, los efectos, las mercancías
gram el gramo
grant conceder
grantee el cesionario, la cesionaria
great deal mucho
greet saludar
gross la gruesa (doce docenas); bruto
  gross profit el beneficio bruto
guarantee garantizar; la garantía

guard proteger, custodiar, guardar; el, la guardia; el, la centinela

H

half la mitad; medio
hand over entregar
handle comerciar en, manipular; el mango
handling el manejo
happen suceder, acontecer
harm perjudicar; el perjuicio
hasten apresurarse
head (of firm) el jefe (la jefa)
headline el encabezamiento, el titular
headquarters la oficina principal, la casa matriz; la jefatura (de policía)
hear oír
heat el calor
heating la calefacción
heavy pesado
help ayudar; la ayuda
hereafter en el futuro, (de aquí) en adelante
herein dentro, incluso
hesitate vacilar, titubear
hide esconder
high alto
high school escuela superior, escuela secundaria
hold tener
   hold responsible for hacer responsable de
holding la pertenencia, la posesión
   holding company la compañía tenedora (de acciones de otra)
hole el agujero
holiday la fiesta, el día festivo, el día de fiesta
home la casa, el domicilio
honest honrado
honesty la honradez
honor aceptar, honrar; el honor
hope esperar, confiar en; la esperanza
horticulture la horticultura
hour la hora
house la firma; la casa
however sin embargo

huge enorme
hyphen el guión

I

if si
immediate inmediato, preferente
import la importación
important importante
impossible imposible
improve mejorar
improvement el adelanto, el perfeccionamiento, la mejora
in care of a cargo de
inch la pulgada
include incluir
including incluso
income los ingresos
inconvenience el inconveniente, el trastorno
incorrectly incorrectamente
increase aumentar; el aumento
indebtedness adeudo
indeed seguramente, de veras, en efecto
index el índice
   index card la tarjeta, la ficha
indicate indicar
industrial industrial
   industrial zone la zona industrial
in force, in effect en vigor
infer inferir, concluir
inform avisar, informar
information la información
initial inicial
initiate iniciar
injury el perjuicio, la herida
inquire informarse (de), averiguar, investigar
inquiry la pregunta; la investigación
insist insistir (en)
installment el abono, el pago
instruct encargar, ordenar
instruction la instrucción
insurance el seguro
   insurance agent el, la agente de seguros
   insurance broker el corredor (la corredora) de seguros
insure asegurar

integrate integrar
intention la intención, el propósito
interest interesar; el interés
international internacional
interpreter el, la intérprete
interview la entrevista
introduce introducir; dar a conocer; presentar
introduction la introducción; la presentación
inventory el inventario
investigate investigar, averiguar, informarse de
invoice la factura
irrigate regar
island la isla
isolated aislado
issue emitir; la edición; el tema, el problema
item el artículo
itemize detallar

J

job el trabajo, el empleo
joint unido, asociado
   joint account la cuenta a medias
   joint owner el co-propietario, la co-propietaria
   joint stock el fondo social
journal el libro diario; el periódico
judgment el juicio
jury el jurado
just justo

K

keep guardar
key la llave; la clave (code)
keyboard el teclado
keypunch la perforadora, la máquina de tarjeta
kilogram el kilogramo
kind la clase, la especie; bondadoso
kindness la bondad
know saber; conocer
knowledge el conocimiento; la sabiduría

L

label rotular; la etiqueta
labor la mano de obra
laboratory el laboratorio
lading (bill of) el conocimiento de embarque

lamp la lámpara
land el terreno, la tierra
landlord el propietario, la propietaria; el dueño, la dueña
language la lengua, el idioma
large grande
last durar; último, pasado, anterior
later después, más tarde
law la ley; el derecho
lawsuit el pleito
lawyer el abogado, la abogada; el licenciado, la licenciada
learn aprender
lease arrendar
leather el cuero
leave dejar; salir; el permiso
ledger el libro mayor
left izquierda
leg la pierna
legal legal
  legal age la mayoría de edad
leisure la comodidad
lend prestar
length el largo, la largura
lessee el arrendatario, la arrendataria
let dejar; alquilar
letter la carta
liability el riesgo; la obligación; la responsabilidad
liberty la libertad
lien la fianza
lift levantar
light la luz; ligero
like gustar; querer; como
limit restringir; el límite
limited limitado; escaso
line la colección, el surtido; la línea, el renglón
linen el lino
liquid el líquido
  liquid assets los valores realizables
list la lista
little pequeño
live vivir, habitar
load cargar; embarcar (ship)
loader el cargador
loan el préstamo
location el sitio, la localidad; la situación

long largo
  long-term credit el crédito a largo plazo
longshoreman el estibador
look mirar
lose perder
loss la pérdida, el daño
lot el solar de terreno
low bajo
lumber la madera

M

machine la máquina
machinery la maquinaria
magnetic magnético
mail el correo
  mail order las ventas por correo
make hacer, fabricar, construir, confeccionar; la marca
  make an apppointment hacer una cita
  make a shipment efectuar un embarque
man el hombre
management la administración de personal; el manejo
manager el administrador, la administradora
manner la manera, la forma, el modo
manufacture fabricar, manufacturar
manufacturer el, la fabricante
many muchos, diversos
marine insurance seguro marítimo
mark-down la rebaja
market el mercado
  market price el precio de mercado
marketable vendible, comerciable
marketing el mercadeo
material la materia
matter el asunto
maximum el máximo
means los medios
  means of production los medios de producción
meanwhile entretanto
meet encontrar; saludar
meeting la asamblea

merchandise la mercancía, la mercadería
merchant el, la comerciante; el, la negociante
merit merecer; el mérito
meter el metro
metric métrico
middle el medio
mind la mente
minimum el mínimo
minutes las minutas (meeting)
mistake equivocarse; el error, la equivocación
mixture la mezcla
model modelo
moderate moderado, módico (in price)
modification la modificación
moment el momento
money el dinero
more más
mortgage la hipoteca
  mortgage lender el prestamista hipotecario
  mortgage loan el préstamo hipotecario
most más, lo más
Mr. Sr.
much mucho
must tener que
mutual mutuo
mutually mutuamente

N

name nombrar; el nombre
narrow angosto, estrecho
necessary necesario
necessitate obligar, hacer que
need necesitar; el requisito
negotiate negociar, tratar
neighbor el vecino, la vecina
neighboring cercano
net neto
nevertheless sin embargo

O

opportunity la oportunidad
order pedir; hacer un pedido; el pedido
ordinary ordinario
organize organizar
other otro
otherwise de otro modo, de otra manera
outcome el resultado

outfit   el equipo; la ropa
outline   el bosquejo
output   el rendimiento
outstanding   pendiente, sobresaliente
overdraft   el sobregiro
overload   sobrecargar
overseas   ultramar
overtime   tiempo extra
owe   deber
ownership   el derecho de propiedad

P

pack   embalar; empaquetar
package   el paquete
packing   el envase, el embalaje
pain   el dolor
paper   el papel
   paper money   el papel moneda
paperweight   el pisapapeles
paragraph   el párrafo
parcel   el paquete
parking   el estacionamiento
part   la parte
partner   el socio, la socia
partnership   la sociedad
party   el interesado, la interesada; la fiesta
passenger   el pasajero, la pasajera
past   pasado
patented   patentado
pattern   el modelo, el diseño
pay   pagar
   pay debts   cumplir con las obligaciones
payable   pagadero
payday   el día de pago
payee   el portador, la portadora; el tenedor, la tenedora
payer   el pagador, la pagadora
payment   el pago
payroll   la nómina de pago
peddler   el vendedor, la vendedora, ambulante
pencil   el lápiz
   pencil sharpener   el sacapuntas
percent   por ciento
percentage   el porcentaje
perfect   perfeccionar; perfecto

performance   el desempeño, la ejecución; la actuación
perhaps   tal vez, quizás
period   el punto; la época; el período
personal   personal
petition   la petición, la demanda
petitioner   el, la solicitante
petroleum   el petróleo
petty cash   la caja chica
piece   la pieza; el pedazo
place   poner; el sitio, la localidad
   place an order   hacer un pedido
plan   el plan
plant   la fábrica (*factory*)
plead   alegar
pleasant   agradable
please   agradar; por favor
point out   apuntar, señalar
polite   cortés
politeness   la cortesía
possession   la posesión
postscript   posdata
postdated   posfechado
pound   la libra
power   el poder
preamble   el preámbulo
price   el precio
principal   el capital (puesto a interés)
problem   el problema
procure   llevar a cabo, conseguir
produce   los productos agrícolas
product   el producto
   product line   la línea de productos
profession   la profesión
profit   aprovechar; la ganancia
program   programar; el programa
programmer   el programador, la programadora
programming   la instrucción
project   proyectar; el proyecto
promise   prometer; la promesa
prompt   inmediato; preferente
proof   la constancia; la prueba
proposal, proposition   la propuesta
prosecute   procesar, enjuiciar; acusar

prosperous   próspero
protect   proteger
protector   protector
provide   suplir, abastecer
provided   con tal de que
proviso   la condición, la estipulación
proxy   el delegado; el poder; por poder
public   público
   public utilities   las empresas (de utilidad) públicas
publish   publicar
punch   perforar (a card)
punctuation marks   los signos de puntuación
purchase   comprar; la compra
purchaser   el comprador, la compradora
put   poner

Q

qualification   la calificación
qualify   calificar
quality   la calidad; la cualidad
quart   el cuarto de galón
quarter   el cuarto, la cuarta parte; la moneda de plata de 25 centavos (*U.S.A.*)
quarterly   trimestral; trimestralmente
question   la pregunta
   ask a question   hacer una pregunta, preguntar
quick   rápido
quota   la cuota, la prorrata
quotation   la cotización; la cita
quote   cotizar; citar

R

radio   el, la radio
railroad   el ferrocarril
range   la escala (de precios)
rate   la tarifa; la tasa
raw   crudo
   raw material   la materia prima
read   leer
ready   dispuesto
real   verdadero
   real estate   los bienes raíces
   real-estate tax   la contribución inmobiliaria
realize   realizar; convertir en dinero; darse cuenta de

reason la causa, el motivo
reasonable razonable
receipt el recibo
  on receipt of al recibo de
  acknowledge receipt of
  acusar recibo de
receive recibir
recently recientemente
reception la acogida; la
  recepción
reciprocate corresponder
record inscribir; apuntar el
  registro; el disco
recommend recomendar
recommendation la
  recomendación
recruitment reclutar; el
  reclutamiento
rectify rectificar
refer to referirse a
reference la referencia; el
  índice
refine refinar
refuse rehusar
regard considerar; el respeto
register certificar
registration la inscripción
registry el registro
regret sentir, lamentar
regulation el reglamento
relation la relación
relative relativo a;
  correspondiente a; el, la
  pariente
reliable acreditado, digno de
  confianza
rely contar con
remain quedarse
remit remitir
remittance la remesa
renew renovar
renewal la prórroga; la
  renovación
rent rentar, alquilar; la renta,
  el alquiler
repair reparar, componer; el
  reparo, la reparación
repay reembolsar
repayment el reembolso
replace reemplazar
reply la contestación, la
  respuesta
report el informe
represent representar
representation la
  representación

representative el, la
  representante
reputation la fama, la
  reputación
request pedir, suplicar,
  solicitud; la petición
require exigir, requerir
requirement el requisito
resale la reventa
resell revender
reserve la reserva
resignation la renuncia
resources los recursos
respectability la
  respetabilidad, la honradez
respectfully yours atento
  seguro servidor
responsibility la
  responsabilidad; de absoluta
  solvencia (*financial
  responsibility*)
responsible responsable de
rest descansar
result resultar; el resultado
resume volver a
resumé el expediente
retail al por menor
retailer el, la detallista
return devolver, regreso
revenue las rentas públicas;
  la renta, el ingreso
reverse el dorso, el revés
review la revista
ribbon (typewriter) la cinta
  (de máquina)
rich rico
rider la cláusula adicional
right correcto; derecho
rise subir; el alza, la subida,
  el aumento
risk el riesgo
roll enrollar; el rollo
royalty los derechos (de
  autor, de patente)
rule regir; la regla
rust el moho
rye el centeno

S
sack el saco
sale la venta
  sale on consignment la
  venta por consignación

sales forecast el pronóstico
  de ventas
salesperson el vendedor, la
  vendedora
same mismo
sample la muestra
satisfaction la satisfacción
satisfactory satisfactorio
satisfied satisfecho
save ahorrar
savings account la cuenta de
  ahorros
savings bank el banco de
  ahorros
say decir
scarcity la escasez
schedule el horario; el plan,
  el programa
school la escuela
script el guión
sea el mar
seal sellar; el sello
season la estación
secretary el secretario, la
  secretaria
sector el sector
secure conseguir, obtener
  secure a position
  colocarse
securities los valores
see ver; comprender
seem parecer
seize embargar; capturar
seizure el embargo, el
  secuestro
select escoger, elegir
selection la selección
sell vender
seller el vendedor, la
  vendedora
selling price el precio de
  venta
send mandar, enviar
sender el, la remitente
senior partner el socio
  principal, la socia principal
sentence (judgment) el fallo
separate separado
serve servir
service el servicio, la empresa
  at your service a sus
  órdenes
set poner; la colección, el
  juego
settle resolver, liquidar
settlement el pago, el ajuste

several diversos, varios

share participar, compartir; la acción (de bolsa)

ship embarcar; enviar; el buque, la nave, el vapor

shipment el embarque; el envío; la remesa

shipper el expedidor, la expedidora

shipping cost el costo de expedición

shop la tienda, el establecimiento

shopping center el centro comercial

short corto

short-term credit el crédito a corto plazo

shortage la escasez, la merma; déficit (*money*)

shortly pronto

shortly after poco después

show mostrar, señalar; la función

sick enfermo

sight la vista

sign firmar; el letrero

signature la firma

signer el, la firmante

silent partner el socio, la socia comanditario(a)

silent partnership la compañía en comandita

silk la seda

silver la plata

since desde entonces

since when? ¿desde cuándo?

sincerely de veras; atentamente (*in letter*)

sincerely yours De Ud. atto. y s.s.; atentamente

singular singular

Sir Caballero

situated situado

slightest doubt la menor duda

slow lento

slowly poco a poco, despacio

small pequeño

smuggling el contrabando

so tan

soil el suelo, la tierra

sole exclusivo

sole partner el socio, la socia único(a)

solely sólo, solamente

solvent solvente

some alguno

something algo

soon pronto

as soon as tan pronto como

as soon as possible cuanto antes, a la mayor brevedad

sorry triste

I'm sorry lo siento

to be sorry sentir, lamentar

sort la clase, el género, la especie; la condición

source la fuente

source of energy la fuente de energía

south sur, sud

sow sembrar

space el espacio

Spanish el español

spare de repuesto; evitar

speak hablar

special delivery la entrega especial

specify indicar, detallar

spoil dañar, averiar

square cuadrado

stain manchar; la mancha

stamps las estampillas

standard of living el nivel de vida

staple la grapa; corriente, de consumo (o uso) general

stapler la engrapadora

state decir, manifestar; estado

statement la declaración; el estado de cuenta

stationery los efectos de escritorio, la papelería

statistics las estadísticas

steal robar

steamer el vapor, el barco

stencil la matriz

stenographer el taquígrafo, la taquígrafa

stenography la taquigrafía

step el paso

still todavía, aún, sin embargo

stock el capital comercial, las acciones; el surtido de mercancías

shares of stock las acciones

stock certificate el título de acciones

stock exchange la bolsa

stockbroker bolsista, corredor de bolsa

stockholder el, la accionista

stockholders' meeting la junta de accionistas

storage el almacenaje

store la tienda, la bodega

storeroom el almacén, la despensa

straw la paja

strict estricto, exacto

strictest bajo la mayor reserva

strong fuerte

study estudiar; el estudio (*home*)

style la moda; la clase, el tipo

subject someter; el sujeto

sublet subarrendar

submit someter

subordinate el subalterno, la subalterna

subscribe su(b)scribir

substance la su(b)stancia

substitute sustituir

subtract substraer, restar

success el éxito

successful dichoso, afortunado

successor el sucesor, la sucesora

such tal, semejante

sufficient suficiente

sufficient time con plazo amplio

suggest sugerir, insinuar

suitable conveniente, apropiado, adecuado

sum sumar; suma, cantidad

superior superior

supervision mando

supplier abastecedor

supply suministrar, proveer de, surtir de; la oferta; el surtido

supreme court el tribunal supremo

surcharge la sobrecarga, el recargo

sure seguro, cierto

surface la superficie

surplus el excedente, el sobrante, el exceso

surprise sorprender; la sorpresa

survey encuesta

survey of land agrimensura

surveyor el agrimensor, la agrimensora
suspect sospechar
suspend suspender
syndicate el sindicato
system el sistema

T
take tomar
  take advantage of aprovecharse de
  take pleasure in tener el gusto de
  take up the matter encargarse del asunto
tariff la tarifa
teacher el maestro, la maestra; el profesor, la profesora
technical técnico
technique la técnica
telegram el telegrama
telegraphic telegráfico
tell decir
temperature la temperatura
term(s) la condición, los términos
test la prueba; el examen
testimony el testimonio
text el texto
then entonces, pues
there allí, allá
therefore por eso, por (lo) tanto
thin delgado
think pensar, creer
thorough cabal, completo, profundo
thoroughly a fondo
through por
time el tiempo
  on time a tiempo
  time deposit depósito a plazo fijo
title el título, el derecho, el documento
today hoy
together junto
tomorrow mañana
ton la tonelada
too demasiado; también
tool la herramienta
tour la excursión
tow el remolque
toward hacia
town el pueblo

tractor el tractor
trade el comercio
  trade policies las normas de comercio
  trade union el gremio
trademark la marca de fábrica
trader el, la comerciante
transact (business) efectuar negocios (operaciones), negociar
transaction la operación, el negocio
transatlantic transatlántico
transcribe transcribir
transfer transferir; el traspaso
translate traducir
translation la traducción
transmit transmitir
transmitter el transmisor
transportation el transporte
travel viajar; viaje
traveler el viajero, la viajera
  traveler's check el cheque de viajero
traveling expenses los gastos de viaje
treasurer el tesorero, la tesorera
treat tratar
tremendous tremendo
trial el ensayo; el juicio (*lawsuit*)
trip el viaje
trouble la molestia
truck el camión
truly verdaderamente
trust la confianza; el crédito
  trust company el banco de depósito; la compañía fiduciaria o de depósito
trustee el síndico, la síndica
try (to) tratar (de)
turn doblar; volver; el turno
  turn into convertir
  turn to acudir a, recurrir a, dirigirse a
type mecanografiar; la clase; el tipo (de imprenta)
typing la mecanografía
typist el mecanógrafo, la mecanógrafa

U
under bajo, debajo de
  under obligation verse obligado a

understand comprender, entender
understanding acuerdo
undertake emprender
unemployment el desempleo
unfavorable desfavorable
uniform el uniforme
union el gremio, la unión, el sindicato
unit la unidad
United States los Estados Unidos
unless a menos que
unnecessary innecesario, inútil
unsuccessful infructuoso, sin éxito, desafortunado
until hasta (que)
up arriba
up-to-date moderno; al corriente, al tanto
upon sobre
urge pedir, recomendar
use usar, emplear; el uso
usual acostumbrado, de siempre
usually generalmente
usury la usura
utility la utilidad

V
valise la maleta, la valija
valuable valioso
value el valor
valued estimado, apreciable
various varios
vault la bóveda
very muy
via vía, por
view la vista
violate (law) infringir (una ley)
visit visitar; la visita
volume el volumen
vote el voto
voucher el comprobante

W
wage (day's) el jornal
wait esperar; la espera
want desear, querer
warehouse el almacén
wares la mercancía, los artículos
warrant el permiso, la autorización

warranty la garantía
waterproof impermeable
watch el reloj
way el camino; la manera
wealth la riqueza
wear usar; gastar; consumir
weather el tiempo
week la semana
weekly semanalmente
weight el peso
welcome la bienvenida; la buena acogida
well bien
west occidentel, oeste
wheat el trigo
when cuando
whenever cuando quiera
where donde
whereas en tanto que
wherever dondequiera
whether si
which que; el que; el cual; la que; la cual
while mientras (que)
white blanco
who quien; el que; el cual

whole entero
wholesale al por mayor
wholesaler el, la mayorista
whom que, a quien
whose cuyo(a)
wide ancho
width el ancho, la anchura
willing dispuesto
willingly de buena gana
win ganar
window la ventana
  window envelope el sobre de ventanilla
winter el invierno
wish desear, querer; el deseo
with con
withdraw retirar, sacar
within dentro de
without sin
witness testificar; el testigo, la testigo
wood la madera
word la palabra
work trabajar; el trabajo
working partner el socio activo, la socia activa

worth el valor; el mérito
wrap envolver
wrapper, wrapping la envoltura
write escribir; dirigirse

Y
yard la yarda
year el año
yesterday ayer
yet todavía, aún
yield producir, rendir; el producto; la cosecha
young joven

Z
zero cero; nada
  below zero bajo cero
zone la zona
  free-trade zone la zona de libre cambio
  trade zone la zona de comercio